Jesus

Jesus
O maior homem do mundo

A. N. Wilson

Tradução:
Ruy Jungmann

2ª edição

Prestígio editorial

Título original
Jesus

Capa
Raul Fernandes

Revisão
Cristiane Pacanowski

Produção editorial
Cristiane Marinho

CIP-BRASIL. CATALOGAÇÃO-NA-FONTE
SINDICATO NACIONAL DOS EDITORES DE LIVROS, RJ.

W72j

Wilson, A. N., 1950-
Jesus, o maior homem do mundo / A. N. Wilson ; tradução de Ruy Jungmann. - São Paulo : Prestígio, 2006.

Tradução de: Jesus
Inclui bibliografia
ISBN 85-99170-99-6

1. Jesus Cristo - Biografia. 2. Jesus Cristo - Historicidade. I. Título.

06-1404. CDD 232.901
CDU 232.9

06 07 08 09 10 8 7 6 5 4 3 2

Prestígio editorial

A Prestígio Editorial é uma divisão da
Editora Relume que integra o grupo editorial Ediouro.
Rua Nova Jerusalém, 345 - CEP: 21042-235
Rio de Janeiro - RJ
Tel.: (21) 3882-8200 - Fax.: (21) 3882-8212/8313

Ao meu irmão, Stephen

Sumário

9 Prefácio

23 Capítulo 1 Jesus, o judeu

37 Capítulo 2 Paulo

69 Capítulo 3 O peixe cozido, ou como ler um Evangelho

97 Capítulo 4 A assombrosa infância de Jesus

121 Capítulo 5 O precursor

145 Capítulo 6 Galiléia

175 Capítulo 7 Paz: a multiplicação dos pães

193 Capítulo 8 O homem montado num jumento

219 Capítulo 9 O homem do cântaro e o jovem nu

237 Capítulo 10 O julgamento

267 Capítulo 11 Jesus Cristo

287 Bibliografia

Prefácio

O Jesus da História e o Cristo da Fé são dois seres distintos, com histórias muito diferentes. É difícil reconstruir o primeiro e, na tentativa de fazê-lo, é provável que pratiquemos dano irreparável contra o segundo.

Jesus, ou Josué, que é o mesmo nome, significa "salvador". Acredita a fé cristã que um dos muitos homens na História que tiveram esse nome foi literalmente o Salvador do mundo. E é por essa razão que o mundo ocidental divide a própria História do tempo em anterior e posterior ao nascimento de Jesus. Milhões de pessoas em todo o mundo ainda professam a fé em que Jesus foi o Salvador. Para eles, foi a encarnação de Deus, descendo ao ventre da Virgem e nascendo em um estábulo em Belém a fim de salvar o mundo de seus pecados. Revelando sua identidade apenas a um pequeno grupo de discípulos, o Salvador ensinou à raça humana como viver. Esse ensinamento apenas, no entanto, não podia salvar homens e mulheres das conseqüências do pecado. Eles não poderiam ser salvos, a menos que fosse pago o preço do pecado, preço que constituiu o sacrifício supremo feito por Jesus, quando teve uma morte dolorosa e humilhante na Cruz do Calvário. Três dias depois desse fato, a fim de revelar seu triunfo sobre o pecado e a morte, Jesus ressuscitou dos mortos, mostrando-se aos amigos, antes de subir através das nuvens de volta ao céu, onde está sentado à mão direita de Deus. No fim do mundo, Jesus voltará para julgar que membros da raça humana merecem desfrutar a felicidade eterna com Deus e quais deles devem ser condenados ao eterno castigo no inferno.

Tal é a fé cristã. Para os que não a adotam, deve parecer muito estranho que tais crenças possam ser aceitas sobre um personagem histórico. Até mesmo para os cristãos, a figura do Jesus histórico cria problemas difíceis de resolver. Quais as fontes de nossas crenças sobre Jesus? Como sabemos se são ou não fidedignas?

É possível a um leitor do século XX, que consulte tais fontes, acercar-se desse homem, ou imaginar de algum modo que se aproxime de precisão, o que ele pode ter sido? Até que ponto a fé cristã depende da História? Entraria ela em colapso se pudesse ser provado, por exemplo, que Jesus não existiu ou que não ressuscitou dos mortos, ou é ela basicamente um exercício de imaginação, concentrada na maior parte em mitos que foram construídos de material histórico, mas que continuam a ser apenas mitos, não resistindo a uma análise histórica?

Todas essas perguntas são cabíveis e a Igreja Cristã as tem formulado nos últimos dois séculos. Com variáveis graus de sofisticação, venho fazendo-as a mim mesmo desde que, na infância, ouvi a história cristã. Tal como todos os cristãos, eu sabia que minha religião dizia basear-se na História. Havia certas crônicas, com datas verificáveis, sobre as quais se fundava minha fé. Mas não me tornei cristão porque nelas acreditava. Tornei-me cristão em criança ao ser batizado. Ano após ano, nas grandes festas da Igreja Cristã, ouvi a reencenação dessas informações históricas. Mas mesmo nessas ocasiões, absorvi as histórias porque elas eram tão impressionantes, e não porque as tivesse submetido a teste por meio de análise histórica. Assim, no Natal, ouvia contar que o anjo Gabriel foi à cidadezinha de Nazaré e disse a Maria que ela ia dar à luz uma criança e que devia chamá-la Jesus, o Salvador. Sem ter mantido relações sexuais com um homem, Maria deu à luz a criança, não em Nazaré, mas na pequena cidade de Belém. Maria teve Jesus em um estábulo, porque não encontrara na hospedaria quarto para ela e seu prometido, José. O nascimento foi anunciado pelos anjos, e, quando Maria pôs a criança na manjedoura, a Sagrada Família foi visitada por pastores e pelos três reis magos do Oriente, para ali conduzidos por uma estrela.

Essa narrativa apossou-se da minha imaginação muito antes de eu ter tido a primeira lição de História na escola. Era tão impressionante que eu não a submeteria facilmente aos processos ordinários da análise histórica, da maneira, por exemplo, que se pode perguntar como sabemos que Napoleão foi derrotado em Waterloo em 1815. Continuei, no entanto, a supor que era uma história envolvida num autêntico ambiente histórico. O Evangelho, segundo Lucas, fixa-a especificamente numa época em que César Augusto exigiu que todos os indivíduos no Império Romano fossem submetidos a um recenseamento. Isso aconteceu no tempo em que Quirino era governador da Síria.[1] Herodes, na época, era rei da Judéia.[2] Esse fato aparentemente estabeleceria com grande precisão o nascimento de Jesus, até descobrirmos que Herodes faleceu quatro anos antes da era cristã e que Quirino não foi governador da Síria durante o reinado de Herodes. Nenhum historiador do Império Romano faz a menor referência a um recenseamento universal durante o reinado do imperador Augusto, embora Flávio Josefo nos informe, no seu *Antigüidades judaicas*, que, de fato, houve um recenseamento na Judéia no ano 6 da era cristã.

A história de a criança ter nascido num estábulo em Belém porque não havia um aposento vago na estalagem é um dos mitos mais poderosos jamais servidos à raça humana. Um mito, contudo, eis o que realmente é. Mesmo se insistirmos em aceitar cada palavra da Bíblia como verdade literal, nem assim poderemos achar nela o mito de Jesus nascendo em um estábulo. Nenhum dos Evangelhos diz que ele nasceu em um estábulo, e praticamente todos os detalhes das cenas da Natividade, que inspiraram grandes artistas e deleitaram gerações de fiéis na noite do Natal, não têm origem na História nem nas Escrituras, mas no folclore. Uma vez mergulhando no assunto, descobrimos que é extremamente improvável que o Jesus real, o Jesus da História, tenha nascido em Belém. Afigura-se muito mais provável que tenha nascido na Galiléia, onde cresceu. Ainda assim, qual a mais impressionante figura da nossa imaginação – o Jesus histórico, "real", de Nazaré, ou o ser divino que, em sua grande humildade, desceu à terra para nascer como um pária e viver na miséria?

A maioria das histórias associadas à missa de Cristo tem origem no mundo imenso do folclore. Revestem-se de infinitamente mais poder sobre a imaginação do que os fatos poderiam ter exercido. Se isso é verdade no tocante à missa de Cristo, o que dizer da Missa, a Última Ceia, ou o serviço da Sagrada Comunhão, o rito fundamental da fé cristã, na qual o padre ou pastor toma o pão e o vinho e

1 Lucas, 2:2.

2 Mateus, 2:1.

os abençoa? Os fiéis adoradores que participam da sagrada colação acreditam que Jesus está de fato presente entre eles nesse momento. O sacramentalismo da religião cristã é a expressão suprema da crença na encarnação – que Deus tornou-se carne, Deus penetrou no universo material e este, por seu turno, pode ser redimido e santificado. O simbolismo da Eucaristia cristã tem nutrido e estimulado milhões de vidas humanas. Mas, além disso, há um paradoxo. O Natal não é apenas uma peça de folclore, mas, nos livros cristãos de crônicas, uma parte da História. De igual maneira, cristãos alegam que Jesus criou a Eucaristia. Há aí uma alegação importante porque, ao fazê-la, alguém poderia dizer que ele criou também o Cristianismo, fundou a Igreja Católica, ou o que quer que se queira expressar. Aqui, mais uma vez, desgarramo-nos da área da crença religiosa e entramos na de descrições históricas verificáveis. E deparamos com uma dificuldade. Paulo, o apóstolo, cujas Epístolas constituem os documentos cristãos mais antigos, adotava um conjunto bem característico de crenças sobre Jesus. Ele escrevia para os gentios, ou semigentios, para platéias em lugares como Corinto, Tessalônica e mesmo Roma. Uma de suas crenças era que Cristo, ao morrer na cruz, tornou-se um novo Cordeiro Pascal. Tal como os judeus, que, ao celebrarem a libertação do Egito, sacrificavam e comiam cordeiros, assim os cristãos comiam o corpo e bebiam o sangue de Jesus, simbolicamente representados pelo pão e o vinho. Essa tradição de oferecer pão e vinho como na Páscoa cristã, esse ato de comer o corpo e beber o sangue de Jesus, retroage, diz Paulo, à noite em que Jesus foi traído. Essa parece ser uma afirmação histórica e, uma vez que Paulo a fazia talvez apenas uns vinte anos após a morte de Jesus, os fiéis tendem a supor que ele dizia a verdade. Os Quatro Evangelhos atestam que Jesus morreu na ocasião em que se festejava a Páscoa. Dizem todos, sem exceção, que na noite em que foi preso, ele reuniu alguns amigos para a Última Ceia. Aqui, porém, começam as nossas dificuldades, se quisermos acreditar em Jesus como o inventor da Eucaristia ou o fundador do Cristianismo. Conhecendo os três primeiros Evangelhos, neles verificamos que a Eucaristia foi instituída durante ou após a tradicional refeição judaica da Páscoa. Se este é o caso, então todos os eventos isolados que se seguiram – a prisão de Jesus, seu julgamento, sua execução – devem ter sido obra de ficção, uma vez que é impensável os judeus terem ignorado as observâncias religiosas mais sagradas para submeter um homem a julgamento. O Evangelho de João nos diz que a refeição ocorreu muito antes da Páscoa. Não foi uma ceia da Páscoa judaica e nessa versão nota-se claramente que não houve a instituição da Eucaristia. Configura-se aí, talvez, a mais gritante incoerência da alegação cristã de que é uma religião com base na História. Na verdade, mesmo que quiséssemos acreditar na fantástica idéia de que Jesus desejava fundar uma nova religião, com uma ordem sacramental de bispos e diáconos, não poderíamos acreditar que ele tivesse instituído a Eucaristia na época da Páscoa, como afirmam Paulo e os Evangelhos.

Se o nascimento no estábulo em Belém desperta as emoções religiosas mais profundas, quanto mais se poderia dizer da Última Ceia! A Eucaristia cristã é o mistério dos mistérios e alimenta o coração e a imaginação de homens e mulheres há dois mil anos. A Europa e as Américas construíram grandes catedrais para abrigá-la. Guerras foram travadas sobre a sua significação. E não é de menor importância reconhecer que ela não tem ligação histórica com Jesus de Nazaré.

E isso acontece em parte devido ao poder extraordinário das narrativas do Evangelho sobre a prisão, a paixão e a morte de Jesus crucificado. Ninguém pode ler essa narração sem sentir-se inflamado pela emoção. Essa tortura e sofrimento não foram, claro, excepcionais, e temos aí com certeza uma das razões por que Jesus, em seu padecer, provoca tal emoção universal. Historiadores podem ler os relatos e classificar partes que seriam concebivelmente verdadeiras e outras que teriam, por um dado critério de ser invenções. É verdade e, realmente, muito provável, que Jesus tenha provocado algum tipo de distúrbio no Templo, derrubando as mesas dos cambistas, embora os intérpretes cristãos desse evento provavelmente erraram sobre o seu significado. Esse fato aconteceu numa cidade congestionada, na qual as autoridades romanas temiam sempre um levante do povo. As autoridades religiosas judaicas, o Sumo Sacerdote e o Sinédrio, também temiam esses levantes, uma vez que, se e quando acontecessem, a eles é que os romanos fariam sofrer. Não há nada mais provável de que tenham pleiteado a prisão de Jesus, embora jamais venhamos a saber exatamente como e por que isso aconteceu.

Os Evangelhos insistem em culpar os judeus pela morte de Jesus. Isso aconteceu porque o Cristianismo começou como uma heresia judaica e sem dúvida houve desavenças entre os primeiros missionários cristãos e as sinagogas da Diáspora. Constitui um fato curioso que, embora penas severas fossem cominadas por blasfêmia, perseguições religiosas a grupos dissidentes do judaísmo são desconhecidas na História judaica. Os cristãos inventaram a idéia de que a igreja embrionária era perseguida pelos judeus. Dessa invenção nasceram suas histórias, relatadas nos Evangelhos, de Jesus sendo condenado pelo Sumo Sacerdote, ou pelo Sinédrio, por suas idéias religiosas. Mas, de acordo com suas próprias versões, todos os amigos de Jesus fugiram no momento em que ele foi preso e não poderiam, de modo algum, ter presenciado o seu "julgamento" pelas autoridades judaicas. Voltamos ao reino da história provável quando vemos Jesus enfrentando um julgamento do qual dependia sua vida, diante de Pilatos, uma vez que é mais do que provável que esse incompreensível criador de casos da Galiléia tivesse assustado o governador romano. Quem eram seus amigos? Seria verdade que contava entre seus discípulos com membros do grupo zelote, que pregavam a resistência armada contra Roma? Nessas circunstâncias, Pilatos não teria sentido interesse em discutir as idéias de Jesus sobre o reino dos céus. A própria palavra "reino", ou "império" (palavras iguais no Novo Testamento grego), teria despertado em Pilatos receios políticos comuns.

Podemos imaginar, quando lemos Josefo, o tipo de coisas que aconteceram a Jesus em suas últimas horas. No ano 62 da Era cristã, cerca de trinta anos após a morte de Jesus e quatro anos antes do primeiro grande levante judeu contra os romanos, que resultou na destruição da própria Jerusalém, surgiu um profeta na cidade. Por coincidência, também se chamava Jesus – Jesus, o filho de Ananias. Durante a Festa dos Tabernáculos, as autoridades judaicas prenderam esse Jesus por causar perturbação da ordem pública ao fazer profecias sobre a destruição da cidade. Mandaram açoitá-lo. Com grande santidade, Jesus, o filho de Ananias, não chorou nem protestou, mas tampouco deixou de fazer profecias. Ainda temendo que esse Jesus inflamasse a plebe (e foi um levante da plebe que, no fim, levaria à fome geral, ao incêndio e à chacina da população de Jerusalém pelos romanos), as autoridades religiosas entregaram esse homem ao governador romano. O procurador Albino mandou flagelá-lo até os ossos. Ainda assim, ele profetizava que destruição e sofrimento cairiam sobre a cidade, ocasião em que Albino mandou libertá-lo, tendo chegado à conclusão de que ele era louco.[3]

Jesus, o filho de José, estivera em situação muito semelhante trinta anos antes, mas sofreu a pena de morte. O horrível espetáculo do espantalho, de um homem sendo morto dessa maneira, devia ser muito conhecido em todo o Império Romano. Era o método romano habitual de sacrificar criminosos. Ninguém que assistiu à morte de Jesus de Nazaré poderia ter imaginado que tal imagem, de um homem preso na cruz, viria a tornar-se o símbolo de uma religião mundial. Hoje, em qualquer parte que formos no mundo, provavelmente encontraremos essa imagem. Para o crente, é o símbolo onde todos os mistérios se encontram: o choque entre o mal absoluto e o bem absoluto, entre o amor de Deus e sua onipotência. Para todos nós, crentes ou não, é o ponto onde sentimos também o choque mais forte entre o Cristo mitológico da religião e a figura histórica de Jesus de Nazaré.

O Cristo mitológico, preexistente como Segunda Pessoa da Santíssima Trindade, que nasceu em um estábulo, instituiu a Eucaristia Cristã e fundou a Igreja Católica, não é o tema deste livro. Ele não precisa de livros que o descrevam. Ele está onipresente, para consolar e salvar aqueles que nele depositam sua fé e para deixar perplexos os que não o fazem. Este livro é escrito na esperança de que seja possível dizer alguma coisa sobre o outro Jesus, o Jesus da História.

Mas antes de iniciarmos esta pesquisa, é necessário deixar bem claras duas coisas. A primeira, que a tarefa não pode ser realizada sem referência ao Novo Testamento. Esta ressalva talvez pareça óbvia demais, mas os estudiosos daquela estranha coletânea de livros considerarão, lamento dizer, tristemente ilógico meu enfoque e minha metodologia factual. Começo por admitir a premissa de que a tarefa é, rigorosamente falando, impossível. Tudo que dissermos sobre o Jesus histórico terá de ser precedido pela palavra "talvez", e à medida que esta

[3] Ver Geza Vermes: *Jesus and the World of Judaism* (1983), viii-ix.

narrativa se for desenvolvendo, o leitor descobrirá que, a fim de evitar cansá-lo com tantos "talvezes", aceito o Novo Testamento cada vez mais em seus próprios termos. Na minha versão dos últimos dias de Jesus, faço de fato uma narração, baseada no Novo Testamento, que não iria satisfazer o historiador mais rigoroso. Com o desejo de tentar transmitir meu pensamento sobre o que Jesus representava, e que tipo de homem ele era, adoto a ordem de fatos do Novo Testamento. Alimento a esperança de não ter escrito ficção, mas estou consciente de que, honestamente falando, não se pode dizer tanto sobre Jesus como o faço nos capítulos finais deste livro sem uma infinidade de talvez, talvez, talvez.

A segunda ressalva é de certo modo mais importante e peço encarecidamente a todos os que não se aventuraram, mesmo que timidamente, pelo território da erudição do Novo Testamento, que não deixem de tomar nota.

Não se pode simplesmente pegar um exemplo dos Evangelhos e interpretá-lo como se fosse História. Nem é possível lê-lo como se fosse História apenas em parte – como se, digamos, resolvêssemos acreditar que Jesus de fato ensinou o Pai-Nosso aos seus discípulos, mas que na verdade não fazia milagres. Como afirmei na primeira ressalva, eu mesmo cometo esse erro em vários trechos importantes do livro. E o faço deliberadamente, no interesse de dar ao trabalho uma estrutura de narrativa em sua segunda metade. Com base nessa ilusão, acredito ser mais ou menos possível reconstruir, espero que plausivelmente, uma imagem do Jesus histórico. Mas nunca perco de vista o fato de que é uma ilusão. Os Evangelhos não são manuais de História. São narrativas elaboradas por comunidades de fiéis que nutriram certas crenças sobre Jesus, as quais consideraram naturais – que ele fundou a "Igreja" para os gentios, que ressuscitou dos mortos e que voltará para julgar a terra e, no caso do Evangelho de João, embora não no caso dos três anteriores, que ele era divino. Os detalhes mais insignificantes, que poderiam parecer ao leitor moderno fatos históricos críveis ou incidentais, foram introduzidos, segundo se pensa, pelos evangelistas em virtude de suas presunções sobre quem fora Jesus. Mateus, por exemplo, acreditava que o Messias nasceria em Belém; achava que tal fato fora previsto no Livro de Miquéias, no Velho Testamento. E por isso nos diz que Jesus nasceu em Belém. Conforme já vimos, esse fato é menos do que historicamente provável. É difícil elaborar um critério por meio do qual pudéssemos ler os Evangelhos e que nos permitisse joeirar o material e identificar por trás deles as suas possíveis fontes. Às vezes, podemos até pensar que isso é possível. Marcos, crente de que Jesus viera para admitir os gentios no reino de Deus, transmite-nos a surpreendente informação de que Jesus desprezava-os como "cães", aos quais nada tinha a dizer. Aqui poderíamos, com boas razões, supor que sobrevive um fragmento da tradição oral do Jesus verdadeiro que foi desajeitadamente preservado para nós pelos evangelistas, mesmo que se choque frontalmente com as finalidades que os animavam.

Mas não é fácil entrar no estado de espírito certo para compreender o Novo Testamento. Assumi, por conseguinte, o risco, no interesse dos que não são estudiosos do assunto e nos capítulos iniciais, de esmiuçar os obstáculos deste livro, antes de passar a um exame, sob a forma de narrativa, da vida do Jesus histórico. Alguns leitores julgarão isso cansativo e se perguntarão por que lhes solicitam para ler um capítulo sobre Paulo e outro sobre "Como ler um Evangelho", antes de entrar na história da infância de Jesus. A esses leitores, eu diria: "Passe logo para o capítulo 4. Em seguida, volte e releia os capítulos 1, 2, e 3, se acaso encontrou alguma dificuldade." O leitor precisa compreender algumas complexidades textuais e metodológicas, antes de mergulhar na leitura e chegar a uma conclusão sobre a natureza do material que estamos avaliando.

Para muitos estudiosos do Novo Testamento, a natureza do meu trabalho parecerá destituída de propósito. Há o Cristo da Fé e o encontramos evoluindo e emergindo nas páginas do Novo Testamento, que foram escritas para seus discípulos no Mediterrâneo entre, digamos, os anos 50 e 100 EC. (Incidentalmente, uso neste livro a abreviação EC e AEC, Era Cristã e Antes da Era Cristã, em vez dos religiosamente tendenciosos Antes de Cristo e Depois de Cristo.) Por que, perguntarão os estudiosos, tentar o impossível e escrever um livro sobre o Jesus histórico?

Na verdade, só depois de começarem a duvidar da divindade de Jesus é que os historiadores começaram a pensar em descrever-lhe a vida. E foram os ateus, Strauss[4] na Alemanha, e Renan[5] na França que deflagraram essa busca pelo

[4] D. F. Strauss: *The Life of Jesus Critically Examined* (traduzido para o inglês por George Eliot, 1846).

[5] Ernest Renan: *La Vie de Jésus* (1865).

Jesus histórico, uma busca que tem se revelado tão ilusória. Eles foram prejudicados, como todos os seus predecessores cristãos, pelo preconceito. Os ateus, não menos do que os crentes, criam um Jesus à sua própria imagem. Até mesmo Albert Schweitzer, que tentou dissipar os mitos dos desmitificadores,[6] criou uma história própria sobre um profeta apocalíptico que morreu tragicamente desiludido. A história de Schweitzer escapa muito além dos estreitos confins do que pode ser provado. Em décadas posteriores deste século, a maioria dos estudiosos da Bíblia manteve-se longe de qualquer tentativa para reconstruir o que poderia ter sido o Jesus histórico. Para um grande teólogo como Rudolf Bultmann, por exemplo, a questão era de uma irrelevância absurda em relação aos seus interesses teológicos. O único Jesus que conhecemos é o que o Novo Testamento nos apresenta. Estudiosos do passado poderiam tentar sondar os antecedentes das narrativas do Evangelho, mas ao fazê-lo, não poderiam criar uma figura que rivalizasse com o Cristo da Fé em vividez ou poder.

Essa é a posição dos teólogos e, paradoxalmente, a mesma onde ultra-ortodoxos e modernistas se tocam. Os cristãos ultra-ortodoxos – sejam católicos sejam protestantes – mostraram-se tão ansiosos para preservar intacta a sua fé religiosa que sequer ousam examinar as conclusões dos últimos duzentos anos de estudo sério do Novo Testamento. Os modernistas ousam enfrentá-las, embora digam que a religião e a prática religiosa importam mais, ou importam em um nível mais profundo, do que especulações acadêmicas. Os ultra-ortodoxos continuam a acreditar que Deus desceu à terra em disfarce humano com o objetivo de fundar uma Igreja e/ou salvar a raça humana de seus pecados. Os modernistas reconhecem que o Novo Testamento é mitologia, mas gostariam de dizer que só podemos extrair sentido do Novo Testamento se nos submetermos à visão que ele nos dá das coisas, e que fracassaremos se tentarmos aplicar nossas grosseiras suposições históricas ou científicas. O que importa, segundo esse padrão, se Jesus instituiu a Eucaristia ou mesmo se existiu, realmente? O importante é que os cristãos são sustentados agora, hoje, pelo corpo e sangue de Cristo.

[6] Albert Schweitzer: *The Quest for the Historical Jesus, a Critical Study of its Progress from Reimarus to Wrede.* (ET Londres, 1910.)

Durante certo número de anos, tal como a maioria dos cristãos, oscilei, embaraçado, entre essas duas posições até me convencer de que ambas eram desonestas. Este livro não é uma autobiografia espiritual, ele tem por objetivo ser uma história imparcial de Jesus. Mas acho apenas justo, no início de uma empresa tão audaciosa, dizer qual é a minha posição. Durante muitos anos, fui cristão praticante e tentei fugir às implicações do que lera ao estudar teologia na universidade. À medida que os anos passavam, porém, e enquanto lia mais e refletia mais profundamente sobre o que lera, essa atitude deixou de me satisfazer mais por completo. Coube-me reconhecer que achava impossível acreditar que um santo homem galileu do primeiro século se tivesse, em qualquer ocasião da vida, julgado a Segunda Pessoa da Trindade. Isso era algo inerentemente improvável para ser aceito por um judeu monoteísta. Nem, tendo aprendido como ler com espírito crítico o Novo Testamento, pude encontrar a menor prova de que Jesus tivera tal crença sobre si mesmo. E ainda menos que a tivesse pregado. Logo que passei a compreender melhor Paulo, a platéia à qual endereçou as epístolas e a natureza dos Evangelhos, percebi como era importante estudar a "situação na vida", a *Sitz im Leben*, como a chamam os teólogos alemães, de cada um desses autores do Novo Testamento. Comecei a perceber como era perfeitamente possível Paulo ter inventado a religião cristã – embora esta seja uma maneira simples demais de equacionar a questão. Constituiu um processo lento, e no meu caso, doloroso, abandonar a crença no Cristianismo e, quando isso me aconteceu, não achei que fosse honesto continuar a considerar-me cristão, a freqüentar igrejas que tratavam Jesus como se ele estivesse vivo, a citar credos que o reconheciam como Senhor e Juiz do mundo. Sabia que muitos de meus companheiros cristãos tinham as mesmas dúvidas e que continuam, de uma maneira ou de outra, a conciliar a prática da fé cristã com o conhecimento de que ela se baseia em uma inverdade fundamental. Eu, porém, não consegui fazer o mesmo.

E nem aceitar inteiramente a opinião dos céticos de que nada podíamos saber sobre Jesus. Ao longo destes anos, senti-me fortemente inspirado e interessado nos trabalhos de Geza Vermes e, em particular, no seu livro *Jesus the Jew* (*Jesus, o judeu*). O professor Vermes, um estudioso que fez mais do que qualquer outra pessoa para tornar vivo o mundo judaico do primeiro século da nossa era, é uma das maiores autoridades nos Manuscritos do mar Morto. Conhece profundamente a língua e a literatura do período. Suas obras mostraram-me que é realmente possível encontrar nas páginas do Novo Testamento detalhes que identificam Jesus como integrado firmemente na grande tradição profética de Israel. Jesus, se abordado desta maneira, permanece como uma figura nebulosa, embora muito menos nebulosa do que transparece nas páginas de teólogos alemães modernistas, como Bultmann. Para Vermes, e para aqueles que como ele pensam, Jesus readquire vida como um judeu reconhecível do primeiro século. Posso muito bem confessar que esse é o Jesus no qual vim a acreditar. Creio que Jesus era um *hassid*, ou homem santo. O *hassid* era um herdeiro da tradição profética. Tinha introvisões peculiares da relação do homem com Deus e possuía poderes carismáticos de cura. Encontraremos outros *hassidim* nas palavras que se seguem. Acredito que Jesus nasceu na Galiléia. Uma data provável do seu nascimento é o ano IV AEC. Tal como outros galileus, ele provavelmente fez viagens à vizinha província da Judéia e foi ali que encontrou a morte nas mãos dos romanos, mais ou menos no ano 30 EC. Não deixou livros. Ninguém nos legou uma descrição física de como era Jesus. Nem possuímos qualquer informação biográfica sobre ele que normalmente comporia uma "vida" moderna. Não sabemos, por exemplo, se Jesus foi casado. Seria de surpreender que fosse solteiro, mas este simplesmente não é o tipo de informação que os Evangelhos nos fornecem. Ainda assim, sustento que eles nos proporcionam um grande número de vívidas descrições de Jesus e certa quantidade de palavras e histórias a ele atribuídas – sendo sobremodo improvável que tenham sido inventadas. Descobri que, ao procurar vê-lo como um ser histórico, ele tornou-se, de certa maneira, mais vivo para mim do que quando tentei abordá-lo com os olhos da fé cristã.

Mencionei acima minha dívida para com as obras do professor Vermes. Ele me prestou também o serviço de ler este livro em uma fase inicial da sua elaboração e de oferecer-me sugestões profundamente úteis. Todas as opiniões e todos os erros que contenha são meus, mas, ainda assim, sou-lhe profundamente grato. Gostaria de deixar também registrada aqui minha gratidão a dois homens que me ensinaram o Novo Testamento em Oxford, Alan Stephenson e Cheslyn Jones. Ambos são falecidos e não acho que nenhum deles concordasse com este livro ou o apreciasse muito, mas eu não poderia tê-lo escrito sem a ajuda que me deram. Recuando ainda mais em minha história biográfica, devo agradecer aos srs. R. P. Wright e T. A. Buckney, meus primeiros professores de grego (depois de um começo muito acidentado), que me deixaram com um entusiasmo de amador, jamais desvanecido, por esse idioma. Sem o auxílio de ambos, eu nunca poderia ter começado a ler o Novo Testamento em sua língua original e vê-lo como o vejo hoje. E, finalmente, apreciaria agradecer também a Douglas Matthews por ter compilado o índice remissivo e ao quadro de pessoal da London Library pela assistência de todos os momentos.

Capítulo 1

Jesus, o judeu

Jesus viveu em um mundo inteiramente diferente do nosso. Há numerosas maneiras por meio das quais poderemos perceber a verdade desse fato óbvio, embora, com grande freqüência, seja preciso que nós mesmos nos lembremos disso. Esse cuidado evitará que muito tempo seja desperdiçado. Qual é a vantagem de indagar, por exemplo, se a Ascensão de Jesus ao céu ocorreu após a sua morte? A história foi contada por numerosos autores, que acreditavam que o céu se assemelhava a um prato. Podia-se voar através dele e penetrar no paraíso. No caso de um observador moderno, pouco importando sua crença religiosa, será impossível não saber que um homem que subisse verticalmente do monte das Oliveiras, qualquer que fossem os meios da miraculosa propulsão, entraria em órbita.

Só débeis mentais precisariam ser informados disso. Mas apenas tentando sentir-nos de volta ao mundo de Jesus, e com a visão de mundo aceita pelos seus contemporâneos, é que começaremos a compreendê-lo e a situá-lo no esquema das coisas. Pagãos e judeus, por exemplo, acreditavam igualmente que o mundo era povoado por demônios e espíritos.

Hoje acreditamos em nossas próprias formas de magia. Reservamos uma imensa credulidade para a ciência médica. Para os judeus, pagãos e cristãos do primeiro século EC, afigurava-se axiomático que um epiléptico era possuído por demônios e que a maneira de curar a surdez ou a paralisia consistia em expulsá-los. O universo daquelas pessoas tinha uma composição diferente do nosso. Não se conhecia a astronomia copernicana. O tempo era diferente, acreditava-se que o mundo era finito e que provavelmente acabaria ainda no tempo de vida daquela gente. A "Ciência" e a "História", tal como vieram a ser compreendidas no pós-Iluminismo, não existiam.

Se quisermos compreender o Novo Testamento, devemos observar com olhos imaginativos o mundo de Jesus e o próprio Jesus. Não precisamos contestar algumas das afirmações dos autores do Novo Testamento, de que "viram" acontecer as coisas sobre as quais escreveram. Não me parece ser necessário lembrar que esses livros devem ter sido escritos décadas depois dos fatos, por pessoas que nem conheceram Jesus pessoalmente. A dificuldade surge de nosso conhecimento certo de que se nós, com olhos modernos e prosaicamente "científicos", tivéssemos visto e ouvido as coisas vistas e ouvidas pelos discípulos de Jesus, as teríamos aprendido de modo muito diferente. No seu batismo no rio Jordão, por exemplo, nossos olhos veriam apenas um jovem molhado emergindo da água. Os olhos da fé, no entanto, viram os céus se abrirem e o Espírito Santo de Deus descer sobre Jesus sob a forma de uma pomba. No Evangelho de João, Jesus é escarnecido por Natanael porque é natural da insignificante cidadezinha de Nazaré. Mas quando realmente conhece Jesus, Natanael fica muito mais impressionado. Jesus observa que o vira antes de que se conhecessem, sentado sob uma figueira. Por alguma razão que a narrativa não deixa claro, Natanael considera essa observação sobrenaturalmente perspicaz e proclama, nela baseado, que Jesus é o Filho de Deus e o rei de Israel. "Ao que Jesus lhe respondeu: Porque te disse que te vi debaixo da figueira, crês? Pois maiores coisas do que estas verás. E acrescentou: Em verdade, em verdade vos digo que vereis o céu aberto e os anjos de Deus, subindo e descendo sobre o Filho do homem".[1]

O fato estranho é que a figura de Jesus permanece, mesmo em um mundo onde o Cristianismo institucional pareceria estar nos seus últimos dias, e onde a própria fé religiosa, pelo menos no Ocidente, dá a impressão de rápido declínio, Jesus é, historicamente, uma figura nebulosa, embora nele permaneça obstinadamente e, a despeito do que sacerdotes podem nos dizer, continuamos conscientes dele, não como uma presença mística, mas tampouco como uma figura de pura lenda. Ele é mais real do que Robin Hood ou o rei Arthur. "Passarão o céu e a terra, porém as minhas palavras não passarão", teria dito ele. E essa profecia se tornou realidade.

Estudiosos têm razão ao insistir em cautela por parte de todos os que pensam que é possível avaliar se Jesus disse realmente qualquer uma das palavras que lhe

[1] João, 1:50-51.

são atribuídas pelos Evangelhos. Ele não escreveu livros e suas palavras foram transmitidas por autores que demonstravelmente distorcem suas versões, a fim de convencer-nos de seus pontos de vista. As possibilidades, nessas circunstâncias, de captar a *ipsissima verba* de Jesus são escassas. Ainda assim, se ele não disse algumas das palavras que lhe são atribuídas no Novo Testamento, vemo-nos diante de um conjunto notável de frases e sentimo-nos como o crítico que disse que, se Bacon não escreveu as peças de Shakespeare, então perdeu a oportunidade de uma vida inteira. A oração que começa com as palavras "Pai-Nosso", as histórias do Bom Samaritano e do Filho Pródigo, o corpo de máximas reunidas por Mateus e conhecidas como o Sermão da Montanha, as dezenas de parábolas, as perguntas, os provérbios morais e percucientes indagações psicológicas que foram atribuídos a Jesus não podem ser ignorados. A propósito, escreveu um estudioso judeu: "Nesse código ético há uma sublimidade, uma perceptibilidade das coisas e uma originalidade de forma que não têm paralelos em qualquer outro código ético hebraico; nem há também qualquer paralelo com a arte notável de suas parábolas."[2] É fácil para inteligentes estudiosos cristãos, pós-cristãos ou ex-cristãos, com o nariz perto demais do texto, achar naturais as palavras de Jesus e se deliciarem apenas em identificar características de Mateus, Lucas ou João. Esses juízos de valor têm seu lugar no estudo, mas podem distorcer. As palavras de Jesus possuem um poder extraordinário. Continuam a mudar vidas humanas.

O mesmo se aplica à história da vida de Jesus, na forma fragmentária existente nos Evangelhos. Sua disposição em ser equiparado a párias sociais e a pecadores, sua compaixão pelos doentes e pobres, sua penetração e introvisão psicológicas, de modo que podia falar com uma mulher que nunca vira antes e lhe parecer conhecer tudo sobre o caos emocional de sua vida – são imagens que não podem ser apagadas por cultores que põem em dúvida a sua plausibilidade histórica. O imediatismo dessas intervenções torna sem importância se elas realmente ocorreram. Os primeiros ouvintes dessas histórias, e a maioria dos que as ouviram repetidas desde então em grupos e igrejas cristãs, tornaram-se, eles

[2] Joseph Klausner: *Jesus of Nazareth*, citado em Geza Vermes, *Jesus the Jew* (1973).

mesmos, personagens da história. Eles "chegam a Jesus" colocando-se dentro das cenas do Evangelho.

Cálida, doce e terna
Uma presença propícia ele é;
A fé ainda tem a sua Pérola
E o amor o seu galileu.[3]

Mais forte ainda é a imagem de um homem inocente, silencioso, diante de seus acusadores e, em sua fraqueza, parecendo mais forte do que o próprio César. Precisamos nos lembrar, enquanto examinamos essas crônicas em busca de pistas históricas, de que elas não foram escritas como fonte de material para os biógrafos modernos.

Após a sua morte, acreditou-se que Jesus ressuscitou. Neste particular, ele não foi excepcional. O Novo Testamento nos diz que, no momento da morte de Jesus, "abriram-se os sepulcros e muitos corpos de santos, que dormiam, ressuscitaram".[4] Durante a vida de Jesus, atribui-se a ele ter trazido dos mortos um jovem em Naim, a filha de um dos príncipes da sinagoga chamado Jairo, e seu amigo Lázaro, de Betânia. Após a morte de João Batista, o rei Herodes acreditava que também ele havia ressuscitado. O ceticismo moderno sobre esses fenômenos tem de ser aceito. Os cristãos que insistem na verdade literal e histórica da ressurreição de Jesus precisam perguntar a si mesmos o que aconteceu a todos esses corpos ressurrectos que passeiam pelas páginas do Novo Testamento com uma naturalidade tão visível. Teriam eles, como Jesus, subido aos céus, ou teriam de morrer outra vez?

Jesus sobreviveu à morte como uma figura de culto e o culto é encontrado em três correntes distintas de tradição: em primeiro lugar, na "Igreja" judaica de Jerusalém, que nunca se separou da corrente principal do judaísmo e, presumivelmente, não se deu conta de que Jesus fundara uma nova religião.

[3] J. G. Whittier: "Immortal love for ever full", *English Hymnal*, nº 408.

[4] Mateus, 27:52.

Em segundo, o culto foi propagado pelo apóstolo Paulo em uma forma muito diferente e para fiéis muito diferentes. Em terceiro e, talvez, misterioso acima de tudo, o culto de Jesus sobrevive no Evangelho de São João.

A primeira dessas tradições, de recordação puramente judaica de Jesus como um grande profeta ou homem santo só é apresentada na forma mais vaga possível nos anais do Novo Testamento. Sabemos que ela existiu. Sabemos pelos Atos dos Apóstolos que os discípulos judeus de Jesus em Jerusalém reagiram com escandalizada incredulidade à idéia de pregar "Jesus, o Messias" aos gentios não circuncidados e à idéia de Paulo de romper com o judaísmo e ignorar o ritual antigo e as observâncias alimentares de Israel. Esses antigos seguidores de Jesus foram judeus e nunca deixaram de ser. Mas o testemunho deles desapareceu mais ou menos com o próprio Templo, quando a cidade de Jerusalém foi saqueada pelos romanos no ano 70 EC. Não escreveram sobre Jesus livros que sobrevivessem, embora captemos talvez certo sabor de suas atitudes religiosas na Epístola de Tiago e em alguns trechos citados nos Atos. Encontramos citações fragmentárias no denominado "O Evangelho segundo os hebreus" nas obras dos primeiros doutores da Igreja, Ireneu e Clemente e, acima de tudo, Jerônimo, que traduziu a Bíblia Grega para o latim. Ireneu nos diz que os ebionitas acreditavam que Paulo era um herege, um apóstata da lei.[5]

A Igreja gentia que se desenvolveu após a primeira geração de testemunhas ter desaparecido não abrangeu essa primeira geração de seguidores judaicos do "Caminho", como chamava seu discipulado a Jesus. Ainda menos teriam os cristãos gentios o desejo de perpetuar a memória dessas pessoas que consideravam a própria idéia de gentios cristãos como uma asserção contraditória a si mesma. Paulo ganhou a discussão. Levou seu Cristo místico aos portos da Ásia Menor e da Grécia e, finalmente, à própria Roma, capital do Império. Os Evangelhos de Marcos e Lucas, e, em menor extensão, o de Mateus, foram escritos sob forte influência das idéias de Paulo.

O Evangelho de São João tem um caráter diferente. Uma vez após outra, não só reitera a religião de um Cristo místico, mas contém a alegação de que encerra

[5] M. R. James, *The Apocryphal New Testament*, 1.

uma recordação autêntica de Jesus da maneira que ele realmente viveu na terra como personagem histórico. Mas, à vista da prova interna desse Evangelho, parece provável que os "cristãos do Evangelho de São João" se sentissem diferentes não só dos místicos gentios da Igreja de Paulo, mas também dos "judeus" da Igreja de Jerusalém.

Nós, os leitores modernos que buscamos a figura de Jesus retroagindo aos anos da História cristã e por meio do emaranhado da mitologia cristã, sofremos da sentimental tendência de acreditar que se apenas pudéssemos ter conhecido membros dessa Igreja judaica, teríamos uma visão mais clara do que o Jesus histórico realmente foi. Penso que se trata de um desejo que, se fosse atendido, poderia ter-se revelado uma ilusão. O Jesus dela poderia muito bem ter-nos parecido tão peculiar e tão "mitológico" como o Jesus de João e o Jesus de Paulo.

Não obstante, embora seja necessário desconfiar da tentativa de reconstruir o Jesus histórico, isso não é razão para dizer que nada se sabe ou vale a pena saber sobre o assunto. Nas últimas décadas, houve certo número de tentativas plausíveis de chegar ao fundo dos Evangelhos por meio de analogia com contemporâneos ou quase contemporâneos de Jesus.[6] O professor Vermes, por exemplo, demonstrou em seu livro *Jesus the Jew* que muitos aspectos de Jesus, mesmo os que nos chegaram filtrados por meio do testemunho dos evangelistas cristãos, são reconhecivelmente os de um *hassid* galileu do século primeiro. Compara-se com outros *hassidim* que também circulavam curando doentes, exorcizando demônios, controlando o tempo atmosférico e brigando com a hierarquia religiosa em Jerusalém. Tal como arqueólogos que ciscam cascalho, encontramos cacos e fragmentos do Novo Testamento que, se os examinarmos com paciência e conhecimento suficientes, podem fornecer-nos as pistas que procuramos. Pelos critérios de numerosos textos antigos, os Evangelhos nos dizem realmente muito sobre seu principal assunto. O perigo enfrentado pelo leitor moderno não acostumado a ler textos antigos dessa maneira é que possa confundir a natureza

[6] Ver, por exemplo, Geza Vermes: *Jesus the Jew*; J. D. M. Derrett: *Jesus's Audience*; John Bowker: *Jesus and the Pharisees*.

do material. Esse é o motivo por que julgamos necessário, antes de pensarmos a vida e a carreira de Jesus, examinar o testemunho de Paulo e de João, o que faremos nos capítulos que se seguem.

Mas é necessário também, antes de continuarmos, esvaziar a mente e não dar nada como certo. O núcleo do ensino de Jesus era sua crença em Deus e no judaísmo. E será talvez também necessário explicar o óbvio e lembrar-nos de como essa crença era extremamente característica.

Homens adoram deuses feitos à sua imagem, mas esses deuses, por sua parte, uma vez construídos, têm um poder próprio de modelar e escravizar seus devotos. Os deuses pagãos da Antigüidade clássica nada tinham a ver com a ética, motivo pelo qual os moralistas gregos, de Sócrates a Platão e daí em diante, consideravam as atividades do monte Olimpo com desdém e ampliaram, até tornar conceitos abstratos, o Bem e a Justiça de um tipo que haviam sido axiomáticos para os judeus monoteístas durante séculos antes de seus vizinhos pagãos. É notável a pureza e o caráter abstrato da teologia judaica desde o século VIII AEC. Enquanto outras nações se curvavam diante de imagens de madeira e pedra, os profetas judeus apelavam para o povo, a fim de que reconhecesse que a vontade de Deus só podia ser cumprida por uma vida virtuosa e fraternal, pela proteção aos pobres, pela criação de uma sociedade justa, na qual homens e mulheres pudessem viver com a dignidade de acreditar que eram filhos de Deus. O Velho Testamento é o registro, sem igual na literatura do mundo, de uma consciência religiosa em evolução. Jeová, longe de ser um Deus tribal entre muitos, de ser uma divindade tutelar selvagem, cujo único interesse parecia a concessão da vitória a uma das tribos semitas em suas batalhas com outras tribos semitas, emerge como uma força inspiradora de poder ético e espiritual. No Livro de Josué, quando Deus ajuda os hebreus a devastar as cidades dos hivitas, perizitas, jebusitas e cananitas, Ele aparentemente não sente mais interesse pela ética do que Hera, Zeus ou Palas Atena em Homero, quando injusta e caprichosamente concebiam conquistas militares para seus mortais favoritos. À medida que a mitologia passou a ser estudada e reescrita, porém, talvez a partir do tempo do exílio judaico na Babilônia (597-538 AEC), a própria viagem a partir do

Egito (?1250 AEC) para a terra prometida veio a ser considerada uma jornada de descoberta ética. Os sofrimentos de que os hebreus padeceram no Êxodo, o castigo de Moisés por ter abandonado a Lei que fora dada a ele e seu povo no monte Sinai, enfatizam mais a importância da justiça de Deus de que seu favoritismo. Os próprios judeus, o povo escolhido, só podem servi-Lo se Lhe observarem os mandamentos, se continuarem fiéis ao princípio do monoteísmo, se abandonarem a idolatria e se praticarem aquele Bem de forma prática, em vidas de sobriedade, castidade e generosidade com os pobres.

Embora uma reverência pela Torá, a Lei, esteja no âmago do judaísmo, ela, com o passar do tempo, veio a ser considerada apenas uma parte da aliança de Deus com o seu povo escolhido. A Jeremias na época do exílio Deus fez a revelação (no ano 626 AEC) de que era acessível aos judeus não só por meio de alguma observância externa, não apenas nos Dez Mandamentos e em outros dispositivos da Lei que fora promulgada no Sinai, mas em um sentido muito mais interior e místico. "Na mente lhes imprimirei minhas leis, também no coração lhas inscreverei; eu serei o seu Deus, e eles serão o meu povo. Não ensinará jamais cada um ao seu próximo, nem cada um ao seu irmão, dizendo: Conhece ao Senhor, porque todos me conhecerão, desde o menor até o maior deles, diz o Senhor."[7] Isso é muito diferente dos deuses homéricos, cujas extravagâncias sexuais e envolvimento sanguinário nos assuntos dos mortais são imprevisíveis e inexplicáveis. Embora conversem com os mortais, vivem à parte deles. O mundo ético que habitam é tão caótico quanto a moralidade da própria raça humana, do qual ela é uma paródia grotesca. Não têm moralidade a ensinar à raça humana e por isso dificilmente podem dirigir-lhe a consciência.

A teologia homérica, no entanto, tem a vantagem seguinte sobre a judaica: é mais prontamente aceitável como explicação da angústia e sofrimento da raça humana. A *Ilíada*, escrita talvez cem anos antes que os judeus fossem levados para o exílio pelos babilônios, representa o universo como um lugar infinitamente sofredor, sem finalidade moral. Heroísmo e virtude são possíveis nesse

[7] Jeremias, 31:33-34.

universo, em desafio à "Natureza, a Natureza desalmada e insensata". O amanhecer chega com dedos róseos e o mar é da cor de vinho tinto, gozem ou não os heróis de boa fortuna.

Desejo sexual, amor, derrota, vitória, dor física, saudade do lar, raiva, todos valem em um ambiente no qual mortais podem sacudir o punho para os deuses por terem se aliado a um grupo e não a outro. As divindades de Homero, porém, não podem ser chamadas às falas por sua falta de justiça. Ocorre isso porque a Justiça nunca fez parte da aliança. Príamo pode dizer que não culpa ninguém pela luta entre gregos e troianos, porque todas as calamidades que caíram sobre eles são resultado das maquinações dos deuses.[8] Essa é a natureza das coisas e isso explica por que a *Ilíada* apresenta tal coesão e por que seus heróis são heróis.

Não há heróis explícitos na Bíblia até o período dos macabeus (166-160 AEC). Existe apenas a certeza ingênua de que Deus está ao lado do seu povo escolhido. Deus é certo, Deus é justo e, por conseguinte, a causa dos judeus é certa e justa. Essa simplicidade de enfoque, que produz uma mitologia capaz de gelar o sangue no Livro de Josué, é submetida a teste até o ponto de ruptura pela experiência histórica concreta da derrota de Israel em 597, quando o Templo de Jerusalém foi destruído e grande número dos judeus derrotados seguiu escravizado para a Babilônia – o atual Iraque. Essa experiência provocou nos profetas judeus um angustioso exame de consciência, que produziu os melhores livros do Velho Testamento. Uma vez que a probidade dos judeus é algo que eles aceitam como natural – não estavam obedecendo à Torá, que lhes fora revelada pelo próprio Deus? – e uma vez que essa probidade e o poder de Deus eram axiomáticos, como poderia ter Ele permitido que Seu povo escolhido sofresse tão espantosa calamidade? A resposta simples – que eles não haviam sido probos o suficiente, nem leais o bastante à Torá, mostravam-se dispostos demais a se casarem com semitas vizinhos, excessivamente frouxos em suas leis alimentares – poderia satisfazer as mentes legalistas e simples que produziram os livros de Esdras e

8 A *Ilíada* III: 165-165. "São os Deuses, acredito, que devem ser culpados, que lançaram contra mim a dolorosa guerra dos aqueus."

Neemias (350 AEC?, descrevendo os eventos de 538 AEC). Para os profetas e salmistas que pensaram no problema, e para o autor posterior que escreveu o Livro de Jó (data desconhecida: 450 AEC?), tratava-se de uma questão muito mais profunda do que essa, uma questão que se apresentava sempre, mas que nunca podia ser respondida. Era a questão do sofrimento inocente, que parecia pôr em dúvida se a idéia judaica de Deus, elevada e nobre como fosse, podia ser realmente mantida em face de toda a prova que parecia contradizê-la.

Não faltaram tentativas nos livros posteriores do Velho Testamento para solucionar essa questão, uma questão que estava destinada a perseguir os judeus até bem dentro de nosso século, quando um sofrimento inimaginável a eles tocaria por destino. Duas figuras, no entanto, sobressaem nessas Escrituras, que o próprio Jesus teria lido e estudado. A primeira é a de Jó, e a outra é a do Servo Ultrajado no Dêutero-Isaías.[9]

Nesse sentido apenas, o Livro de Jó é o mais homérico dos livros bíblicos: ele mostra dois imortais, Deus e Satanás, brincando com um mortal, pondo-o à prova. O virtuoso homem, atormentado por ruína financeira e por uma praga de chagas, sofre tudo isso como resultado de um debate quase divertido entre as potências celestiais. Mas a reação do homem ultrajado é o próprio oposto do homérico, pois ele nunca deixa de acreditar na justiça. Os estudiosos dedicaram-se a analisar como o Livro de Jó veio a possuir sua atual estrutura. Os leitores comuns do livro decidirão se uma ou outra das soluções consoladoras dos problemas de Jó poderá de fato consolar: a primeira, saber que haverá um Vingador[10] que, em algum futuro julgamento, recompensará a virtude – uma antiga sugestão da crescente crença judaica na imortalidade da alma; a segunda, acredi-

[9] Isto é, os capítulos 40-55 do Livro de Isaías, tal como aparece na Bíblia. O Dêutero-Isaías pregou ao povo de Judá em seu exílio na Babilônia, em alguma época entre 550 e 538 AEC.

[10] Jó, 19:25, em sua ira com seus consoladores, diz que sabe que tem um Defensor, ou Vingador, um *go'el*, que acabará por provar sua inocência. É matéria de controvérsia entre os estudiosos se ele se refere a Deus ou a algum demiurgo celestial. A má tradução da frase na Versão Autorizada da Bíblia é: "Eu sei que meu redentor vive", uma frase que a piedade cristã aplicou a Jesus em sua forma glorificada e ressurrecta. Tem de ser, principalmente quando posta em música por Händel, a má tradução mais inspirada na história da literatura.

tar que Deus em sua grandeza, esplendor e majestade não será posto em julgamento pelas insignificantes indagações de uma finita mente humana: "Onde estavas tu, quando eu lançava os fundamentos da terra?"[11] Contudo, o Livro de Jó, precisamente por causa de sua retórica, não chega a convencer. É contraproducente; tudo faz crer que, de propósito, foi tornado contraproducente por seu(s) autor(es).

Jó, na verdade, dispõe de argumentos mais poderosos do que seus detratores, argumentos mais poderosos que os do próprio Deus. A despeito de todas as desvantagens, do abandono e mesmo da efetiva inimizade de Deus, Jó continua a acreditar nele e na justiça: "Eu sou íntegro, não levo em conta a minha alma, não faço caso da minha vida. Para mim, tudo é o mesmo, por isso digo: tanto destrói ele o íntegro como o perverso. Se qualquer flagelo mata à súbita, então se rirá do desespero do inocente. A terra está entregue nas mãos dos perversos; e ainda Deus cobre o rosto dos juízes dela; se não é ele o causador disso, quem é logo?"[12]

Não se trata de uma pergunta inquietante para o politeísta que aceita como natural que os deuses disponham com malícia sádica do destino humano, mas é profundamente perturbadora para o crente em um único, verdadeiro, bom Deus, que manifestou Seu amor por seu povo e desejo de que ele seja íntegro. É uma pergunta que ainda continua a ser feita no âmago do judaísmo. Para uma pessoa tão versada nas Escrituras como Jesus, ela deve ter sido de suprema importância, não só porque mesmo em seus dias uma ameaça pendia sobre a própria existência do judaísmo, que era em tudo tão ameaçadora como o antigo exílio na Babilônia. Os romanos já haviam demonstrado ser implacáveis no governo da colônia judaica, inexoráveis na repressão de rebeliões e grosseiramente insensíveis às sensibilidades religiosas do povo. Eles, como se diz que Jesus previu, destruiriam um dia o próprio Templo, e imporiam ao povo de Israel um exílio de 1.900 anos de seu lar espiritual. Qualquer homem que falasse a Israel sobre Israel no tempo da ocupação romana teria em mente as velhas perguntas do Livro de

[11] Jó, 38:4.
[12] Jó, 9:21-24.

Jó. Configurava-se uma situação de grave crise espiritual para toda uma nação, que não seria resolvida pela teoria. Para numerosos contemporâneos de Jesus, era axiomático que, de uma forma ou de outra, Deus redimiria Israel: permitiria que os insurretos judeus derrubassem os opressores estrangeiros, como Judas Macabeu tentara fazer, pela força militar; ou enviaria um Messias para levar a história a um fim e redimiria a ultrajada Israel com o início da era messiânica. O próprio Jesus quase com certeza alimentou uma ou outra, ou ambas as esperanças, embora parecesse que o fez de uma maneira altamente idiossincrática.

Mas há outra figura no Velho Testamento que corporifica esse conflito entre a injustiça manifesta do mundo e a justiça de Deus e de Sua Israel. É a figura do Servo Ultrajado no Dêutero-Isaías. Essa extraordinária criação poética, de um homem que nada tem a fazer no mundo inclemente exceto sofrer e que nesse sofrimento redime de certa forma sua nação, é além disso, tal como o de Jó, um tipo mais especificamente judaico e que obceca toda a história de sua raça. O Servo tornou-se uma espécie de velho bode expiatório, sobre o qual eram depositados virtualmente os pecados do povo antes de ser expulso para o deserto. O Servo é uma censura a Deus, mas tão imensamente forte é a reverência judaica pela justiça de Deus que o Dêutero-Isaías abstém-se de qualquer vituperação esquiliana contra o destino. É mais como se a questão insolúvel do motivo por que o inocente sofre, da razão por que o justo parece sofrer mais do que o corrompido, só possa ser enfrentada pela mitologia. Ser judeu é, potencialmente, sofrer. Manter padrões abstratos e absolutos de justiça num universo que parece em guerra com eles é sofrer. Insistir na inviolabilidade da lei moral que é desafiada pelos próprios deuses é arriscar-se a uma infinidade de sofrimentos, mas é um martírio necessário para que a raça judaica e, podemos acrescentar, a raça humana com ela, não afunde na anarquia moral. Para Aristóteles e os filósofos moralistas gregos, a questão não assume forma tão dramática porque, a despeito de toda a crença que tinham numa Primeira Causa e numa Moralidade Absoluta, os gregos habitavam um mundo que era, imaginativamente falando, polieísta. Coube aos judeus mitificar a tribulação. Enquanto esse Homem Justo existisse, mantendo sua retidão contra todos os poderes da anarquia e das trevas alinhados contra ele, a retidão em si manteria sua validade.

"Quem creu em nossa pregação? E a quem foi revelado o braço do Senhor? Porque foi subindo como renovo perante ele, e como raiz duma terra seca; não tinha aparência nem formosura; olhamo-lo, mas nenhuma beleza havia que nos agradasse. Era desprezado, e o mais rejeitado entre os homens; homem de dores e que sabe o que é padecer; e como um de quem os homens escondem o rosto, era desprezado, e dele não fizemos caso. Certamente ele tomou sobre si as nossas enfermidades, e as nossas dores levou sobre si; e nós o reputávamos por aflito, ferido de Deus, e oprimido. Mas ele foi traspassado pelas nossas transgressões, e moído pelas nossas iniqüidades; o castigo que nos traz a paz estava sobre ele, e pelas suas pisaduras fomos sarados."[13]

Essas eram as imagens religiosas que povoavam a mente de Jesus, como de todos os judeus. Para gerações cristãs posteriores, pareceu apropriado ver a figura do Servo Ultrajado como prenúncio do próprio Jesus. Com toda probabilidade, no caso de seus primeiros discípulos judeus, que nenhum desejo tinham de se apartar da comunidade de Israel, a analogia ou imagística dessa idéia revestia-se de uma potência suficiente em si. Nunca se poderá saber se o próprio Jesus via-se como uma encarnação do Servo Ultrajado. É interessante que os Evangelhos Sinópticos quase não aludem absolutamente ao Servo Ultrajado, embora se pudesse dizer que era uma imagem que obcecou as duas grandes imaginações religiosas – Paulo e João –, que interpretaram Jesus para o mundo gentio, o que deveria ter reverberações e conseqüências que Jesus nunca poderia ter previsto ou desejado.

[13] Isaías, 53:1-5.

Capítulo 2

Paulo

Em alguma ocasião no inverno de 50-51 EC, um pequeno grupo de devotos reuniu-se no porto grego de Tessalônica a fim de tomar conhecimento de um documento importante que estava sendo lido em voz alta. O fato de ser o documento cristão mais remoto que possuímos não significa, claro, que represente a mais antiga ou a mais primitiva das crenças cristãs, mas é bem velho – escrito que foi cerca de vinte anos após a morte de Jesus.

Nessa epístola, o autor insiste com os que o lêem que se abstenham de prostituição, recomendação que dá baseado na autoridade do próprio "Senhor Jesus".[1] O objetivo da castidade a ser praticada pelos tessalonicenses era mantê-los em estado de pureza para a chegada iminente de Jesus, que baixaria dos céus. Jesus morreu, foi dito aos tessalonicenses, ressuscitou e ia voltar no dia do Senhor. Os que já tinham morrido "no Messias" ressuscitarão primeiro e, em seguida, os ainda vivos serão "arrebatados juntamente com eles, entre nuvens... para o encontro com o Senhor nos ares".[2]

Se quisermos compreender a história do culto que cresceu, em nome de Jesus, logo depois de sua morte, encontraremos várias idéias de importância crucial nesse que é o mais antigo dos documentos cristãos. Aqui devemos nos perguntar o que essa palavra, "Cristo" (a palavra grega que corresponde a Messias), significa para o autor desse documento e para seus ouvintes. Em seguida, perguntar também como esse conjunto de crenças sobreviveu e tornou-se uma religião mundial. Uma vez que se acabou por constatar que todas as profecias na Primeira Epístola aos tessalonicenses no ano 51 EC foram inverdades, e desde que Jesus

1 1 Ts 4:3.

2 1 Ts 4:14-17.

não voltou nem pairou sobre as nuvens naquele porto grego aninhado entre belas colinas, como é que o autor da profecia goza de tanta influência e respeito entre os povos cristãos?

Desde que os tessalonicenses foram avisados de que deviam vigiar os céus à espera da chegada de um judeu já morto há vinte anos, os cristãos vêm cantando hinos, esperando a volta de Jesus na crista de uma nuvem. Isso faz parte da liturgia cristã tradicional durante um mês inteiro, todos os anos, antes do Natal, e tampouco é uma crença restrita às seitas mais excêntricas da cristandade. A resposta a alguma dessas perguntas pode ser encontrada, se lermos com mais atenção os demais escritos do homem que deu aquele aviso urgente, mas basicamente falso, aos tessalonicenses: o apóstolo Paulo.

Em primeiro lugar, temos de examinar a frase que Paulo usa com tanta freqüência, o "Evangelho de Cristo", que significa "As Boas-Novas sobre o Messias". As palavras "Cristo" ou "Messias" significam O Ungido, e referem-se à convicção judaica de que nos últimos dias da terra ocorreria uma época de bem-aventurança. Deus ressuscitaria e ungiria os Escolhidos, para liderarem o povo de Israel. O Evangelho, ou as Boas Novas, para Paulo, é que essa figura chegou.

A esperança de que o Messias volte era um aspecto recorrente da religiosidade judaica no século anterior ao nascimento de Jesus. O Messias, de estirpe real e descendente do rei Davi, viria salvar os judeus de seus opressores gentios, os romanos. Seu triunfo seria militar e místico. A seita de Qumran, que vivia nas proximidades do mar Morto, orava para que Deus abençoasse o Messias.

> Que o Senhor te erga a alturas eternas...
> Que possas assolar a terra com teu ceptro.[3]

Tais como os grupos minoritários rivais conhecidos como saduceus e fariseus, o povo de Qumran preparava-se com particular vigilância para a chegada do Messias: houve uma revivescência da religiosidade, combinada a preocupações com o destino político de Israel, a raça judaica.

[3] Geza Vermes: *Jesus the Jew*, 132.

Um texto-chave para todos os judeus que aguardavam o Messias era o livro profético de Daniel, uma obra fictícia, ambientada no cativeiro da Babilônia, mas provavelmente escrita entre os anos 167 e 164 AEC, pouco antes da rebelião dos macabeus contra os selêucidas. O livro profetiza o colapso do império grego e o triunfo de um Super-homem judeu, que derrotaria todos os inimigos do judaísmo e estabeleceria um reino de pessoas retas, cujo governo seria entregue aos santos, os únicos que haviam conservado a fé.

"Eu estava olhando nas minhas visões da noite, e eis que vinha com as nuvens do céu um como o Filho do homem, e dirigiu-se ao Ancião de dias, e o fizeram chegar até ele. Foi-lhe dado domínio e glória, e o reino, para que os povos, nações e homens de todas as línguas o servissem; o seu domínio é domínio eterno, que não passará, e o seu reino jamais será destruído."[4]

O Messias apocalíptico fora, na opinião de Paulo, ressuscitado por Deus e seu nome era Josué, Javé, ou Jesus, o que significa, com toda propriedade, Salvador.

Alguns dos tessalonicenses que escutaram as palavras de Paulo eram, talvez, judeus da Diáspora, isto é, judeus que não viviam na Terra Prometida. O Livro de Daniel foi interpretado de várias maneiras pelos judeus e gerou numerosos livros sobre o Filho do Homem. Para muitos judeus, ele não devia ser identificado absolutamente com o Messias. Era uma figura simbólica, representando um judaísmo purificado e triunfante. Outros judeus, porém, identificaram-no de fato com o Messias. A linguagem de Paulo sobre o Messias esperado se conformaria, para esses judeus, a um padrão particular de mitos e expectativas. A maioria dos ouvintes de Paulo, no entanto, deve ter sido constituída por gregos com idéias e suposições muito diferentes sobre Deus e os deuses.

Para os gentios desse período, sem idéias preconcebidas sobre o Messias, teria sido muito mais fácil pensar não em termos do Ungido de Israel, mas em um semideus ou em um deus encarnado. Logo que Paulo conseguisse plantar a idéia messiânica, basicamente judaica, em solo gentio estranho, os gentios não teriam dificuldade em transformar Jesus em um Deus. E não apenas Jesus, claro, mas

[4] Daniel 7:13-14.

também Paulo, e os Césares, e qualquer outro indivíduo que por acaso admirassem. Apenas nos Atos dos Apóstolos, tomamos conhecimento de três casos de encarnação divina. Acreditava-se que Deus renascera em Simão, o Mágico.[5] No capítulo 14 dos Atos, Paulo e Barnabé, pregando na Licaônia, são confundidos com seres divinos. "Os deuses, em forma de homens, baixaram até nós", gritaram as multidões, e o sacerdote de Júpiter trouxe touros para sacrificar aos dois missionários judeus. Acreditaram que Barnabé fosse Júpiter, e Paulo, o portador da palavra, Mercúrio.[6]

Em um mundo como esse, dificilmente surpreenderia que o Messias judeu fosse considerado divino. Nem é de surpreender que em tal mundo o próprio Jesus tivesse sido mencionado como um deus.

Paulo nunca declarou especificamente que Jesus era Deus, embora dissesse a seus conversos em Colosso que Jesus era a "imagem", ou "ícone", do Deus invisível.[7] Mas nos anos que se seguiram à epístola aos tessalonicenses, podemos notar uma evolução no pensamento de Paulo, até um ponto em que Jesus torna-se quase divino e a disciplina do monoteísmo parece ter sido deixada para trás. Como as profecias iniciais que fez sobre Jesus revelaram-se falsas, a linguagem que usou sobre ele tornou-se cada vez mais hiperbólica. O Messias ressuscitara! A ressurreição tornou-se mais importante do que a chegada na crista de uma nuvem. Essa palavra, *anastasis*, ou ressurreição, é fundamental ao ensinamento de Paulo. Ele nunca diz realmente nas epístolas que Jesus deixou atrás um sepulcro vazio, mas diz algo muito mais ilusório. A *anastasis* de Jesus permitirá aos fiéis derrotar a própria morte.

Havia aí uma promessa de interesse bem mais universal do que a alegação essencialmente esotérica de que um Messias judeu nascera e que iniciaria um período de governo judeu, a cargo de santos judeus. Aí havia algo a que todo escravo crédulo no Mediterrâneo podia responder: "Eis que vos digo um mistério: Nem todos dormiremos, mas transformados seremos todos, num momento,

[5] Atos 8:10.
[6] Atos 14:10-12.
[7] Cl 1:15.

num abrir e fechar de olhos, ao ressoar da última trombeta. A trombeta soará, os mortos ressuscitarão incorruptíveis, e nós seremos transformados. Porque é necessário que este corpo corruptível se revista de incorruptibilidade... E então se cumprirá a palavra que está escrita: Onde está, ó morte, a tua vitória? Onde está, ó morte, o teu aguilhão?"[8]

Essas palavras, que foram lidas desde então incontáveis vezes em funerais cristãos, estão no cerne da mensagem de Paulo ao mundo. Jesus ressuscitou e, ao ressuscitar, trouxe esperança de vida eterna para todos os que crêem. A época em que Paulo escreveu essa famosa dissertação aos coríntios, possivelmente no ano 57 EC, o Messias místico que ele pregava era uma figura "com vida própria". O Messias, Senhor da Vida e Triunfador sobre a Morte, que Paulo nos apresenta na primeira epístola aos coríntios, é uma figura que transcende a História, constituindo uma invenção do gênio religioso de Paulo. Mas conserva ainda o nome daquele que foi personagem da História: Jesus. Assim, os coríntios são informados de que os israelitas no tempo de Moisés eram liderados pelo Messias Místico. Foram todos "batizados" e transformados em Moisés. E todos eles de fato "comeram de um só manjar espiritual, e beberam da mesma fonte espiritual, porque bebiam de uma pedra espiritual que os seguia. E a pedra era Cristo".[9]

Simultaneamente, a Primeira Epístola aos Coríntios faz uma referência muito específica à figura histórica que se situa no âmago do novo culto: ao próprio Jesus. Este é o único lugar em que Paulo menciona de fato o "Jesus histórico". Diz-nos que Jesus instituiu a Eucaristia Cristã e que ressuscitou dos mortos.

"Porque a tradição que eu recebi do Senhor" – é digno de nota que Paulo não alega ter recebido essa tradição da Igreja ou dos amigos de Jesus que com ele estiveram na noite anterior àquela em que morreu, mas diretamente do Senhor – "é a que também vos entreguei: que o Senhor Jesus, na noite em que foi traído, tomou o pão; e, tendo dado graças, partiu-o e disse: Isto é o meu corpo, que é dado por vós; fazei isto em memória de mim.' Por semelhante modo, depois de haver

[8] 1 Co 15:51-55.

[9] 1 Co 10:3-4.

ceado, tomou também o cálice dizendo: 'Este cálice é a nova aliança no meu sangue; fazei isto, todas as vezes que o beberdes, em memória de mim.'"[10]

Conforme veremos quando chegarmos ao capítulo deste livro que trata da última noite da vida de Jesus, é altamente improvável que ele jamais tenha "instituído a Eucaristia". É ainda menos provável que, em uma refeição de Páscoa, um judeu devoto como Jesus tenha oferecido um cálice de vinho e dito aos amigos que, se o bebessem em memória dele, estariam bebendo seu sangue. Isso lembra muito os cultos de mistério do Mediterrâneo e pouco tem em comum com o judaísmo. "Porque todas as vezes que comerdes este pão e beberdes do cálice, proclamareis a morte do Senhor, até que ele venha."[11]

A Paulo, o que importa é a morte de Jesus. A Eucaristia é um símbolo dessa morte, um símbolo, para ele, da noite fatídica em que Jesus foi preso e levado para morrer na cruz. Paulo não louva Jesus a seus seguidores como um admirável mestre moral, nem como um contador de parábolas, nem como curandeiro famoso e fazedor de milagres. Louva-o em termos puramente mitológicos. Jesus é o Messias, é a Rocha no deserto da qual o povo de Israel bebeu água pura; Jesus, tal como Mitras, o Deus da Manhã, pode ser bebido em um cálice de sangue; Jesus, o semideus moribundo que volta à vida, é o triunfador sobre a própria morte.

"Irmãos, venho lembrar-vos o evangelho que vos anunciei, o qual recebestes e no qual ainda perseverais; por ele também sois salvos, se retiverdes a palavra tal como vô-la preguei, a menos que tenhais crido em vão. Antes de tudo vos entreguei o que também recebi; que Cristo morreu pelos nossos pecados, segundo as Escrituras, e que foi sepultado e ressuscitou ao terceiro dia, segundo as escrituras. E apareceu a Cefas, e, depois, aos doze. Em seguida foi visto por mais de quinhentos irmãos de uma só vez, dos quais a maioria sobrevive até agora, porém alguns já dormem. Depois foi visto por Tiago, mais tarde por todos os apóstolos, e, afinal, depois de todos, foi visto também por mim, como por um nascido fora de tempo."[12]

[10] 1 Co 11:24-26 (Bíblia de Jerusalém).
[11] 1 Co 11:26.
[12] Co 15:3-8 (Bíblia de Jerusalém).

Trata-se de uma frase curiosa. Ao sugerir que é o menor do grupo, a criança que nada tem em comum com seus irmãos, Paulo parece admitir tacitamente que seu Evangelho é inteiramente diferente das crenças e práticas dos amigos e da família de Jesus, que nesse período viviam principalmente em Jerusalém.

Na opinião de Paulo, a Ressurreição de Jesus é o grande sinal de que a própria morte foi vencida. Aos seus conversos, ofereceu a esperança de que, se fossem batizados na morte de Jesus, ressuscitariam com Jesus para a vida imortal. Com receio de que pensassem que estava mentindo, garante-lhes que pelo menos quinhentas pessoas, além dele, viram o Senhor ressurrecto.

Aliás, é um número curioso, esse quinhentos. Nenhum dos Evangelhos sugere que o Jesus ressurrecto apareceu a qualquer grupo que se assemelhe a essa quantidade de pessoas. Caberia supor que, se um homem houvesse realmente ressuscitado do sepulcro e aparecido a quinhentas pessoas na mesma ocasião, o fato teria atraído alguma atenção de parte das autoridades. Ora, nada existe sobre um acontecimento desse tipo na história dos judeus da época, escrita por Josefo. Nenhum historiador romano o menciona, nem qualquer outro autor cristão. Corinto ficava a grande distância de Jerusalém e não muitos entre os que primeiro ouviram a descrição de Paulo das misteriosas aparições de Jesus após a morte teriam oportunidade de visitar Jerusalém e pedir para conhecer alguns membros desse grupo altamente privilegiado de quinhentas pessoas.

Com Paulo, porém, surge a essência do cristianismo católico. Ouvimos a informação de que os ritos desse culto de mistério particular – o oferecimento do corpo e do sangue de Cristo – partiram de Jesus. Ouvimos a história de que Jesus ressuscitou do sepulcro e que houve numerosas testemunhas desse fato. Pode-se dizer que Paulo foi o inventor ou o fundador da religião cristã. Esse título ajusta-se certamente muito melhor a ele do que a Jesus, ao qual é às vezes aplicado. Uma vez que Paulo é figura tão influente em nosso relato, torna-se necessário estudar-lhe a história e o caráter, e tentar oferecer alguma explicação, por mais tendencioso que isso possa parecer, para o desenvolvimento, nele, de uma consciência religiosa. Além do mais, esse exercício é necessário, se quisermos compreender o próprio Jesus.

Em geral supõe-se que Paulo foi remoto ao Jesus histórico, ao Jesus que viveu. Os três primeiros Evangelhos, supõe-se com freqüência, contam-nos tudo o que podemos ter esperança de saber sobre o homem Jesus: o restante dos escritos do Novo Testamento é composto de comentários, interpretações, adornos. A verdade é realmente mais estranha do que isso. Todos os textos, em especial as narrativas dos Evangelhos, são interpretativos, e isso é tão verdadeiro no caso do Evangelho de Marcos quanto no da Epístola de Paulo aos tessalonicenses. Mas, de igual maneira, as epístolas de Paulo contêm mais sinais do que geralmente se supõe de conhecimento pessoal de Jesus e de seus ensinamentos. Ele é, à sua estranha maneira, uma testemunha.

Paulo é excepcional como figura do Novo Testamento: grande parte do que sabemos sobre ele provém de sua própria pena. Jesus, Pedro, João Batista, Maria Madalena – todos surgem diante de nós como figuras desenhadas por outras pessoas. Paulo é o único autobiógrafo do Novo Testamento. Além dos numerosos detalhes factuais sobre si mesmo com que condimenta seus escritos – assuntos tais como local de nascimento, história educacional e médica, e assim por diante –, é um daqueles autores incapazes de anonimato. Sentimo-lhe o hálito em cada frase que escreveu: instável, tempestuoso, místico, irritadiço, extático, brigão, mutável. Dizer que ele foi autocontraditório é eufemismo. Homem que lutava e discutia consigo mesmo o tempo todo, conseguiu projetar no cosmos a guerra que tratava no próprio peito. As contradições morais, religiosas e psicológicas de Paulo tornam-se, em seus escritos, um princípio grandioso sobre a própria natureza humana, uma visão da humanidade que, em quase todas as gerações desde os tempos dele, teve o poder de perturbar e mudar seus leitores.

Dado o fato de que Paulo foi responsável, mais ou menos sozinho, por tomar dos judeus a religião de Jesus e colocá-la à disposição do mundo gentio, é notável que tão poucos estudiosos tenham alguma vez se perguntado: Por quê? Por que Paulo era tão obcecado por Jesus? Tanto na primeira metade da vida, quando foi perseguidor dos discípulos de Jesus, quanto na segunda, quando se tornou o mais inventivo e inspirado apologista cristão que já viveu, Paulo parecia incapaz de deixar em paz a idéia de Jesus. Será concebível que os dois nunca se tivessem encontrado? Quase todos os estudiosos cristãos aceitam como certo que não se conheceram e que Paulo, de uma maneira ou de outra, "tornou-se cristão", ou inventou o Cristianismo mais ou menos sem ajuda de ninguém, depois de sua conversão na estrada para Damasco. Mas isso não nos dá o porque.

Paulo podia ter continuado a ser um judeu devoto até o fim de seus dias, ou abraçado alguma das religiões de mistérios da zona mediterrânea da Ásia Menor. Ou poderia ter inventado um Deus para as pessoas adorarem em Éfeso, Corinto ou Roma. Mas não fez nada disso. Continuou a falar sobre Jesus.

Paulo nasceu em Tarso, na Cilícia, Ásia Menor – uma cidade da moderna Turquia. Era cidadão do Império Romano. Estrabão, o geógrafo grego, às vezes menciona Tarso na mesma frase que Atenas.[13] Era um lugar altamente cosmopolita e o judaísmo de seus judeus tinha um cunho sofisticado e helenista. Os judeus da Diáspora versados em grego, como Filo de Alexandria, adoravam encontrar pontos de comparação entre a concepção judaica de Deus e a idéia grega do Bem. A formação de prosélitos era comum. Filo provavelmente exagera quando diz aos leitores que as leis do povo judeu atraem e conquistam a atenção de todos, de bárbaros e gregos, de moradores no continente e nas ilhas, de nações do leste e oeste da Europa, Ásia, e de todo o mundo habitado, de uma extremidade a outra.[14] Esse judaísmo, contudo, atraía de fato e era muito diferente das várias formas de judaísmo que floresciam na Galiléia ou na Jerusalém do período. Havia alguma coisa estimulante e efusiva no mundo judeu em que nasceu o cosmopolita Paulo.

Mas isso, de um ponto de vista judaico, era potencialmente arriscado. De que maneira pode um judeu continuar a ser judeu, a menos que, como Neemias e Esdras insistiram após o Exílio, persista em manter-se invisível ao mundo gentio? Para os não-judeus, o rigor e os detalhes da lei judaica – a visível preocupação com ninharias – parecem chocar-se estranhamente com as concepções grandiosas de Deus e Homem, os altos princípios éticos, a visão sublime do destino

[13] Estrabão XIV, 673.

[14] Filo: *De Vita Mosis* 1:20.

humano. Essa opinião crítica sobre a lei judaica, porém, não leva em conta uma das suas funções no mundo dessa gente: que era a de manter os judeus separados dos gentios. Acreditam realmente os rabis, ou acreditaram mesmo algum dia, que era moralmente culpável – da mesma ordem de pecado que roubar, mentir ou privar de alimentos os pobres – comer camarão ou ter manteiga à mesa enquanto mastigavam uma costeleta de carneiro? Não, claro que não. Mas eles acreditavam que constituía um pecado romper uma aliança com Deus que fora feita para toda a eternidade, e esses regulamentos comezinhos eram uma boa maneira de manter a religião na família, de tornar difícil, senão de fato impossível, o convívio entre judeus e gentios.

Mas essas são, claro, preocupações judaicas modernas, relativas a uma época em que os judeus vivem principalmente entre os gentios. Uma versão desse debate deve ter existido na vida de um judeu helenizado, civilizado, do império, como Paulo. Mas é aí que encontramos uma das dificuldades para entender Paulo como intérprete de Jesus. Paulo viveu e trabalhou no mundo gentio. Jesus viveu em um mundo inteiramente judaico. Paulo, que era na realidade mais um grande poeta religioso do que um pensador, conseguiu projetar no cosmos os conflitos que se travavam em sua mente e alma. Para alguém que, como Jesus, só convivia com judeus, a questão suprema de saber se os gentios podiam conhecer Deus e Sua Lei era daquelas que dificilmente teriam surgido. Para um judeu da Diáspora, porém, sempre houve uma tensão entre saber das aspirações religiosas do mundo helenizado, da sede inerente da raça humana por Deus, e saber que a Aliança fora concertada no Sinai exclusivamente com um único povo de Deus.

Em algum ponto na juventude, Paulo rejeitou o helenismo liberal da educação recebida e nos diz que se tornou fariseu. Veio a desconfiar da idéia de que seres humanos nascidos fora da Aliança pudessem aproximar-se de Deus ou ser por Ele amados. Em sua autobiográfica Epístola aos Gálatas, diz a seus leitores que "E, na minha nação, quanto ao judaísmo, avantajava-me a muitos da minha idade, sendo extremamente zeloso das tradições de meus pais."[15] Aos filipenses,

[15] Gl 1:14.

escreveu: "Circuncidado ao oitavo dia, da linhagem de Israel, da tribo de Benjamim, hebreu de hebreus; quanto à lei, fariseu."[16]

Escrevendo aos coríntios sobre os judeus, exclamou: "São hebreus? Também eu. São israelitas? Também eu. São da descendência de Abraão? Também eu."[17]

Eruditos alemães, como G. Bornkamm[18] observaram que há uma incoerência fundamental entre a versão dada por Paulo de sua vida nos escritos autobiográficos e a narrativa dos Atos dos Apóstolos, que deliberadamente minimiza o conflito fundamental entre Paulo e os cristãos de Jerusalém. Dizem-nos os Atos que Paulo encarregou-se de perseguir os cristãos helenizados, como Estêvão. E também que Paulo foi enviado a Damasco, na Síria, com ordem do Sumo Sacerdote de Jerusalém para prender todos os cristãos ali existentes.

Isso não pode ser verdade, uma vez que Damasco situava-se fora dos limites da Judéia, e a assembléia judiciária judaica, o Sinédrio, não exercia jurisdição sobre essa área. Fora das páginas do Novo Testamento, nenhuma prova há de que os judeus jamais fossem culpados de perseguição religiosa. Os judeus sempre foram notavelmente briguentos entre si, sem medir palavras ásperas em suas discussões e prontos para se fragmentarem em seitas às menores provocações. Mas isso difere de zelo persecutório. Nunca houve uma "inquisição" judaica. A história de uma "inquisição" desse tipo nos Atos, por isso mesmo, precisa ser tratada com reserva. Paulo conta aos gálatas que, à época de sua conversão, não conhecia qualquer membro da Igreja de Jerusalém,[19] o que diverge estranhamente da versão contida nos Atos, de que ele era uma espécie de sargento de polícia religioso, encarregado do interrogatório de figuras como Estêvão. Mais tarde na crônica, quando Paulo veio a considerar o Cristianismo uma nova religião para os gentios, e não haver necessidade de os cristãos deverem obediência à Torá judaica, sabemos que houve uma grande discussão entre Paulo e Pedro (Cefas), que fora discípulo de Jesus e que era o chefe da Igreja Cristã de Antióquia.

[16] Fp 3:5-6.

[17] 2 Co 11:22.

[18] G. Bornkamm: *Paul* (1969).

[19] Gl 1:13-16 (Bíblia de Jerusalém).

"Quando, porém, Cefas veio a Antióquia, resisti-lhe face a face, porque se tornara repreensível."[20] Essa briga não é mencionada nos Atos. Presumivelmente, na época, os cristãos judeus continuavam a viver à sua maneira e Paulo, teimosamente, não lhes levou em conta o desejo de permanecer sob o pálio do judaísmo. Nos Atos, a briga é promovida a uma grande Assembléia Apostólica em Jerusalém, amigavelmente solucionada e que resultou na aceitação da filiação dos gentios pela Igreja judaica.

Os estudiosos estão quase certamente com a razão ao considerarem os Atos como trabalho posterior, datando talvez (tal como seu volume associado, o Evangelho de Lucas) de quarenta anos após as Epístolas de Paulo. Da mesma maneira que o de Lucas, é um livro destinado a garantir a qualquer funcionário romano que, em primeiro lugar, o Cristianismo não constituía ameaça à autoridade imperial e, em segundo, que diferia muito do Judaísmo. Após o ano 70 EC, quando os romanos destruíram o Templo de Jerusalém, os judeus eram considerados em Roma como perigosos descontentes. Tácito, no *Anais*, não pode ter estado sozinho entre os romanos civilizados na vaga idéia que formava da diferença entre judeus e cristãos. Descrevendo a perseguição aos cristãos por Nero em 64, quando foram acusados do incêndio que destruiu grande parte de Roma, escreveu o historiador: "Nero atribuiu a culpa e infligiu as torturas mais refinadas a uma classe de indivíduos odiados por suas abominações, chamados de cristãos pela plebe. Christus, de onde o nome tira suas origens, sofreu a pena máxima durante o reinado de Tibério às mãos de um de nossos procuradores, Pôncio Pilatos; e uma superstição sumamente perturbadora, que fora dominada naquele tempo, mais uma vez irrompeu não só na Judéia, a primeira fonte do mal, mas até em Roma, onde todas as coisas horrendas e vergonhosas de todas as partes do mundo encontram seu centro e tornam-se populares."[21] E foi para proteger os cristãos contra esse tipo de imprensa negativa que Lucas escreveu um relato, no qual dizia que soldados romanos haviam sido louvados por Cristo por sua fidelidade,

[20] Gl 2:11 (Bíblia de Jerusalém).
[21] Tácito, *Anais* XV:44.

que um centurião, ao pé da cruz, exclamou que Jesus era o filho de Deus, e que Paulo, o cidadão romano, viajou pelo império, em inteira harmonia com o resto da comunidade cristã, embora em grandes divergências com as molestas sinagogas. A perseguição romana às minorias religiosas, incluídos os judeus, inspirou o autor dos Atos a inventar a ficção de que os judeus foram os grandes perseguidores, uma atitude pela qual a cristandade julgou-se com o direito de se vingar durante muitos séculos depois.

Por isso mesmo, os estudiosos têm razão quando nos advertem para não ter muita confiança nos Atos como fonte histórica. Por outro lado, atrás das suas inverdades e distorções, existem pistas sobre o que pode ter realmente acontecido. Paulo nos diz que foi perseguidor de cristãos e que foi um encontro, não com os cristãos, mas com o próprio Jesus, que lhe mudou as idéias. Uma hipótese capaz de fazer sentido à vista dessa alegação é que Paulo, de fato, encontrou-se pessoalmente com Jesus.

Um indício para esclarecer o assunto talvez seja encontrado no uso curioso que Paulo dá à palavra "gloriar-se", *kauchesis*. A "vanglória" de que foi fariseu ao tempo de jovem leva-nos ao núcleo do seu paradoxo, o paradoxo de sua religião e personalidade. "Vanglória" é uma palavra altamente característica de Paulo. Em duas das epístolas, Coríntios 2 e Filipenses, ele se vangloria de ser fariseu, embora essa vanglória, *kauchesis*, tenha sido transformada em uma afirmação cristã. Os cristãos, instruídos por Paulo, são *kauchomenoi en Christo*, vangloriadores em Cristo. "A verdade de Cristo está em mim, por isso não me será tirada esta glória nas regiões da Acaia", escreveu ele na Epístola aos Coríntios.[22] A mesma palavra volta a ser usada em sua vanglória mais surpreendentemente paradoxal aos gálatas. "Mais longe esteja de mim gloriar-me, senão na cruz de nosso Senhor Jesus Cristo."[23]

Ora, a tradição preservada nos Evangelhos é que os fariseus constituíram a seita do judaísmo escolhida por Jesus para uma censura particular. Em quase

[22] 2 Co 11:40 (Bíblia de Jerusalém).

[23] Gl 6:14 (Bíblia de Jerusalém).

todos os choques entre Jesus e as autoridades judaicas mencionados nos Evangelhos, sua briga maior é com os fariseus. Esse fato destaca-se principalmente no Evangelho de Lucas,[24] o Evangelho que se diz ter sido escrito por esse companheiro de Paulo em suas jornadas missionárias. E muito embora devamos dar os descontos que já mencionei sobre a plausibilidade de Lucas e dos Atos, não há razão para supor, na sua forma final, que esses trechos da narrativa na primeira pessoa, contida nos Atos, que descreve as viagens do autor com Paulo em trabalhos missionários, não contenham um núcleo de memória histórica.

Mais tarde, quando tentarmos investigar a vida terrena de Jesus, poderemos perguntar-nos se esses supostos conflitos entre ele e os fariseus teriam muita probabilidade de ser verídicos. Por ora, basta-nos notar que Paulo, com toda certeza, acreditava haver um conflito entre Jesus e os fariseus, e que no Evangelho atribuído ao seu companheiro de viagens, Lucas, Jesus manifesta contínua hostilidade aos fariseus, o próprio grupo religioso ao qual Paulo "se vangloria" de pertencer.

Há alguma semelhança entre os fariseus reais da história e os fariseus que voejam barulhentos na mente poética do apóstolo Paulo? Os fariseus figuravam entre os que acreditavam que o Messias não poderia vir, nem com ele a redenção de Israel, até os judeus estarem purificados. Mostravam-se, por conseguinte, ansiosos para santificar a vida diária, com uma multiplicação e ampliação de regras triviais sobre assuntos tais como a maneira de limpar as panelas e utensílios de mesa. No Evangelho de Lucas, Jesus exclama: "Vós, fariseus, limpais o exterior do copo e do prato; mas vosso interior está cheio de rapina e perversidade."[25] O mesmo autor, nos Atos, faz com que Paulo se vanglorie: "Eu sou fariseu, filho de fariseus."[26]

Que um judeu helenizado de Tarso fosse filho de fariseus, não podemos duvidar. Que Paulo se considerasse filho espiritual de fariseus no começo de sua vida

[24] Em Lucas encontramos 13 diferentes referências aos fariseus, contra oito em Mateus, uma em Marcos e seis em João. As referências em Lucas têm os números 11:37, 18:10, 18:11, 12:1, 11:42, 11:43, 11:44, 5:30, 15:12, 6:7, 7:30, 11:39, 16:14.

[25] Lucas 11:39.

[26] Atos 23:6.

adulta, podemos acreditar. Há alguma evidência interna no Evangelho de Lucas de que o autor não compreendia realmente a razão da rixa de Jesus com os fariseus. Alguns estudiosos especularam se Jesus, de fato, teve alguma contenda com os fariseus, pois os ensinamentos de fariseus autênticos e os de Jesus parecem ter sido muito semelhantes. Mas se compreendermos a palavra "fariseu" como significando o fanatismo religioso de Paulo, então podemos dizer que houve um conflito entre o rígido legalismo do Paulo dos primeiros dias e seu liberado senso posterior de Jesus redimindo o mundo do pecado. Neste sentido internalizado, a rixa entre Jesus e os fariseus, da forma como Paulo a concebia, foi a coisa mais importante em toda a sua experiência religiosa. Torna-a, de fato, o tema da Epístola aos Romanos, sua peça mais sólida de escrito teológico, e que foi chamada de "O Evangelho segundo Paulo". Para Lucas, os fariseus são hipócritas, recipientes vazios, homens que parecem ser virtuosos ao mesmo tempo em que escondem uma perversidade interior. Paulo, que diz ter sido fariseu, devia forçosamente saber que isso não era verdade. Os fariseus estavam entre os indivíduos mais virtuosos que jamais viveram. Podem ter sido ocasionalmente mesquinhos na maneira como aplicavam a Lei de Moisés, mas não se furtavam de cumpri-la. Acreditavam que ela provinha de Deus, e o ponto importante em suas observâncias religiosas, aparentemente absurdas, não era o amor à Lei pela Lei, mas a crença em que, se os judeus voltassem a cumpri-la fiel e obedientemente, o Messias viria instalar o prometido dia de bem-aventurança na terra, quando os homens poderiam viver em harmonia com Deus.

Esses homens teriam achado profundamente abominável a parábola, no Evangelho de Lucas, sobre o fariseu e o publicano (coletor de impostos), que foram ao Templo para orar. A introdução simplória de Lucas mostra que ele sequer começa a entendê-la e que não meditou, como fez Paulo, sobre seu potencial metafisicamente explosivo. Diz ele que a parábola é proposta a "alguns que confiavam em si mesmos por se considerarem justos, e desprezavam os outros",[27] mas esse não é realmente o ponto importante da parábola: "Dois homens subiram ao

[27] Lucas 18:9 (Bíblia de Jerusalém)

Templo com o propósito de orar: um era fariseu; o outro, publicano. O fariseu, de pé, orava intimamente desta forma: 'Ó Deus, graças te dou porque não sou como os demais homens, roubadores, injustos e adúlteros, nem ainda como este publicano; jejuo duas vezes por semana e dou o dízimo de tudo quanto ganho.' O publicano estava longe e não ousava sequer levantar os olhos ao céu, mas batia no peito, dizendo: 'Ó Deus, sê propício a mim, pecador!' Digo-vos que este partiu, justificado, para sua casa, e não aquele."[28]

A parábola não é, como diz Lucas, uma advertência contra a hipocrisia e o orgulho espiritual. É muito mais fundamental e devastadora do que isso. Cerca de metade dos Salmos, o hinário do judaísmo, seria, se reduzido a um *précis*, um eco da oração do fariseu. As Escrituras judaicas nada vêem de errado em respeitar a virtude e serem conscientes da virtude por amor à própria virtude. Mas se é Deus quem perdoa os pecados, que papel desempenha a virtude no esquema de coisas? Os fariseus acreditavam, juntamente com os seres mais racionais, religiosos ou não, que a virtude era sua própria recompensa e que merecia ser praticada por si mesma. Tal como Platão e seus seguidores, tal como os estóicos, e certamente tal como a maioria dos judeus, os fariseus acreditavam que Deus sorria para a virtude e franzia o cenho para o pecado. Na medida em que pertenciam ao grupo no judaísmo que acreditava na imortalidade da alma, os fariseus teriam adotado a idéia simples de que aqueles que levassem vidas virtuosas seriam recompensados com futura bem-aventurança.

A parábola do publicano e do fariseu nega absolutamente esse amor à virtude com base no senso comum. Nega-lhe a raiz e os galhos. É uma parábola chocante, moralmente anárquica. Tudo o que nela importa parece ser a capacidade de Deus para perdoar. Uma vez que não tem pecado, o fariseu não pode entrar em contato com Deus. O pecador é que volta para casa "justificado", porque para ele o teste da boa vida não é a virtude, mas uma dependência infantil da compaixão de Deus. Não se trata de uma fábula moral destinada a nos pôr em guarda contra a hipocrisia excessiva. É uma carta niilista.

[28] Lucas 18:10-14.

E somos forçados a perguntar: de onde vem ela? Evidentemente, Lucas, ou o revisor ou redator final da obra a ele atribuída, pode ser ignorado como criador da parábola, uma vez que obviamente não conseguiu compreendê-la. Uma explicação poderia ser que ela, de fato, retroage ao próprio Jesus. Se mesmo de longe é representativa do tipo de coisas em que Jesus pensava, e acreditava, e pregava, então podemos compreender por que Paulo, o fariseu, reagiu tão violentamente à idéia de Jesus.

A história da vida de Paulo pode, assim, começar a fazer sentido, contra o pano de fundo de sua obra escrita. Em primeiro lugar, temos Paulo, o judeu helenizado de Tarso – homem viajado e conhecedor da literatura grega e de culturas não-judaicas. Chega a Jerusalém, onde, pela descrição que dá de si mesmo, contida nos Atos, torna-se fariseu, e discípulo de um fariseu famoso chamado Gamaliel. Esta figura idosa e respeitada é citada nos Atos como insistindo em que ele se acautele contra o Sinédrio. "Israelitas, atentai bem no que ides fazer a estes homens. Porque antes destes dias se levantou Teudas, insinuando ser importante, e a ele se agregaram cerca de quatrocentos homens; mas ele foi morto, e todos quantos lhe prestavam obediência se dispersaram e deram em nada. Depois desse, levantou-se Judas, o galileu, nos dias do recenseamento, e levou muitos consigo; também este pereceu, e todos quantos lhe obedeciam foram dispersos. Agora vos digo: Daí de mão a estes homens, deixai-os."[29]

Gamaliel tinha todos os motivos para ser simpático a esses *hassidim* galileus, entre os quais se contava Jesus. Outro deles, famoso em seu dia, foi um curandeiro chamado Hanina ben Dosa. Gamaliel, chefe dos fariseus de Jerusalém, tinha um filho que estava doente com febre e parecia em vias de morrer. Gamaliel enviou dois de seus discípulos em visita a Hanina, que se retirou para um cômodo nos altos e depois dele saiu para dizer aos discípulos: "Voltem para casa, a febre deixou-o." Quando voltaram para casa, descobriram eles que o rapaz fora curado exatamente na hora em que Hanina fizera sua oração.[30]

[29] Atos 5:35-38 (Bíblia de Jerusalém).
[30] Citado em Vermes, op. cit., 75.

É provável que esse discurso de Gamaliel, contido nos Atos, seja mais ou menos autêntico, porquanto afasta-se do estereótipo de Lucas, de que todos os fariseus eram hipócritas presunçosos. Aí estava um homem que não via virtude na perseguição religiosa. Nem teria sido necessariamente considerado uma blasfêmia se, antes ou após a sua morte, Jesus fosse considerado o Messias. "Antes mesmo dos dias de Jesus, grandes grupos de pessoas consideraram ora este, ora aquele 'profeta' como o Messias, sem se tornarem vulneráveis ao risco de perseguição pelos judeus e à excomunhão."[31]

Pense o leitor, no entanto, na cena seguinte: Paulo, temendo o universalismo e amplidão do judaísmo helenizado, foge na mocidade para o oásis espiritual de Jerusalém e se sente em casa com um grupo religioso praticante, os fariseus. Os conflitos dentro do judaísmo palestino eram diferentes dos que existiam na mente de Paulo. Nos Evangelhos, que foram escritos de um ponto de vista gentio, os fariseus parecem mesquinhos e conservadores. No seu hábitat real, não eram conservadores, mas radicais. Enquanto os saduceus conservadores contentavam-se em considerar a revelação de Deus por meio da Torá como coisa fixa e acabada, estabelecida nas Escrituras, os fariseus procuravam maneiras de aplicar os regulamentos escriturais a todos os detalhes da vida contemporânea. Para um judeu helenizado como Paulo, eles devem ter parecido homens que se apegavam à salvação por meio de um legalismo muito atraente. Para velhos legalistas como os saduceus, os fariseus pareciam pessoas modernas que tentavam alterar a natureza e a base por meio das quais a Lei era entendida. O que o encontro de Paulo com o farisaísmo lhe ensinou foi alguma coisa um pouco diferente de seus objetivos e finalidades. Os fariseus acreditavam que a vontade de Deus podia ser discernida em todos os detalhes da vida diária e por essa razão estavam dispostos a interpretá-la e reinterpretá-la. Mas essa idéia, de que a vontade de Deus pode ser feita não pela observância religiosa de detalhes mínimos, mas por uma reavaliação, na época, do que era e não era certo, produziu na mente de Paulo uma análise percuciente das questões mais profundas da filosofia moral. Abordou

[31] Bornkamm, op. cit., 15.

ele esses problemas, no entanto, não como filósofo, mas como místico, e a investigação culminou em uma profunda crise pessoal. No curso dessa jornada, considerou a ameaça ao judaísmo muito mais perigosa do que tudo que os filósofos gregos mais ecléticos poderiam imaginar em Tarso. Trata-se de uma questão onde vemos uma espécie de simplicidade de idiota da aldeia. Se Deus, de qualquer maneira, nos perdoa os pecados, por que deveremos pensar que ele ama mais os justos do que os pecadores? Será que o pecado realmente importa tanto assim? Deus deve ser realmente encontrado na Torá ou pode ser encontrado também no arrependimento de um governista traidor ou nas lágrimas penitentes de uma prostituta?

De tudo o que sabemos sobre Paulo à vista das epístolas, esse elemento nas lições de Jesus seria quase que literalmente enlouquecedor. Poderia ter reduzido ao desespero, a um desespero assassino, o moralista farisaico que havia em Paulo. Se ele foi fariseu quando jovem, como diz, o seu tempo de fervor farisaico não teria coincidido com o tempo da pregação de Jesus? O que poderia tê-lo impedido de ouvir os ensinamentos de Jesus e de ficar inteiramente horrorizado com o que ouvia – fascinado, mas horrorizado?

A resposta mais simples seria fazer outra pergunta. Se ele conheceu Jesus, ou pelo menos ouviu-o pregar, por que nada diz sobre isso? Há uma frase em Coríntios 2, 5:16: "Assim que, nós, daqui por diante, a ninguém conhecemos segundo a carne; e, se antes, conhecemos a Cristo segundo a carne, já agora não o conhecemos deste modo", o que poderia implicar que ele, na verdade, pelo menos pôs os olhos em Jesus. O importante agora, diz, é que devemos contemplar o Jesus místico e não nos demorar mais no Jesus terreno. E uma explicação disso pode estar na curiosa "vanglória" sobre seu passado de fariseu, juntamente com a "vanglória" na cruz, o odioso método de tortura e morte de Jesus.

O ensinamento mais característico de Paulo – poderíamos quase dizer, sua invenção teológica, se pudéssemos ter absoluta certeza de que ela nada devia ao próprio Jesus – foi a idéia da Graça. Paulo a expõe em curtas palavras na Epístola aos Gálatas e, em muito maior extensão, na Epístola aos Romanos. Trata-se exatamente da mesma idéia que figura no centro da parábola do publicano e do fariseu: isto é, que o perdão de Deus não depende em nada da virtude dos homens, mas é um transbordamento espontâneo de amor divino pela raça humana, qualquer que seja sua retidão ou torpeza moral. Aos Gálatas, deixa claro que não ouviu o Evangelho dos lábios de nenhum dos amigos de Jesus. "Porque eu não o recebi, nem o aprendi de homem algum, mas mediante revelação de Jesus Cristo."[32] Explica na mesma epístola por que, tendo sido um jovem fariseu sumamente rigoroso e fanático, nesse momento acredita que a graça de Deus foi dispensada não só à Raça Escolhida, mas a toda a humanidade: "Porque, se torno a edificar aquilo que destruí, a mim mesmo me constituo contínuo transgressor. Porque eu, mediante a própria lei, morri para a lei, a fim de viver para Deus. Estou crucificado com Cristo; logo, já não sou eu quem vive, mas Cristo vive em mim."[33] Possivelmente, a mais notável metáfora em toda a obra de Paulo é essa alegação de ter-se crucificado, juntamente com Cristo. Intérpretes piedosos da alegação de Paulo, de que tinha em seu próprio corpo as marcas do Senhor Jesus, perguntaram-se se ele não recebeu, tal como São Francisco de Assis e tantos outros que dedicaram atenção fixa aos ferimentos de Cristo, os estigmas, isto é, os próprios ferimentos de Cristo reproduzidos nas mãos, pés e flancos.

Mais adiante neste livro, será proposta outra explicação para os estigmas. Ocupamo-nos, no momento, do Paulo que emerge nas epístolas e da imagem em desenvolvimento de Jesus que elas pintam. As interpretações de Paulo sobre quem era Jesus, e o que sua importância poderia ser para o restante de nós, estão em um estado de violento fluxo. Dialética rigorosa mistura-se com vôos de apóstrofes extáticas ou visionárias, com admoestações morais (não raro, autocontraditórias) e bela poesia. Em suas primeiras epístolas, tal como a I aos Tessalonicenses, ele parece abeberar-se principalmente na tradição de Jesus como o Messias Prometido, o homem ressuscitado por Deus para um destino messiânico e que logo depois voltará à terra sobre uma nuvem para levar seus discípulos à glória. Mais tarde, a linguagem de Paulo sobre Jesus sugere um parentesco com a teologia do

[32] Gl 1:12.

[33] Gl 2:20 (Bíblia de Jerusalém).

Evangelho de São João,[34] e é quase como se ele acreditasse que Cristo existiu em seu ser divino antes de nascer,[35] ou que ele desempenhou algum papel na criação do universo.[36] Nunca pôde ser provado que Paulo esteve em contato com o que poderíamos chamar de os cristãos do Evangelho de São João ou com outros que acreditavam na divindade de Jesus (como quer que tal divindade pudesse ser compreendida). Talvez tivesse chegado por si mesmo a conclusões semelhantes – embora nunca realmente a ponto de dizer que Jesus era Deus.

Paulo, como ele com freqüência gosta que nos lembremos, era um fariseu de fariseus. Isto é, acreditava que a vontade de Deus estava entronizada na Torá, a lei judaica. Como fariseu devoto, teria acreditado, como o fariseu na crônica de Jesus, que estava mais próximo do que a maioria de cumprir a vontade de Deus. Se, como a maioria dos fariseus, esperava a vinda do Messias, não podia ter deixado de ficar escandalizado com a divulgada frouxidão de Jesus em sua interpretação da lei e, em particular, da observância ritual. Jesus teria dito: "O sábado foi estabelecido por causa do homem, e não o homem por causa do sábado."[37] Nada há aí que pudesse ter chocado fariseus autênticos. Na verdade, encontramos pensamentos muito semelhantes na literatura rabínica. Vista no contexto de um debate entre judeus, nada há de tão revolucionário nessa idéia. Mas, como Paulo a interpretava, a idéia de Jesus era sumamente perigosa. Com a parte de sua mente que o fazia considerar-se um "fariseu de fariseus", Paulo julgava a Torá representativa do que Kant mais tarde chamaria de imperativo categórico.[38] Era algo dado, não algo inventado para a conveniência do homem. A parábola do fariseu e do publicano não sugere uma leve diferença de ênfase entre Jesus e os fariseus. Sugere a existência de um golfo completo, uma divergência absoluta

[34] Ver Michael Goulder: "The Two Roots of Christian Myth", em *The Myth of God Incarnate* (SCM 1977), 80.

[35] 2 Co 8:9.

[36] 1 Co 10:4.

[37] Marcos 2:27.

[38] Kant tinha pouco tempo para a idéia evangélica de graça e via o Reino de Deus no Novo Testamento como "um Povo de Deus, de acordo com a lei moral" ou "uma República regida pela lei moral". Ver *Die Religion innerhalb der Grenzen der blossen Vernuf*, citado por Anders Nygren, *Agape and Eros*, 102.

e violenta. O homem que contou a parábola era contrário a tudo o que os fariseus consideravam sagrado. (E a tudo que os estóicos também consideravam sagrado, e os platônicos e aristotélicos, a tudo que a maioria dos filósofos considerou verdadeiro.) Como podia um homem que pregava doutrina tão perigosa, tão indiferente à natureza do ensinamento moral dado por Deus, alegar que era o Messias? Se (como veremos mais tarde) havia pessoas que, durante a vida de Jesus, proclamaram que ele era o Messias, elas deviam estar, segundo os padrões de Paulo, pecaminosamente erradas. "Então, se alguém vos disser: Eis aqui o Cristo! ou: Ei-lo ali! não acrediteis, pois surgirão falsos cristos e falsos profetas, operando sinais e prodígios, para enganar, se possível, os próprios eleitos."[39] Conta-se que o próprio Jesus pronunciou essas palavras em sua última semana de vida. Como poderiam os fariseus tê-las repetido! E como deve ter sido gratificante para eles, de um ponto de vista puramente religioso, quando esse falso Messias, Jesus, foi eliminado pelo método romano de executar, a crucificação. Não quer isso dizer que eram sádicos, mas esse método de execução tornaria claro que, de acordo com os padrões estritos da Lei judaica, Jesus não poderia ter sido o Messias. "Cristo nos resgatou da maldição da lei, fazendo-se ele próprio maldição em nosso lugar, porque está escrito: Maldito todo aquele que for pendurado em madeiro", escreveu Paulo aos gentios da Galátia.[40] Não era isso o que lhe parecia na época da crucificação. A Lei não era uma "maldição" para o jovem fariseu, era uma bênção, pois está escrito numerosas vezes nos salmos que bênção maior não pode cair sobre um judeu do que quando ele pratica a Lei, recita a Lei, medita sobre a Lei e, claro, obedece à Lei. Tal homem será como "árvore plantada junto à corrente de águas, que, no devido tempo, dá o seu fruto e cuja folhagem não murcha".[41]

Paulo de Tarso, porém, nunca pareceu muito com uma árvore enraizada, estável, firme. Não podemos saber, e nunca poderíamos provar, se ele esteve em Jerusalém no dia da morte de Jesus, embora isso me pareça muitíssimo provável.

[39] Marcos 13:21, 22.

[40] Gl 3:13.

[41] Salmos 1:3,4.

Eu arriscaria o palpite de que ele era um servo menor do Sumo Sacerdote, que talvez tivesse alguma coisa a ver com a prisão de Jesus e a entrega do falso Messias às autoridades romanas. Essa possibilidade poderia contribuir um pouco para explicar por que Paulo, mais do que qualquer outro autor do Novo Testamento, tanto se preocupa com a cruz. Ela penetrou em sua alma, a tal ponto em que ele mesmo pode "vangloriar-se" de ter sido crucificado com Cristo. Nenhum outro autor se saiu com alegação semelhante.

Já nos referimos à alegação de Paulo aos gálatas de que não conheceu nenhum dos primeiros cristãos reunidos em Jerusalém à época de sua conversão. Os Atos dos Apóstolos nos dizem que Paulo foi responsável pela perseguição a Estêvão, o primeiro mártir cristão, por blasfêmia, mas é muito improvável que tal afirmação tenha fundamento histórico. Se Paulo esteve de fato ligado à condenação, não de Estêvão, mas do próprio Jesus, este teria sido um fato com o qual sua mente consciente, na fase cristã de sua vida, seria incapaz de conviver. Os Evangelhos Sinópticos e os Atos dos Apóstolos louvam-se em tradições cristãs que foram profundamente influenciadas pela análise e versão que Paulo deu aos fatos. A supressão ou distorção histórica da verdade teria correspondido, se minha teoria é correta, à supressão psicológica da verdade no seu próprio íntimo. Além do mais, e a Epístola aos Gálatas deixa isso bem claro, como Paulo tinha idéias que divergiam profundamente das de Pedro, seria natural que, na tradição paulina, lêssemos descrições da negação de Jesus por Pedro e não a condenação à morte do Senhor por Paulo.

O martírio de Estêvão por apedrejamento, mesmo no relato dos Atos, parece um eco da própria morte de Cristo na cruz. Estêvão e Jesus morrem com a mesma prece nos lábios – "Senhor, não lhes impute este pecado" e "Perdoai-os, Pai, porque eles não sabem o que fazem".

Dizem-nos os Atos que, após o apedrejamento de Estêvão, Paulo partiu para Damasco, "respirando ainda ameaças e morte contra os discípulos do Senhor".[42] No Novo Testamento, há nada menos do que quatro descrições da conversão de

[42] Atos 9:1.

Paulo, três nos Atos e uma na Epístola aos Gálatas.[43] Todas elas deixam claro que Saulo, como era conhecido até então, encontrava-se em um estado de grande agitação mental. Por quê? Presumivelmente, porque os conflitos que rugem em cada parágrafo de suas epístolas estavam fermentando em sua mente: o conflito entre a idéia da justiça de Deus, exigindo retidão por parte dos judeus e ameaçando com castigo os maus por um lado e, pelo outro, a livre compaixão de Deus, uma compaixão tão grande, um amor tão farto, que podia ouvir e perdoar a prece do publicano pecador, ao passo que nenhum interesse demonstrava pela observância religiosa formal do fariseu. É nesse ponto que Saulo, angustiado e sentindo-se cheio de culpa, vê uma luz cegante nos céus e ouve uma voz que lhe fala em hebraico. Não é a voz de Estêvão. "Saulo, Saulo, por que me persegues? Dura coisa é recalcitrares contra os aguilhões. Então, eu perguntei: Quem és tu, Senhor? Ao que o Senhor respondeu: Eu sou Jesus, a quem tu persegues."[44] Não "Estêvão, a quem persegues", mas "Jesus, a quem persegues". Tendo enfrentado a dura verdade sobre si mesmo e sobre o que vinha fazendo, Saulo desmaiou.

Após um período de recuperação em Damasco, Saulo, nesse momento renomeado Paulo, dirigiu-se para a Arábia, onde passou três anos, antes de ir a qualquer lugar perto de Jerusalém. Só depois que a fé cristã se consolidou na sua cabeça é que partiu para a capital e conheceu Cefas (Pedro), embora não conhecesse qualquer outro membro do seleto grupo de 12 apóstolos deixados por Jesus. Conheceu, no entanto, o irmão de Jesus, Tiago. Em sua maneira caracteristicamente egotista, diz Paulo que Cefas e Tiago deram por sua causa Glória a Deus,[45] embora esta não seja evidentemente a impressão transmitida por outras partes do Novo Testamento, como na Epístola de Tiago – que não apenas repudia, mas satiriza a doutrina de Paulo, de Justificação pela Fé.

A fé de Paulo não é a de galileus que haviam sido amigos íntimos de Jesus. Nascia de um ódio, de um fascínio, finalmente de um amor possessivo por um elemento do ensino de Jesus que os outros pareciam ter ignorado: isto é, o

[43] Gl 1:11-24; Atos 9:1-30; Atos 22:1-21; Atos 26:4-23.

[44] Atos 26:15-16.

[45] Gl 1:24.

elemento contido na parábola do publicano e do fariseu. Na opinião de Pedro, Tiago e outros seguidores do "Caminho", como chamavam o tipo particular de judaísmo de Jesus, este era o último grande profeta judeu, incompreendido como todos os seus predecessores, mas falando bem no cerne do corpo principal do judaísmo. E foi do encontro de Paulo com Jesus que nasceu a idéia de que o próprio judaísmo teria de ser derrubado.

A plena compreensão desse fato levou muito tempo para amadurecer na mente de Paulo e nunca foi uma idéia fixa ou acabada. Como que acreditava que a *parousia*, a vinda de Jesus sobre as nuvens, ia acontecer a qualquer minuto, não era parte da sua ambição elaborar uma nova religião formalizada do tipo que fora estabelecido por outro Profeta quando fundou o Islã. Muitos acreditaram, dos seus dias até o presente, que ele distorceu profundamente a mensagem de Jesus e que criou um novo e estranho culto, uma "cruz-tianidade", como foi chamada em sua fervilhante e enérgica imaginação. Mas se isso fosse total verdade, seria difícil explicar por que ele concentrou-se em Jesus como objeto de seu interesse, em vez de meramente proclamar suas próprias visões. Difícil como seja extrair sentido das suas afirmações, deve ter acontecido que Paulo pensava dizer a seus seguidores a verdade sobre Jesus. Ele estava lutando com o próprio Jesus, com a morte de Jesus, mas também com sua própria mensagem. Percebia em ambos uma mensagem incipiente ou invisível para outros cristãos que haviam conhecido Jesus, embora encontremos em sua mais longa peça de trabalho teológico, a Epístola aos Romanos, uma descrição do relacionamento do homem com Deus que não é incompatível com algumas das palavras mais revolucionárias atribuídas a Jesus nos Evangelhos.

A Epístola aos Romanos é um dos livros mais influentes até hoje escritos. Exerceu efeito profundo e mudou a vida de figuras como Agostinho de Hipona, Lutero e Calvino, e por isso mesmo pode ser considerado um dos livros-chave para compreender o desenvolvimento intelectual e social do Ocidente. Expõe a grande teoria do pecado original. Deus é o bem, a retidão e a justiça. Essa retidão é manifestada no que o homem chama de Lei. Mas como a raça humana não é reta nem justa, a existência da Lei meramente destaca o estado pecaminoso da humanidade. Até mesmo aqueles como os judeus, com quem Deus estabeleceu uma aliança especial, tiveram simplesmente seus pecados expostos quando a Lei foi gravada em tábuas de pedra no monte Sinai. Pois como pode Deus, que é todo retidão, ignorar o pecado, perdoar o pecado, sem parecer sugerir que o pecado não tem importância? Um preço tinha de ser pago pelo pecado. Esse preço é a morte. A raça humana condenou-se ao sofrimento e à morte pela sua própria pecaminosidade. O homem só pode ser salvo pela fé. É a fé na piedade de Deus que nos permite aproximar-nos dele e chamá-lo Pai, como Jesus nos ensinou que podíamos fazer. Mas, claro, ninguém poderia fazer isso, a menos que um alto preço fosse pago, se os salários do pecado não tivessem sido postos na conta de Jesus.

Desde que Jesus morreu pelos pecadores, uma enorme esperança surgiu no mundo. O amor de Deus flui incondicionalmente através da morte de Jesus. "Mas Deus prova o seu amor para conosco pelo fato de ter Cristo morrido por nós, sendo nós ainda pecadores."[46] A Epístola aos Romanos não é uma grande obra de argumento ou razão. De uma maneira apaixonada e poética, oferece uma dádiva incomparável aos leitores: a visão de Deus perdoando, por amor, nossos pecados. Séculos antes de Freud descobrir o efeito mutilante da culpa na vida do homem e lhe oferecer mitos comparavelmente poderosos para purgá-lo da culpa, Paulo ofereceu aos seus conversos o mistério muito mais profundo do perdão através de Cristo.

Paulo é um homem de conflitos e sua dialética nasce de um violento tumulto interior: o conflito entre a Lei e a Graça, entre a retidão de Deus e a natureza decaída do homem, entre o Sinai e o Gólgota. Sete anos depois de ter escrito a Epístola aos Tessalonicenses, Paulo chegou a Acaia (cuja principal cidade era Corinto), onde passou cerca de três meses, e é provável que aí tenha encontrado tempo para escrever a epístola à Igreja romana, que não visitara ainda.

Ninguém sabe como e por que havia um grupo de cristãos em Roma nessa data. Sem dúvida, a nova fé não fora levada para ali por Pedro, uma vez que ele

[46] Rm 5:8.

continuava a ser o chefe da Igreja Cristã em Antióquia e nenhuma menção é encontrada no Novo Testamento de que ele tenha algum dia visitado a capital do império.[47] Um decreto de Cláudio baniu os judeus de Roma porque eles estavam "continuamente provocando tumultos por instigação de Chrestus",[48] o que sugere que uma alta proporção dos judeus mais vociferantes da cidade haviam voltado para lá, procedentes de Jerusalém, como convertidos ao "Caminho". A sexta *Sátira* de Juvenal sugere que numerosos romanos sentiam-se atraídos por idéias judaicas, e Sêneca, em um fragmento perdido, citado por Santo Agostinho, declarou que "os conquistados deram leis aos conquistadores".[49] Possivelmente surgira uma disputa na sinagoga de Roma entre os barulhentos seguidores de "Chrestus" e os judeus mais ortodoxos. Era de esperar que o povo de Roma, a quem Paulo endereçou a Epístola, compreendesse os conceitos judaicos de Lei, e de supor que tivessem algum conhecimento das Escrituras; mas ele deixa claro que uma parte importante deles não era de extração judaica. Os números, de qualquer modo, devem ter sido insignificantes. Cem anos depois, no tempo de Ireneu (c. 130-200 EC), a Igreja de Roma não contava com mais de cem ou 150 pessoas.

"Toda a finalidade e intenção do apóstolo nessa Epístola é derrubar de vez nossa retidão e sabedoria... e demonstrar que, ao derrubá-las, Cristo e sua retidão nos são necessários." Assim escreveu Lutero, para quem a Epístola foi um documento inspirador e que mudou sua vida.

A Epístola aos Romanos constitui um fato notável na conscientização religiosa de Paulo. Apenas cinco anos antes, sua mente continuava cheia da morte de Jesus. Essa Epístola nenhuma referência faz à cruz de Cristo. No que se refere a Jesus, houve três fases na vida de Paulo. Em primeiro lugar, um período de violenta hostilidade, quando ele exalava fogo e ameaças assassinas. Em seguida, temos de acreditar, como resultado de uma culpa profunda e intolerável porque estivera

[47] Nem há qualquer menção, nos Atos dos Apóstolos, de Pedro ser o bispo de Roma.
[48] Suetônio: *Claudius* XXV.
[49] Agostinho: *De Civitate Dei* vii: capítulo ii.

perseguindo Jesus, ele sofreu o colapso conhecido como sua conversão. Daí em diante, ele se "vangloria" na cruz, reprimindo o ato do qual se sente mais culpado e usando-o como meio de libertação. Nesta fase final, mais efusiva, internalizou inteiramente Jesus. Considerou os conflitos entre Cristo e Satanás, que ocorriam em seu próprio ser, como um fenômeno universal. "Porque não faço o bem que prefiro, mas o mal que não quero, esse faço."[50] Na Epístola aos Romanos, essa tribulação não é considerada algo especificamente judaico, mas um problema universal. A mera existência de imperativos morais não pode "salvar-nos", uma vez que, judeus ou gentios, todos somos exilados de nossa verdadeira terra natal com Deus. Paulo não está dizendo que nenhum ser humano é capaz de moralidade. Sabe que há homens virtuosos, como os estóicos e os fariseus. Mas é possível manter a Lei sem a existência de Deus. O verdadeiro destino do homem é ser capaz de chamá-lo de Aba, Pai.[51] Alguns dos ensinamentos mais alarmantes de Jesus sugeriam que a retidão não era suficiente. Podemos abster-nos de matar, mas todos levamos em nós os impulsos destrutivos da ira. A Lei de Moisés pode dizer-nos para sermos castos, em termos negativos. Mas não exorciza definitivamente os demônios sempre presentes da luxúria. Jesus, como está registrado nos Evangelhos, ensinou que a moralidade não era bastante. Foi mesmo acusado pelos seus inimigos de acreditar que não era importante. A vida, para Jesus, começou com a reconciliação entre Homem e Deus – Deus em sua retidão absoluta, o Homem em sua mundanidade e pecaminosidade absolutas. Esse golfo hiante entre a perfeição de Deus e a imperfeição do homem jamais poderia ser transposto por uma mera observância religiosa de ritos.

Paulo, ao meditar sobre essas profundezas, achou que toda a criação estivera gemendo e sofrendo de dor até o momento histórico em que Jesus apareceu. E ofereceu aos seus discípulos não a oportunidade de serem moralmente melhores, mas uma nova liberdade, a liberdade da glória dos filhos de Deus.[52] Acho impossível acreditar que essa idéia libertadora e extraordinária não tenha surgido de

[50] Rm 7:19-20 (Bíblia de Jerusalém).
[51] Rm 8:15 (Bíblia de Jerusalém).
[52] Rm 8:21, 22.

um encontro com o próprio Jesus, "Jesus, a quem perseguistes". Os escritos de Paulo põem em um relicário idéias que poderiam ter pertencido ao próprio Cristo – o efeito transformador da vida de alguém capaz de dizer "Aba" a Deus.

Se Paulo conheceu ou não o Jesus histórico, nunca se pôde provar, e isso talvez não importe muito, porque o seu Jesus tornou-se para ele, segundo escreveu, um redentor internalizado, oferecendo-lhe amor. "Porque eu estou bem certo de que nem morte, nem vida, nem anjos, nem principados, nem coisas do presente, nem do porvir, nem poderes, nem altura, nem profundidade, nem qualquer outra criatura poderá separar-nos do amor de Deus, que está em Cristo Jesus Nosso Senhor."[53] A descoberta da religião por Paulo toca o coração humano em seus mais íntimos recônditos, e provavelmente por isso afirmou Samuel Taylor Coleridge que a Epístola aos Romanos é "o mais penetrante livro até hoje escrito". A referência que ele faz sobre Jesus tira-o da esfera da História e o coloca numa posição excepcional, como o único reconciliador entre Deus e o homem. As "insondáveis riquezas de Cristo",[54] que Paulo encontrou em sua própria comunhão com o Absoluto, são derramadas sobre seus famintos conversos, oferecendo um remédio para o nível mais profundo da culpa humana e um ungüento para os medos mais fortes: de fracasso, de inadequação e da própria morte. Encontrou em Jesus seu salvador pessoal, aquele que lhe tornou possível a comunhão com Deus. Seus escritos e sua vida irresistivelmente dominadora podem ser interpretados como um comentário à parábola de Jesus sobre o fariseu e o publicano. As Epístolas de Paulo são a história do fariseu que anelava estar na situação daquele publicano capaz, sem a parafernália da religião organizada, de abrir o coração em penitência ao Amor Absoluto. "Os protestantes sempre sentiram afinidade por esse institucionalista, os místicos com esse disciplinador. A razão, em curtas palavras, é que São Paulo compreendeu o que a maioria dos cristãos nunca entende – que o Evangelho de Cristo não é *uma* religião, mas a própria religião, na sua significação mais universal e profunda."[55] Os três

[53] Rm 8:38-39.

[54] A frase é na verdade de Efésios 3:8 e, com toda probabilidade, não foi escrita por Paulo.

[55] W. R. Inge: *Outspoken Essays* (1927), 229.

primeiros Evangelhos no Novo Testamento foram escritos por homens que haviam aprendido a olhar as coisas à maneira de Paulo. Nesse sentido, não constituem História. São lentes, focalizadas sobre a pessoa de Jesus através dos olhos de Paulo de Tarso. Em uma série de imagens extraordinárias, Paulo concentrou-se em Jesus e viu-o como um homem em quem o próprio Deus trabalhava. "Ora, tudo provém de Deus que nos reconciliou com Ele mesmo por meio de Cristo."[56]

Jesus era, para Paulo, um novo ser, que anunciava a chegada de um novo tipo de humanidade. O grande hino de Paulo ao *agape* no capítulo 13, da primeira Epístola aos Coríntios, constitui uma meditação sobre a importância de Jesus em sua vida e sua morte. Estudiosos têm debatido se o Amor, ou Caridade, celebrados por Paulo nesse trecho famoso, é o Amor de Deus pelo Homem, ou o Amor que o Homem deve demonstrar a seu próximo.[57] Mas quem quer que tenha acompanhado Paulo em sua luta com Jesus sabe que a distinção perdeu o sentido. Jesus, em parábolas como a do Filho Pródigo, mostra o que pensa do amor de Deus pelo homem. Mais ainda, na crença de Paulo e dos evangelistas sinópticos, Jesus exemplificou um amor divino em sua própria pessoa. Exemplificou e expôs um princípio normativo do universo: isto é, que em desafio de toda a crueldade dos homens e da indiferença da natureza, o princípio da vida em si é o amor. Viver sem essa *agape* torna a moralidade uma fraude. Priva mesmo a observância religiosa de sua significação. Nas grandes frases de Paulo sobre o amor, podemos acreditar que ele, e a Igreja Cristã desde então, teriam substituído, em toda parte em que aparece, a palavra "Jesus" por "Amor". "O amor é paciente, é benigno, o amor não arde em ciúmes, não se ufana, não se ensoberbece, não se conduz inconvenientemente, não procura os seus interesses, não se exaspera, não se ressente do mal; não se alegra com a injustiça, mas regozija-se com a verdade."[58]

Para o leitor moderno, há uma discrepância alarmante entre como devemos entender "a verdade" e como Paulo a entendia. Naquele grande hino ao amor, ele nos lembra de que sua maneira de ver a pessoa de Jesus era puramente mística e

[56] 2 Co 5:18.

[57] Para uma discussão dessas opiniões, ver Nygren: op. cit., 133-144.

[58] 1 Co 13:4-6.

visionária. O que ele viu "de acordo com a carne" não tem importância. Os eventos de que participou Jesus e sua vida só tomam forma muito depois de serem vistos através dos olhos da fé, e o mesmo é verdade, provavelmente, quanto a todas as vidas humanas. "Porque agora vemos como em espelho, obscuramente, mas então veremos face a face."[59] Em seu entusiasmo místico, Paulo esqueceu que, normalmente, quando olhamos para um espelho, não vemos outra face que não a nossa. E em alguns quadros surrealistas de Magritte, o homem olha no espelho e vê o Outro.

[59] 1 Co 13:12.

Capítulo 3

O peixe cozido, ou como ler um Evangelho

Praticamente, tudo o que sabemos sobre Jesus tem origem nos Quatro Evangelhos constantes do Novo Testamento. Mas, antes de os saqucarmos à procura de "provas", será que sabemos mesmo como lê-los? O que é um Evangelho? Em grego, a palavra significa "Boa-Nova", mas Evangelho não é uma forma literária conhecida. O leitor poderia ir a uma biblioteca no mundo antigo e encontraria histórias, cartas, biografias (ou coisa parecida), ficção em prosa, versos épicos, teatro, filosofia, diálogos filosóficos, matemática, magia e medicina. Mas não encontraria "Evangelhos", que representam um gênero literário singular. Destinam-se a ensinar-nos teologia, mas o fazem sobretudo por intermédio de meios narrativos. Não constituem crônicas imparciais e estão repletos de informações. Na verdade, dão a impressão de encerrar mais informações biográficas do que mais biografias antigas. Mas podemos confiar nas informações que contêm?

Os três primeiros Evangelhos relacionam-se entre si. Usam muito do mesmo material e, se são examinados juntos (a palavra grega para isso é *synopsis*), pode-se ver que se louvam em testemunhas comuns. Pelo fato de poderem ser proveitosamente analisados juntos mediante *synopsis*, são em geral designados como Evangelhos Sinópticos. A maioria dos estudiosos do Novo Testamento concluiu que o mais antigo deles é o de Marcos e que Mateus e Lucas basearam os seus em uma combinação de várias fontes – em Marcos e em suas próprias diferentes tradições. Alguns estudiosos postularam a existência prévia de fontes perdidas (*Quelle* em alemão), mencionadas em geral como Q.[1] B. H. Streeter sugeriu há

[1] A literatura é imensa. B. H. Streeter: *The Four Gospels: A Study of Origins* (1927) apresenta um relato completo da teoria aí mencionada. Ver também F. C. Grant: *The Gospels: Their Origin and Growth* (1957); Vincent Taylor: *The Formation of the Gospel Tradition* (1953); Wilfrid Knox: *Sources of the Synoptic Gospels* (1959); E. P. Sanders e Margaret Davies: *Studying the Synoptic Gospels* (1989).

quase setenta anos que Marcos escreveu sua obra em Roma no ano 60 EC; Mateus, em Antióquia, no ano 85 EC; e Lucas em Corinto, no ano 80 EC. Outros pesquisadores adotam um enfoque diferente e houve alguns defensores notáveis da prioridade do Evangelho de Mateus.[2] Em tempos mais modernos, a data relativamente recente dos Evangelhos foi posta em dúvida.[3] Um dos aspectos mais curiosos de todos os estudos sobre o Novo Testamento é o fato de que, embora eruditos tenham se debruçado sobre esses documentos durante séculos, nunca conseguiram provar, além de qualquer dúvida, questões simples como, por exemplo, onde foram escritos ou quando, e, ainda menos, por quem. Palpites bem informados foram tudo que conseguiram oferecer. Com toda probabilidade, os Evangelhos evoluíram através de pelo menos dois estágios: a tradição oral sobre Jesus foi finalmente reduzida à escrita e, em seguida, refundida pelos evangelistas para atender às suas platéias particulares.

O Quarto Evangelho, o de João, destaca-se dos três primeiros em questões de estilo, procedência e teologia. Porque continha uma "alta" cristologia, a crença de que Jesus era o Logos preexistente, que se revestira de carne e habitara entre nós escondendo sua verdadeira natureza de todos, salvo dos que o viam com os olhos da fé, supôs-se que fora o último a ser escrito, talvez em data tão recente como o ano 100 EC. Mas até mesmo essa conclusão é duvidosa e a verdade sobre o assunto provavelmente nunca será conhecida. Não há uma necessidade lógica que nos obrigue a atribuir uma data posterior ao Evangelho de João, embora ele seja, em caráter, obviamente diferente dos demais. E se esquecermos data e procedência e nos concentrarmos nos próprios textos como aparecem na página impressa, veremos que o Quarto Evangelho proporciona tanta "prova" sobre Jesus quanto os outros – "prova", na verdade, de um tipo mais concreto na questão de datas, lugares e pessoas.[4] Estudiosos têm divergido sobre se essa "prova" pode ser compreendida em termos históricos, uma vez que o Evangelho de São João foi obviamente escrito de um ponto de vista "teológico".

[2] Ver, por exemplo, B. C. Butler: *The Originality of St. Matthew* (1951).

[3] Ver J. A. T. Robinson: *Redating the New Testament* (1976).

[4] Ver Fergus Millar: "Reflections on the Trial of Jesus", em *A Tribute to Geza Vermes* (1990), 355-80.

O problema do Evangelho de João, contudo, não é isolado: é, também, problema dos demais Evangelhos Sinópticos. Só se nos esforçarmos para lê-los da maneira errada é que deixaremos de ver o problema. Nós, os investigadores históricos, os pesquisadores neutros, e a maioria dos cristãos modernos, queremos naturalmente saber quanto nesses estranhos livros pode ser aceito como "literal", útil, ou material histórico plausível. Um descrente poderia chegar à conclusão, após ler um deles, que tudo aquilo é "falso", ao passo que o crente desejaria dizer: "Não! Acredito que Jesus transformou água em vinho, podia caminhar sobre a água e, de fato e em sentido inteiramente literal, ressuscitou do sepulcro." Ambos os tipos de leitores, o crente e o incréu, se abordam o Novo Testamento com esse estado de espírito, são leitores – na expressão de Paulo – "de acordo com a carne" e jamais chegarão a compreendê-los. Embora estejam em um país estrangeiro, nem assim reconhecem que viajaram para fora de sua terra.

Tal como os três primeiros Evangelhos do Novo Testamento, o quarto nos fornece certo número de declarações históricas que parecem suscetíveis de verificação mediante análise histórica moderna. Dependendo de nossas crenças religiosas ou da profundidade do nosso desejo de extrair detalhes históricos das narrativas que os Evangelhos relatam, podemos chegar a uma conclusão sobre se esses detalhes são "autênticos" ou não. Na versão do Evangelho de João relativa à da Alimentação dos Cinco Mil, por exemplo, descobrimos que o peixe consumido nessa miraculosa refeição não foi o *ichthus*, nome grego habitual para o peixe, usado pelos outros evangelistas, mas o *opsarion*, um diminutivo da palavra *opson*, que significa alimento cozido. *Opsarion* provavelmente significava "peixe em salmoura", uma expressão parecida com "*kipper*" ou "*bloater*", isto é, peixe preparado por um comerciante para ser vendido aos fregueses. Não é palavra que Mateus, Marcos ou Lucas usariam, distantes como estavam do comércio de peixe e dos eventos que contam em seus evangelhos. O emprego de termos do "ofício" como *opsarion* sugere que o autor poderia estar se baseando em tradições que retroagem a pescadores autênticos, ao real comércio desse produto. Para John Robinson, o *opsarion* constitui uma autenticação do "Evangelho dos Nazarenos". Contribui para Robinson supor que o autor do Quarto Evangelho foi realmente

João, o pescador, o amigo e discípulo de Jesus que, em virtude de sua posição como importante mercador de peixe tinha *entrée*, pela porta dos empregados, à casa do Sumo Sacerdote e que por isso pôde testemunhar o interrogatório de Jesus na noite anterior à sua morte.[5]

Tal como muita coisa no Quarto Evangelho, o *opsarion* parece uma minúscula fresta através da qual podemos ver uma clara luz histórica. E há numerosos detalhes como esse no Novo Testamento, como, por exemplo, na versão da prisão de Jesus no Quarto Evangelho. Há uma luta, e um dos servos do Sumo Sacerdote recebe um corte na orelha, produzido pela espada de Pedro. Os outros Evangelhos mencionam essa cena, mas só o de João dá o nome do servo do Sumo Sacerdote: Malchus.[6]

Esses detalhes, tão realistas e tão aparentemente verificáveis, podem, na verdade, confundir o leitor moderno e levá-lo a pensar que está lendo um tipo de narrativa, quando, de fato, está lendo outro. Pode confundi-lo e fazê-lo considerar-se uma espécie de "garimpeiro", descendo um rio com água pelas canelas, com uma bateia nas mãos, à procura de "fatos", tal como um antigo faiscador em busca de pepitas de ouro. Em meio a toda escória e "mitologia", esse leitor poderia imaginar, talvez se encontre uma ocasional pepita – um pedaço de peixe em salmoura, um servo com nome. Dessa maneira, um "garimpeiro" cético poderia observar que o Evangelho de João aparentemente diz que o cargo de Sumo Sacerdote era de preenchimento anual,[7] quando, como fato histórico, o Sumo Sacerdote judeu não tinha de deixar o cargo após um único ano de mandato. O "crente", em contraste, pensará que o Quarto Evangelho está cheio de pequenos detalhes autenticadores – a descrição da noite caindo, a cronologia mais ou menos plausível, o peixe, o servo. Em seguida, pode acompanhar discussões aparentemente bem fundamentadas sobre se o Quarto Evangelho estava "certo" ou não historicamente, ao oferecer uma cronologia da morte de Jesus que difere de forma tão absoluta da dos Sinópticos. Dizem estes que Jesus instituiu

[5] J. A. T. Robinson: *The Priority of John* (1985), 117.

[6] João, 18:10.

[7] João, 18:13.

a Eucaristia antes de morrer (nenhuma menção há desse fato no Quarto Evangelho) e que ele foi crucificado após a Páscoa judaica. Este Evangelho (cujo autor sabe, por exemplo, que os judeus eram [são] proibidos de portar armas durante a Páscoa) informa que a prisão e condenação de Jesus aconteceram antes do feriado. A crucificação ocorreu, diz esse mesmo documento, mais ou menos na época em que os cordeiros pascais estavam sendo abatidos no Templo.

Detalhes como o nome do servo, porém, quando os analisamos, ricocheteiam contra nós se tentamos considerá-los como "pepitas" de fato, como o peixe em salmoura. "São João acreditava realmente que o nome do servo era Malchus?", pergunta uma estudiosa do Novo Testamento, Aileen Guilding.[8] Julga ela que o autor do Quarto Evangelho *acreditava mesmo, de fato*, embora demonstre, da maneira a mais convincente, os processos por meio dos quais ele poderia ter chegado a essa conclusão. Não faz isso perguntando o nome do servo aos que estiveram presentes quando Jesus foi preso; nem era muito provável que o tivesse feito dando tratos à memória. No seu livro *The Fourth Gospel and Jewish Worship*, a dra. Guilding demonstra que esse autor desejava provar que o Cristianismo era o Novo Israel, a substituição do Velho Israel, a antiga religião do judaísmo. E faz isso organizando as histórias sobre Jesus em padrões que refletem e repetem as leituras designadas nos lecionários da Sinagoga para os vários feriados do ano judaico. Na primeira metade do seu Evangelho, os episódios vão acompanhando as festas da Páscoa, Ano-novo, Tabernáculos, Dedicação e Purim; na segunda metade, com a descrição da ceia e das pregações de Jesus aos discípulos, seguidas pela prisão e crucificação. Todas essas festas, e na mesma ordem, são absorvidas pela narrativa, a fim de enfatizar que Jesus, em suas últimas horas, reformou e reinstituiu Israel como uma nova religião, a do Cristianismo. Assim, ao lavar os pés dos discípulos, Jesus repete as Lições da Sinagoga relativas à Páscoa, constante do Livro dos Números, no qual os israelitas são instruídos a aspergir com água os levitas, a classe sacerdotal, "para que possam prestar o serviço ao Senhor". (Números, 8:1 ss.)

[8] Aileen Guilding: *The Fourth Gospel and Jewish Worship* (1960), 232.

Esses ecos escriturais podem ser encontrados em todos os capítulos finais do Evangelho. As leituras dedicadas ao ano-novo judaico, por exemplo, terminam com o Deuteronômio, 2:13, "Levantai-vos agora, e passai...", e Êxodo, 33:1, "Vai, sobe daqui!" Em meio à sua última grande prédica, o Jesus do Quarto Evangelho faz um comentário contextualmente enigmático: "Levantai-vos, vamo-nos daqui." Se achamos que ele chegou nesse ponto ao fim de sua "Prédica de Ano-novo", então essas palavras fazem sentido. Em termos ordinários de narrativa, porém, são incompreensíveis, uma vez que os discípulos, nessa circunstância, não se levantam nem vão embora. Analogamente, nas leituras para o Tebeth, encontramos em 1 Reis, 2:37: "Porque há de ser que no dia em que saíres e passares o ribeiro de Cedrom fica sabendo que serás morto." Na narrativa aparentemente "factual" de João, 18:1, lemos: "Tendo Jesus dito estas palavras, saiu juntamente com seus discípulos para o outro lado do ribeiro Cedron."

As leituras para a Festa da Dedicação no calendário judaico falam de Deus como o Rei-Pastor. O Messias virá para reunir a verdadeira Israel, a eleita de Deus, quando homens maus tiverem dispersado o rebanho. "Assim diz o Senhor meu Deus: Apascenta as ovelhas destinadas para a matança. Aqueles que as compram matam-nas, e não são punidos; os que as vendem, dizem: Louvado seja o Senhor, porque me tornei rico; e os seus pastores não se compadecem delas. Certamente já não terei piedade dos moradores desta terra, diz o Senhor; eis, porém, que entregarei os homens cada um nas mãos do seu próximo, e nas mãos do seu rei (em hebraico, *Malko*); eles ferirão a terra, e eu não os livrarei da mão deles."[9] Pareceria à vista, pelo menos, das tradições manuscritas em que sobrevive esse Evangelho (em siríaco),[10] que o *Malchos* grego de João é uma mera transcrição dessa forma semítica.

Ora, isso foi um longo preâmbulo, mas para muitos leitores modernos, sejam eles céticos ou crentes cristãos, chega como uma surpresa. Podemos acreditar, como a dra. Guilding, que o servo realmente se chamava Malchus, ou, de qualquer

[9] Zacarias, 11:4 ss.

[10] F. C. Burkitt: *The Syriac Forms of New Testament Proper Names.*

maneira, que o evangelista pensava mesmo que esse fosse o nome do homem. Mas ele o disse exclusivamente "com base na autoridade da Sagrada Escritura".[11] Sabemos pelos outros Evangelhos que a tradição afirma que o próprio Jesus aplicou o trecho de Zacarias que acabamos de citar – "Abate o pastor e o rebanho será dispersado" – ao momento de sua própria prisão. A profecia de Zacarias é convenientemente realizada em todos os particulares, no Quarto Evangelho, na última noite da vida de Jesus. O pastor é abatido. O traidor, Judas, fica rico. Os seguidores são entregues nas mãos de Malcho, Malko, Malchus, uma palavra que originariamente significava "o Rei".[12] É de alguma importância o fato de que São João tirou esse e muitos outros detalhes iguais das Lições da Sinagoga, e, desde que elas eram Escritura Inspirada, revestiam-se para ele de uma autoridade que superava de longe qualquer testemunho humano, por mais coonestado que fosse. Todas as partes das Escrituras – a Lei, os Profetas, os Livros – falaram antes sobre Cristo. Na verdade, uma injunção contida na Torá sobre a preparação do Cordeiro Pascal ("nem do mesmo quebrarás nenhum osso") é considerada cumprida literalmente nos fatos da crucificação.[13]

A questão que o leitor do Quarto Evangelho enfrenta hoje é a seguinte: o que aconteceu primeiro? Encontrou o evento um eco nas Escrituras – teriam as Escrituras realmente se "realizado" – ou a referência escritural "sugere" o evento? É absolutamente essencial que isso seja notado e compreendido desde o começo, pois, de outra maneira, o leitor do Novo Testamento, e em especial de suas narrativas, vai ser enganado e levado a pensar que os evangelistas eram autores ou historiadores em um sentido moderno da palavra, do pós-Iluminismo, que suas declarações podem ser submetidas a teste com referência a outros historiadores ou a fatos neutros exteriores às próprias narrativas do Evangelho. A verdade é mais estranha do que isso. A maneira dos evangelistas de compor uma narrativa, de modo a interpretar fatos em termos de outras tradições escritas, pareceria

[11] Guilding, op. cit., 165.

[12] O primeiro rei de Israel tinha por nome Saul. Mas, ver o capítulo 10, para o desenvolvimento desta especulação.

[13] Guilding: op. cit., 232.

estranha a um autor moderno. Mateus, por exemplo, transforma Jesus em um novo Moisés, dispensando a Nova Lei a seu povo no alto de uma montanha. Para Marcos, Jesus/Josué, tal como seu xará do Velho Testamento, está liderando um bando de seguidores numa jornada através do deserto até a Terra Prometida. Ele é também, e simultaneamente, um eco de José, traído por Judah/Judas, e posto nas mãos de homens perversos, mas que encontra uma nova vida como líder de gentios. É como se um biógrafo moderno do presidente Kennedy resolvesse escrever a história dele abrindo um livro sobre a vida de Abraham Lincoln e construindo sua narrativa por uma série interminável de reflexões e ecos entre um e outro. Os autores dos Evangelhos não foram a uma moderna biblioteca de pesquisas nem espalharam os "fatos" sobre uma mesa a fim de contar uma história imparcial. Começaram com um conjunto de convicções teológicas sobre Jesus e ajustaram a narrativa a elas, e não o contrário. Não é impossível que o Quarto Evangelho contenha elementos de tradição e memória do Jesus histórico que retroajam a seus contemporâneos. Mas mesmo que aceitássemos, para fins de argumentação, que o Quarto Evangelho foi realmente escrito por João, o filho de Zebedeu, louvando-se em suas recordações autênticas sobre Jesus de Nazaré, ainda precisaríamos abordar o seu livro com o conhecimento de que o que ele chamava memória não seria a mesma coisa para um moderno jornalista ou historiador. O evangelista teria compreendido a afirmação da rainha Branca, de Lewis Carroll: "É um medíocre tipo de memória, este que só trabalha com coisas passadas."[14] As discussões mais inúteis possíveis foram travadas entre modernos sobre se ou não os Evangelhos são "verdadeiros", todas elas baseadas na suposição de que a "verdade" significaria a coisa igual tanto para o autor do Quarto Evangelho quanto para nós. A pergunta feita por Pilatos a Cristo durante o julgamento nesse Evangelho[15] não é respondida nem por Jesus nem pelo evangelista, mas é importante que seja implantada na narrativa. Temos de respondê-la, embora eles não quisessem fazê-lo: "*Ti estin aletheia?*" – "O que é a verdade?" O modo como respondermos à questão determinará o modo como

[14] Lewis Carroll: *Through the Looking Glass*, capítulo 5.

[15] João, 18:38.

leremos o Evangelho. Suponhamos que houve tal coisa como uma memória imparcial, uma memória sem colorido, uma memória que não fizesse interpretação de fatos! Se houve esse cérebro-câmara fotográfica em uma cabeça humana, ele não esteve na cabeça que concebeu o Quarto Evangelho. Ele não estava "se lembrando" de uma versão "factual" da vida e morte de Cristo e, em seguida, lendo as Escrituras hebraicas e exclamando: "Olhem só para isto! Que coisa espantosa! As profecias foram realizadas! Diz aqui no Livro de Zacarias que o rebanho dispersado cairá nas mãos de Malko, o rei. Ora, qual era o nome daquele homem que estava no jardim – aquele que lutou com Pedro na noite da prisão do Senhor? Malchus, não era? Malcho? Alguma coisa assim. Mas que coincidência mais extraordinária!"

Muito ao contrário. Nosso autor estaria *começando* com a suposição de que sua história tinha paralelos nas Escrituras. Não estava transformando uma história "factual" em um mito. Estava começando com um mito.[16] O mito é que no princípio havia o Verbo, a energia criativa de Deus, que estava com Deus e que era Deus, e sem o qual nada seria feito do que foi feito. E esse Verbo, a divindade preexistente, entra em Sua criação. A aqueles a quem concede sua *gnosis*, ou conhecimento, revela sua glória – por meio de "sinais". Ao povo obstinado e pecaminoso entre o qual se movia, contudo, não a mostra. Essas pessoas são excluídas tanto pela ignorância quanto pelo pecado – na verdade, no Quarto Evangelho eles são praticamente indistinguíveis. Trata-se de um livro impiedosamente duro com o *kosmos*, o "mundo". Porque embora Deus amasse o *kosmos* e se entregasse por ele, o *kosmos* continua a rejeitá-lo. É um lugar de trevas. Seus habitantes naturais são cegos. Só àqueles que receberam a revelação da glória é dado o poder de se "tornarem filhos de Deus"[17] como o próprio Jesus.

[16] Ao dizer "ele" e não "eles", não é minha intenção insinuar uma teoria de autoria sobre esse Evangelho. Numerosos eruditos acreditam que o Prefácio é uma peça separada de mitificação e que não pertencia originariamente à "história" ou narrativa do Evangelho. Outros estudiosos postularam a teoria de que houve pelo menos dois "autores" ou tradições, antes da redação final desse Evangelho, da forma que o lemos hoje – se, na verdade, o que lemos *é* a redação final. Analogamente, ao usar a palavra "mito", não desejo sugerir que o Quarto Evangelho é "verdadeiro" ou "falso" – *vide supra* meu comentário sobre a pergunta de Pilatos.

[17] João, 1:12.

Tal como a Comunidade de Qumran, cujas idéias religiosas nos foram reveladas de modo tão completo nos Manuscritos desenterrados em 1947, o Quarto Evangelho vê a vida como um conflito eterno entre luz e trevas, estas últimas jamais capazes de "dominar" a primeira, nunca capazes de compreendê-la e dela triunfar. O *kosmos* odeia Jesus. Ele não precisa julgá-lo ou condená-lo, pois o *Kosmos* condena-se a si mesmo por sua própria ignorância. O "amor" que Deus demonstra ao *kosmos* nesse evangelho é, para dizer o mínimo, limitado. Na maneira mitológica de o evangelista encarar as coisas, a humanidade ignorante é representada pelos "judeus" que não conseguiram ver a glória de Jesus, o galileu, mesmo quando praticou milagres entre eles. Esses *Ioudaioi*, ou judeus, são mostrados exigindo de Pilatos a morte de Jesus.

Sem dúvida, leitores modernos têm razão em encontrar nisso as sementes do anti-semitismo cristão posterior. Mas observa-se também no Quarto Evangelho uma tendência fortemente anticristã – ou pelo menos anticristianismo – segundo Paulo-ou-*Marcos*-ou-*Lucas*. Há nele muito menos ênfase do que em outras partes do Novo Testamento sobre a Igreja, sobre a reunião dos povos de Deus. Tal idéia teria sido, talvez, repulsiva a seu autor. Crentes no Quarto Evangelho ressuscitam, mas como indivíduos, à Luz de Jesus. Não o encontram na Comunhão dos Santos. Não há Eucaristia. A fé dos devotos de Jesus que lêem esse Evangelho é exatamente isso, fé: não se baseia em conhecer ou em ver, embora esse Evangelho seja escrito para reafirmar àqueles que não viram com seus olhos corporais a glória que foi outrora revelada aos amigos e discípulos do próprio Jesus.

Curiosamente, embora milhões de palavras tenham sido escritas sobre o Evangelho de São João, ninguém jamais conseguiu localizá-lo no tempo e no espaço. São inteiramente desconhecidas sua data e autoria, como aliás as de todos os demais. Se tivesse de especular sobre a comunidade da qual ele emergiu, eu diria que era uma seita localizada em Samaria, ou próximo a ela: Antijerusalém e Antipaulo e com um conjunto distinto de memórias e tradições relativas a Jesus e sua família, tradições que eram desconhecidas daqueles que escreveram os Evangelhos Sinópticos. Não seria absolutamente de surpreender se esse grupo tivesse algum parentesco com os filhos de Zebedeu.

Mas provenha ele de Samaria, ou de Éfeso (como sugerem algumas fontes antigas), o importante a respeito desse Evangelho é que só pode ser lido como um testemunho, não como um relato imparcial. É a história do Divino Logos (o que não é exatamente a mesma coisa que Deus – o Quarto Evangelho, aliás, não diz que Jesus era Deus, e ainda menos que era a Segunda Pessoa da Santíssima Trindade) movendo-se ao léu em um mundo ignorante e só revelando sinais de si mesmo aos Escolhidos, uma nova Israel. Os "fatos" dessa história – como o de que, na noite de sua prisão, ele cruzou o ribeiro Cedron ou que ele e seus discípulos tiveram uma luta a espada com um homem chamado Malchus – não foram colhidos em "pesquisa" histórica. Todos esses "fatos" têm origem em pressupostos mitológicos do evangelista. Destruam-se os mitos e os "fatos" desaparecem com eles. É como destruir o Templo sem esperanças de reconstruí-lo.

Mas isso não implica dizer que não existem fatos nos Evangelhos sobre os quais o historiador não possa meditar com proveito. Claro, grande parte do enfoque mais puro e fácil do Novo Testamento é o adotado por Rudolf Bultmann e seus adeptos. É muito mais fácil dizer que o Quarto Evangelho e, na verdade, todo o Novo Testamento, é puramente auto-referencial. É impossível extrair deles tipos de "realidade" que não fossem interessantes ou acessíveis à visão mundial do Novo Testamento. Por conseguinte, diz Bultmann, aceite-se que ele é pura mitologia! Uma idéia atraente, e não apenas por causa de sua amplidão e elegância. Neste caso, ninguém precisa perguntar se há qualquer realidade histórica subjacente a essas crônicas. Tudo o que se precisa é decidir o que elas estão fazendo no contexto em que se encontram, o que nos dizem sobre a comunidade de fé de onde vêm. Teria Jesus instituído a Eucaristia, por exemplo? Uma pergunta tola, segundo os critérios de Bultmann. Temos no Novo Testamento livros que dizem que ele o fez. Temos outros, como o Quarto Evangelho, que não a mencionam, mas que consideram o próprio Jesus como o Pão da Vida, que "alimenta" os crentes com a dádiva de si mesmo quando a Ele se chegam com fé. O Quarto Evangelho põe todo esse ensinamento na boca de Jesus por ocasião da Alimentação dos Cinco Mil. Mas se a Multiplicação dos Pães, a Última Ceia, ou, afinal, tudo mais na vida de Jesus "realmente aconteceu", não poderia de maneira alguma ser provado e, portanto, carece de interesse. Tudo o que os livros do Novo testamento nos mostram, de acordo com Bultmann, são a crença e a prática de determinados grupos de pessoas. A "busca do Jesus histórico" pode, assim, ser convenientemente descartada como ocupação de sentimentais e de analfabetos metodológicos.

Resta o fato renitente, contudo, de que nada é sempre tão simples como os eruditos gostariam que fosse. Por mais caoticamente ultrapassado e antimetodológico que possam parecer, historiadores têm o direito de perguntar: "Como foi realmente o Jesus real? O que foi que ele ensinou? Podem esses dados ser recapturados, afinal, ainda experimentalmente, nos documentos que possuímos?" Os Evangelhos, na realidade, começam com alguns pressupostos que são estranhos à nossa maneira de ver o mundo, mas isso não significa que contenham apenas verdade "mitológica", e não "fatos". Dado o contexto mitológico do Quarto Evangelho, por exemplo, ele ainda se apresenta como uma história com um ambiente histórico real. Mesmo que admitamos que o livro passou por vários estágios de composição e não seja, no sentido moderno, obra de um único "autor", é um livro que alega, em sua redação final, ser a memória de um indivíduo real. Após descrever a crucificação, diz-nos que os soldados chegaram para quebrar as pernas de Jesus e dos homens crucificados com ele. O objetivo, se lemos isso como uma narrativa literal, era fazer com que as vítimas morressem por asfixia, uma vez que, quebrando-lhes as pernas, eles ficariam pendurados apenas pelos braços e a pressão sobre o coração e os pulmões os mataria. Uma interpretação diferente lembraria que no Êxodo (12:46) lemos que os ossos do Cordeiro Pascal não devem ser quebrados antes que ele seja consumido – de modo que esse é Jesus, o Cordeiro de Deus, morrendo para tirar os pecados do mundo. Mas não é uma coisa ou a outra, é ambas. Não é uma narrativa constituída inteiramente de ecos escriturais, nem "História" factual. Ainda assim, há a frase, irritantemente desafiadora, que descreve a cena horrível ao pé da cruz: "Aquele que isto viu, testificou, sendo verdadeiro o seu testemunho; e ele sabe que diz a verdade, para que também vós creais."[18]

[18] João, 19-35.

Os que acreditam que Jesus foi um personagem inventado, que ele não existiu absolutamente, constituem uma minoria muito pequena entre os estudiosos do Novo Testamento. Não somos obrigados a acreditar que os evangelistas tivessem as mesmas finalidades que os historiadores modernos. Escreveram, como diz o Quarto Evangelho, "para que também vós creais". Mas é absurdo negar que eles descrevem pessoas reais, lugares reais, mesmo, ocasionalmente, fatos reais, e a crucificação de Jesus foi com certeza um deles. Podemos ignorar a idéia de que Jesus acaso tenha alegado ser a Segunda Pessoa da Trindade ou que tenha dito que era Deus, uma vez que o Novo Testamento nunca afirma ter ele declarado tal coisa. Podemos mesmo ignorar a idéia de que Jesus jamais tenha se considerado o Logos preexistente, enviado pelo Pai para "revelar" Deus aos poucos iluminados, como sustenta o Quarto Evangelho. Os trechos em que o Jesus do Quarto Evangelho faz essas alegações a seu próprio respeito são tão diferentes do Jesus mostrado nos Evangelhos Sinópticos que é impossível acreditar serem "históricos". Mas implica forçar demais a crença supor que nunca houve um pregador galileu real, exorcista e fazedor de milagres que morreu na cruz por volta do ano 30 EC.

Um livro relativamente recente sobre o Quarto Evangelho[19] demonstra que é possível, sem cair no absurdo total, reconstruir, com base nesse livro, uma cronologia dos três últimos anos de vida de Jesus. Não quer isso dizer que a ordenação dos fatos não seja altamente simbólica. Nem que os "milagres", as festas judaicas e as palavras de Jesus não sejam arroladas de maneira altamente artificial. Mas quer dizer que o Quarto Evangelho (ao contrário dos outros três) nos proporciona uma cronologia e que não há razão *per se* para supor que não seja *alguma coisa* como um calendário preciso de fatos.

[19] J.A.T. Robinson: *The Priority of John.*

27 EC	(outono?)	Aparecimento de João Batista
28 EC	março (?)	Batismo de Jesus
		Jesus em Caná e Cafarnaum
		Em Jerusalém, antes e durante a Páscoa e a Festa do Pão Ázimo. (28 abril – 5 de maio).
	maio	Na Judéia, batizando
		Prisão de João Batista
	jun.-out.	Na Galiléia.
	23-31 out.	Em Jerusalém para os Tabernáculos
	nov.-abr.	Na Galiléia
29 EC	(começos?)	Morte de João Batista
	abr.	Alimentação no Deserto, antes da Páscoa (18 de abril)
	mai.-set.	Na Fenícia, Ituréia e Galiléia
	15 out.	Em Jerusalém para os Tabernáculos (12-19 out.)
	nov.-dez.	Na Judéia e em Peréia
	20-27 dez.	Em Jerusalém para a Dedicação
	jan.-fev.	Em Betânia, no outro lado do Jordão
30 EC	fevereiro (?)	Em Betânia, na Judéia
	março	Em Efraim
	2-6 abr.	Em Betânia e Jerusalém
	7 abr.	Crucificação

Lembro-me vividamente da ocasião em que o livro de John Robinson, *The Priority of John*, foi inicialmente discutido, como palestras póstumas (as Bampton Lectures, de 1984), e lido em voz alta por outro erudito do Novo Testamento, Charles Moule, para a congregação da St. Mary's Church, em Oxford. Todos os estudiosos do Novo Testamento sacudiam a cabeça e pensavam que o pobre bispo Robinson perdera o juízo antes de morrer. Não mais o ferrabraz que se tornara famoso na década de 1960 quando escreveu um curto livro intitulado *Honest to God*, que parecia questionar a ortodoxia cristã, ele dedicara os que acabaram por ser os seus últimos anos de vida à elaboração de teorias excêntricas sobre o Quarto Evangelho.

Acho que os estudiosos não compreenderam o texto quando sacudiram a cabeça. Estou convencido de que, em parte, Robinson escreveu esse livro como uma provocação de erudito. Queria nos dar uma pausa para pensar. Pedia aos teólogos que suspendessem seus preconceitos e dessem outra olhada no Novo Testamento. Supondo que não tivéssemos sido informados pela maioria dos eruditos, desde o último século, que o Evangelho mais antigo era o de Marcos, e que Mateus usou material de Marcos e um pouco de material seu; e que Lucas também usou o material de Marcos e um pouco do seu; e que ambos poderiam ter-se louvado em uma misteriosa fonte comum conhecida como *Quelle* ou Q; supondo que ninguém jamais nos tivesse dito que o Quarto Evangelho era uma composição muito posterior; supondo que era realmente, não importa o que lhe possa ter acontecido em redações posteriores, a obra de um dos discípulos de Jesus, João, o filho de Zebedeu. (A atribuição de autoria foi feita pela primeira vez por Teófilo de Antióquia mais ou menos no ano 170 EC, e aproximadamente dez anos após essa data Ireneu afirmou que o Evangelho "foi escrito por João, o discípulo do Senhor, o mesmo que se inclinou sobre seu peito".)[20]

O bispo Robinson não provou que o Quarto Evangelho fora obra de João, filho de Zebedeu. Ninguém poderia fazer isso. Mas se, apenas como um exercício de imaginação, tentarmos ler o Quarto Evangelho à maneira de Robinson – como se fosse, na verdade, uma arca de tesouro com detalhes históricos plausíveis – descobriremos muitos desses detalhes, que fazem sentido em um nível histórico, mas que não têm importância como parábola imediatamente discernível. Daí a importância da palavra *opsarion*, a palavra do "ofício" para peixe, a palavra que só um vendedor de peixe cozido poderia pensar em usar. Quando, no fim do Evangelho,

[20] Eusébio: *Eclesiastical History* 3:23 ss.; 5:8.4.

os discípulos estão pescando no lago, ambas as palavras relativas a peixe são usadas. Por conselho de Jesus, os discípulos lançam a rede pelo lado direito do barco e fazem uma pescaria miraculosa de 153 peixes. Enquanto estão vivos na rede, os peixes são descritos como *ichthues*. Robinson nota incidentalmente que constitui um toque profissional, em nosso evangelista, observar que "não obstante serem tantos, a rede não se rompeu".[21] Mas quando levaram os peixes para terra, e eles se tornaram comestíveis, Jesus diz a Pedro "Trazei alguns dos peixes que acabastes de apanhar", usando a palavra *opsarion*.[22] Por que deveria alguém que não estava no negócio de peixe fazer essas distinções?

O nome do servo era Malchus. Esse nome parece suspeitosamente útil para os objetivos do evangelista. Ele certamente começou com o velho texto escritural e inventou essa história para ajustar-se à "profecia". "Trazei o *opsarion* que acabastes de apanhar", e voltamos imediatamente a um mundo de pescadores reais. No mínimo, isso parece tradição oral. Poderíamos ser mesmo tentados a acreditar que essa é a recordação real de um velho que, como alega o Evangelho, presenciou os fatos que descreve.

Assim, nessas duas palavras – o nome do servo, Malchus, e aquela que descreve um pedaço de peixe –, podemos observar em microcosmo o que torna tão difícil ler os Evangelhos. Por um lado, devemos lembrar-nos sempre de que o Novo Testamento não é uma história imparcial. Não há nele uma única palavra que não tenha sido escrita para instruir os fiéis. Além do mais, sua maneira de ver o universo – história, geografia, a própria verdade – é inteiramente diferente da nossa. Por outro lado, está cheio de detalhes, detalhes que parecem profundamente enganadores para um historiador moderno.

A única coisa que nunca podemos fazer é desemaranhar os fios e dizer: "Reconhecemos que este fato particular está sendo contado por alguém que conheceu com seus próprios olhos a Palestina do primeiro século: a cronologia ajusta-se razoavelmente, a geografia está mais ou menos certa, todos os detalhes

[21] João, 21:11.

[22] João, 21:10.

poderiam ser autênticos – e, por conseguinte, vamos ler esta narrativa como algo que ela não é: uma narrativa histórica pós-Iluminismo." Não podemos dizer que estamos dispostos a aceitar algumas partes da narração e jogar fora o envoltório sobrenatural que as contém. (Queremos dizer isso, e o diremos, mas não temos o direito de tratar esses textos dessa maneira.) Não podemos dizer: "Jesus e seus discípulos fizeram certa vez um piquenique à beira do lago. Pegaram uma quantidade inusitadamente grande de peixes, mas recuso-me a aceitar que haja alguma explicação sobrenatural para o que aconteceu naquele dia." A razão por que não podemos, por assim dizer, pegar o peixe cozido e deixar para trás o milagre está na discussão que tivemos sobre o nome de Malchus. Por que o evangelista nos conta essa história sobre uma enorme pescaria? Por que essa história, e não outra? Afinal de contas, como ele mesmo diz, "se todas elas fossem relatadas uma por uma, creio eu que nem no mundo inteiro caberiam os livros que seriam escritos"[23] sobre Jesus. Dessa maneira, com consumada e provocante elegância, o livro termina. Começara com o Verbo solitário. E termina com a perspectiva de um dilúvio de palavras. Começa com alguns discípulos de João Batista à margem de um rio. Termina com Jesus à beira de um lago e esses mesmos discípulos lutando para arrastar uma rede cheia de peixes. A pesca milagrosa é um símbolo. O número é um símbolo – ninguém sabe bem do quê, mas presumivelmente é simbólico do número dos conversos ao Cristianismo.[24]

Mas tampouco podemos ler a história como mera parábola ou símbolo. Esse livro recusa-se a ser lido como história "literal" (qualquer que fosse ela) ou como mero "simbolismo", porquanto o significado de todos os "sinais" está contido em todos os detalhes, em cada textura de muitos níveis dos fatos. O mistério numerológico dos 153 peixes é encontrado em uma narrativa que se supõe plausível; a parábola está no real – no peixe, na fogueira, na figura à praia e, antes, nas próprias chagas no corpo de Jesus. Bem-aventurados os que não viram, e creram.[25]

[23] João, 21:25.

[24] Ver J. A. Emerton: "The Hundred and Fifty-Three Fishes in John XX:II", *Journal of Theological Studies*, abril de 1958, 86-9.

[25] João, 20:29.

E aqui aproximamo-nos de outra faceta do Quarto Evangelho, outra camada em suas intermináveis camadas, outro ingrediente em sua riqueza e fascínio inesgotáveis como texto literário, isto é, que nós, que o lemos, ou que o ouvimos ler, devemos ser personagens dessa história. Ela não tenta ser o tipo de história escrita por Tácito ou Lívio, quando podemos comparar a prova de historiadores antigos com outras fontes, com a evidência da arqueologia ou da numismática. A história do que Jesus disse e fez é, no Quarto Evangelho, inseparável do que ele foi – quem foi ele na mente do narrador.

Uma vez que os processos literários desse estranho livro são, por assim dizer, ostensivos, e porque seu estilo, teologia, maneirismos diferem tão acentuadamente daqueles dos Evangelhos Sinópticos, poderíamos ser tentados a pensar que a dificuldade reside exclusivamente em nossos choques com o quarto evangelista. Para uma versão "mais simples" dos fatos poderíamos sempre recorrer a Marcos, Mateus ou Lucas. Mas isso seria um erro. É bem verdade que o Quarto Evangelho tem o estranho hábito de transformar os milagres de Jesus em "sinais", suas ações, por assim dizer, em parábolas. Assim, por exemplo, em Caná da Galiléia, Jesus transforma água em vinho. A água estava guardada em seis talhas de pedra que "os judeus usavam para as purificações",[26] e essa história é contada não para nos divertir com os truques de salão de Jesus, mas para nos contar alguma coisa. As talhas judaicas são a velha Israel e continham algo que era refrescante e nutriente, água, e purificante também, mas não capaz de embriagar. O próprio Jesus é o novo vinho, enchendo as talhas. Deus está fazendo uma nova Israel. O que fora meramente ritual vazio – lavar-se com água antes de comer, lavar as panelas especificadas na ocasião especificada e da maneira especificada – torna-se algo inteiramente novo: uma embriaguez com o Deus vivo! Os Evangelhos Sinópticos apresentam o mesmo argumento – mas o fazem levando Jesus a dizer em uma de suas vigorosas observações: "vinho novo em odres velhos".[27] Mas seria errôneo supor que o simbolismo tão amado pelo Quarto Evangelho estaria ausente nos três primeiros. Em Mateus, por exemplo, os discí-

[26] João, 2:6.
[27] Marcos, 2:22.

pulos acompanham Jesus em uma viagem de barco, durante a qual cai uma tempestade. Jesus dorme durante a tormenta, até que eles o acordam com uma súplica: "Salve-nos, Senhor, ou pereceremos." Jesus acorda, repreende o vento e o mar e faz-se uma grande bonança. O barco é uma parábola sobre a Igreja. Os discípulos são a Igreja primitiva, perturbada pelas tempestades da perseguição. Gritam para Jesus, que parece dormir. Mas, quando acorda, faz-se uma grande calmaria.

Mateus acreditava sem dúvida que houve literalmente uma ocasião em que Jesus demonstrou sua capacidade de controlar o tempo, mas conta a história a fim de instruir a Igreja em tempos de tribulações. Tal como João, acredita que todas as coisas que ocorreram na vida de Jesus tiveram a finalidade de "realizar" as Escrituras. Significa isso dizer que ele inteirou-se alegremente das Escrituras à procura de detalhes e depois inventou "fatos" para que se ajustassem às "profecias". Miquéias disse que o Messias nasceria em Belém, de modo que Jesus, da maneira a mais improvável para um galileu, nasce em Belém. Se João ajusta a vida de Jesus a uma "grade" da qual o Lecionário da Sinagoga é o modelo, Mateus escolhe o Pentateuco, os cinco primeiros livros da Bíblia judaica. Jesus é Moisés, dispensando a lei no alto da montanha e liderando seu povo para a redenção, alimentando-o no deserto, e assim por diante. Marcos usa maneiras igualmente engenhosas para fazer a história interpretar a profecia, em vez do contrário, sendo um de seus modelos a história de José e seus irmãos e, outro, Josué/Jesus (o mesmo nome) conquistando a terra da Promissão.

Dessas maneiras estranhas, os Evangelhos nos envolvem. Não são tanto história como tratados. Mas são também obras de uma altíssima ordem imaginativa. Uso a palavra "imaginativa" no sentido em que foi empregada por poetas e pintores românticos – William Blake, Samuel Taylor Coleridge, e outros –, não para indicar "fantasioso" ou desonesto, mas possuidor da capacidade de refazer o mundo. William Blake entendeu isso quando escreveu: "O quê?", perguntarão. "Quando o sol se levanta, você não vê um disco redondo de fogo que parece uma moeda de guinéu?" Ó não, não, vejo uma companhia inumerável da hoste celestial exclamando "Santo, Santo, Santo é o Senhor Deus Todo-Poderoso".[28] Seria can-

[28] William Blake: "A Vision of the Last Judgement".

sativo detalhar essas coisas, não fosse o fato de que muitos leitores do Novo testamento abordam-no com uma visão carnal (para usar as palavras de Paulo), e não com a imaginação. "Por que a Bíblia é mais Divertida e Instrutiva do que qualquer outro livro?" perguntou William Blake a um correspondente, e ele mesmo deu a resposta: "Não será porque ela se dirige à Imaginação, que é Sensação Espiritual, e apenas mediatamente à Compreensão e à Razão?"[29] Muitos estudiosos do Novo Testamento compilaram "teologias", comentários e análises textuais e históricas dos Evangelhos com um trabalhoso descaso por essa verdade.

O leitor atento do Novo Testamento precisa render-se à visão do mundo que ele representa e olhar para a natureza das coisas com os olhos de homens e mulheres cujas esperanças, crenças e preocupações, não apenas sobre Jesus, mas sobre Deus e tudo mais, são inteiramente contrárias às do "homem moderno" do pós-Iluminismo e sutilmente contrárias às de seus contemporâneos "helenistas". Rudolf Bultmann, que foi um dos maiores teólogos do século XX, e que de fato compreendeu a necessidade de ler imaginativamente esses livros, compara o conceito helenista de mundo (*kosmos*) com os usos dados à palavra no Quarto Evangelho. Para autores gregos tão diferentes com Ésquilo e Platão, era axiomático que o homem fazia parte da ordem natural. Nesse grau, o homem moderno aproxima-se mais de Sócrates do que de São João. "Os sábios dizem que céu e terra, os deuses e os homens, são mantidos juntos por companheirismo (*koinonia*), amizade, harmonia (*kosmiotes*), autolimitação e retidão. De modo que consideram o universo como um todo de ordem (*kosmos*), e não, como dizemos, desordem, ou falta de disciplina – e talvez tenha escapado ao leitor que as relações matemáticas têm poder entre deuses e homens." Bultmann cita este trecho do *Górgias* para demonstrar que, no conceito helenista de *kosmos*, os deuses e os homens são parte da mesma coisa, do mesmo todo harmonioso. Do tempo de Homero até o tempo de Jesus ainda era axiomático no mundo antigo que imortais e mortais, anjos e animais, e a própria matéria estavam todos presos à mesma cadeia de desejo, tristeza e decadência. Há uma lei – *nomos* – da natu-

[29] William Blake: Carta ao rev. dr. Trusler, 23 de agosto de 1799.

reza, expressada da forma a mais pura na matemática, mas discernível também na esfera da ética e do que chamaríamos ciência natural, da qual ninguém poderia fugir, mesmo que os platônicos desejassem escapar dos grilhões do físico e ascender ao espiritual, abandonar, enfim, o mundo da natureza, que é meramente uma sombra daquela realidade celestial que pode ser descoberta por pensamento, ascetismo e orações intensas.

Para o autor do Quarto Evangelho, e para os demais autores do Novo Testamento, contudo, o *kosmos* não é a realidade final. O Novo Testamento não se interessa nem remotamente (como parece que o "espiritual" Platão se interessava) por conceitos de mente, de matemática, de política, de lei. O Novo Testamento postula uma maneira inteiramente distinta de ver o *kosmos*, uma maneira que encontramos nas páginas do Velho Testamento e nos Manuscritos do mar Morto, mas não entre os gregos. A analogia mais próxima na esfera não-teológica está na "imaginação", como era concebida pelos românticos, os quais, claro, derivaram seu conceito de imaginação tanto das Escrituras quanto de Kant. "Crença", insistiu Bultmann, "não é uma *Weltanschau ung*. Uma *Weltanschauung* procura fazer até mesmo meu destino compreensível à base de uma compreensão global do homem e do mundo, como exemplo do que acontece em geral. De acordo com a visão do Novo Testamento, dessa maneira eu estaria fugindo de minha existência real. Não realizo minha existência na esfera do que acontece comumente, mas sim numa situação concreta, no aqui e agora, em minha responsabilidade e decisão individuais, onde me arrisco a ganhar ou perder a mim mesmo. Isto é, eu me posto, como indivíduo, na presença de Deus."[30] É a essa luz que precisamos compreender a atitude de eterno pouco-caso do Quarto Testamento pelo que chama de *kosmos* – pouco-caso, sim, embora profundamente paradoxal. "Porque eu não vim para julgar o mundo, e sim para salvá-lo."[31] "No mundo passais por aflições, mas tende bom ânimo; eu venci o mundo."[32] Para o Quarto Evangelho, Jesus, o Logos Eterno, é o ponto em que, invisível ao mundo

[30] Bultmann: *Essays*, 78.
[31] João, 12:47.
[32] João, 16:33.

e incompreendido pelo mundo, a divindade pode ser apreendida, não pela humanidade em geral, não pela Igreja, mas pelo indivíduo – por você, por mim. "O meu reino não é deste mundo", diz o Jesus joanino a Pilatos em seu julgamento.[33] Significa isso que o leitor, que ainda é "deste mundo", ainda olha para o céu e vê "um disco redondo de fogo que parece uma moeda de guinéu", será simplesmente incapaz de "ver" do que trata o livro. O leitor que de fato compreende, ou está disposto a compreender, será como Nicodemos, que chega a Jesus à noite, com toda a riqueza do simbolismo das trevas que o cercam. As trevas são as trevas de uma visão corpórea, em contraste com uma visão imaginativa. Nicodemos é um "governante dos judeus" e, nesse Evangelho, os "judeus" não são tanto os adeptos reais do judaísmo (Jesus e seus discípulos é que o são), mas o povo que habita o *kosmos*, que tem *Weltanschauung*, e não fé, para os quais Deus, Homem e Lei são parte do mesmo mecanismo de relógio. A fim de escapar a esse sistema, o "governante dos judeus" tem de renascer. Não pode habitar mais o velho ventre nem adorar no velho Templo. Ele é confrontado com o renascimento da crise espiritual.[34]

Também nós, os leitores ou ouvintes do Evangelho, chegamos a Jesus à noite, isto é, com antolhos e desejo de extrair sentido das coisas, atados pelo senso comum, a decadência, e por idéias éticas e científicas que são limitáveis dentro do *kosmos*, em vez de estarem inteiramente fora dele. Extraindo nosso texto de Wittgenstein, acreditamos que "o mundo é aquilo que existe" e queremos saber se o Evangelho é, nesse sentido, "o que existe", se as histórias que conta são em qualquer sentido ou em qualquer pequena partícula verificáveis. Essa é a natureza de nossa chegada à noite. Parece que os próprios Evangelhos nos convidam a submeter a teste sua evidência por essa escala de valores "realistas". Vejam a história de Tomé. Um padre jesuíta disse-me certa vez que, se não acreditasse que essa história era literalmente verdadeira, renunciaria a seus votos. Muitos milhares, milhões de leitores dessa história devem ter ficado relativamente fascinados

[33] João, 18:36.
[34] João, 3:3.

por ela, desafiados por ela, e exatamente da mesma maneira. E não faz sentido se, no fim, você não pode, como Tomé, ajoelhar-se diante de Jesus e dizer: "Senhor meu e Deus meu" enquanto ele se oferece para mostrar-lhe as marcas dos cravos de sua Sagrada Paixão.[35] Talvez, entre todas as histórias que esse autor excelsamente hábil conta em seu curto livro, essa seja a mais impressionante. É o exemplo supremo da história auto-realizável, o artefato literário que se transforma, para o leitor, em um fato imaginativo em sua escala imaginativa de coisas. Senhor meu e Deus meu! Abençoados são aqueles – isto é, os leitores – que não viram e ainda assim creram. "Na verdade fez Jesus diante dos discípulos muitos outros sinais que não estão escritos neste livro. Estes, porém, foram registrados para que creais."[36]

Estudiosos erigiram montanhas imensas sobre o Quarto Evangelho: especulações sobre suas origens, proveniência, relações com o gnosticismo, analogias com os Manuscritos do mar Morto, dívidas com o judaísmo helenista, originalidade, ou falta de originalidade. Mas o leitor moderno, ignorante, habitante do *kosmos*, quer, em última análise, saber: É verdade? A história de Tomé ocorreu nas circunstâncias descritas pelo Quarto Evangelho? Estavam os discípulos, como questão de fato histórico, reunidos em uma casa após a crucificação de Jesus e, na noite daquele domingo, Ele lhes apareceu? Voltou Ele, como fato real, observável, verificável, histórico, voltou uma semana depois e deu a Tomé a oportunidade de tocar com as mãos seu flanco ferido?

Se sua resposta a essas perguntas é "Sim", então você, leitor, contemplou a glória de Jesus e tornou-se como que um dos Filhos de Deus. O mundo será transformado. E como Paulo disse: "E assim, se alguém está em Cristo, é nova criatura; as coisas antigas já passaram; eis que se fizeram novas."[37] Com que rapidez, porém, o crente vem a cansar-se desse balouçar de um lado para o outro no mar da fé e deseja nadar de volta para seu salva-vidas de afirmação histórica plausível. Com que rapidez ele acredita, não por fé, não de uma posição em que

[35] João, 20:28.
[36] João, 20:31.
[37] 2 Co 5:17.

nada pode ver, mas porque se imagina naquela cena com Tomé e tenta convencer-se de que é uma narrativa igual à que um observador contemporâneo poderia ter escrito sobre a Batalha da Jutlândia! E não é absolutamente igual a isso.

O descrente na história pode vir a ser confundido em outro nível. Uma vez que a história é falsa, palpável e obviamente falsa – corpos, em nosso *kosmos*, não ressuscitam –, de que modo nos reconciliamos com o paradoxo de que o Novo Testamento é patentemente obra de homens que se esforçavam para ser bons? De que maneira podemos reconciliar-nos com a idéia de que o Quarto Evangelho, com suas grandes injunções para nos amarmos uns aos outros como Jesus amou seus discípulos, inventou uma mentira tão cabeluda como a história da ressurreição de Jesus?

William Blake era um homem muito bom. Com toda sinceridade e sem intenção de enganar, dizia aos amigos que estivera conversando com anjos ou que fora visitado naquela mesma semana, perto de fins do século XVIII, na sua casa em Londres, por Júlio César ou o profeta Isaías. Se os amigos protestavam, ou perguntavam onde essas augustas personagens do passado podiam ser vistas, Blake batia num dos lados da cabeça.

Os seres humanos têm uma capacidade tão ilimitada para fantasiar, particularmente na área da experiência religiosa, que não precisamos questionar a sinceridade dos evangelistas quando descrevem o reaparecimento de Jesus, saído do sepulcro. Em nossos próprios dias, muitas pessoas viram a Abençoada Virgem Maria tanto nos telhados do Cairo quanto nos céus da Iugoslávia. Este não é o lugar para examinar a veracidade ou não de histórias individuais dos Evangelhos. É o ponto de reconhecer simplesmente o tipo de livros contidos no Novo Testamento. Quem for tão ignorante, ou tão inocente, capaz de abrir o Novo Testamento na esperança de encontrar uma fonte histórica imparcial, será repelido como se por um pé-de-vento. Abra-o, e encontrará uma Caixa de Pandora de desafios pessoais e injunções éticas. No fim, a última coisa que nos preocupa é se é verdadeiro, porque tornamo-nos um personagem da história.

Ainda assim, no seu centro continua aquela figura que nos obceca. Às vezes, como os pescadores no último capítulo do Quarto Evangelho, vemo-lo a distância, quase fora de foco, e não temos certeza se o vimos ou não. Às vezes, como nas grandes prédicas do Quarto Evangelho (capítulos 14-17), deixamos de ouvir-lhe inteiramente as entonações. Ele é substituído por um ser inteiramente diferente, ele é puro Verbo. Mas mesmo no Quarto Evangelho, que compõe para Jesus prédicas que são completamente diversas de suas palavras nos Sinópticos, entreouvimos pequenas trocas de palavras que se chocam com o tom geralmente nobre que supostamente está sendo mantido. A súbita e muito seca troca de palavras com sua mãe em um casamento (o dele mesmo?): "Mulher, o que tenho eu a ver contigo?", a selvageria (jocosa?) com que provoca Nicodemos: "Tu, um governante de Israel, não sabes dessas coisas?"; a despreocupação (realmente, de acordo com os mais rigorosos padrões judaicos, a ilegalidade) de falar com uma mulher samaritana no poço de Jacó: "Ao que respondeu a mulher: Não tenho marido. Replicou-lhe Jesus: Bem disseste, não tenho marido; porque cinco maridos já tiveste, e esse que agora tens não é teu marido; isto disseste com verdade." Não têm essas palavras a implacabilidade e a direção que encontramos em outros diálogos dos Evangelhos? E, mais uma vez, como a mais insignificante das pistas em uma história de detetives, existe aquele maneirismo verbal que o Cristo do Quarto Evangelho compartilha com o Jesus dos Sinópticos: "*Amen, amen, lego soi*", "Na verdade, na verdade vos digo..." Não é uma expressão idiomática, é um idioleto. Não encontramos isso em qualquer outra parte no idioma grego nem seu equivalente em nenhum outro texto hebraico ou aramaico.

A despeito de tudo o que os evangelistas fizeram a Jesus, tal como artistas criativos que pintam um quadro ou um ícone a tal ponto que é praticamente impossível adivinhar a verdadeira aparência do modelo original, eles não conseguem obscurecer inteiramente a figura do próprio Jesus em suas páginas. Ele é maior do que a criação desses homens. A despeito deles, fascina-nos como uma figura independente de suas visões fantásticas. E inevitavelmente, tal como os discípulos no Evangelho de Mateus, fazemo-nos a pergunta irrespondível: "Que tipo de homem é esse?" Dada a capacidade humana de mitificar tudo e todos, de transformar em deuses imortais tão pouco promissor como Júlio Cesar ou Elvis Presley, o que houve na figura de Jesus que inflamou de tal maneira a imaginação de seus primeiros devotos? A boa erudição adverte-nos a ficar longe dessa pergunta, tantas são as armadilhas e riscos que ela encerra. Mas seria antinatural não fazê-la. Somos inspirados por mais do que o argumento retrospectivo, o qual diz que, se ele inspirou tal devoção, deve tê-la merecido. Mas esse não é necessariamente o caso. O que nos leva de volta ao "beco sem saída" da busca do Jesus da História é o poder de seus pronunciamentos preservados e o fascínio da figura que os diferentes evangelistas pintaram. Embora os autores do Novo Testamento pareçam ter feito tudo o que podiam para obscurecer totalmente Jesus sob uma incrustação de fantasia, ele não será submergido inteiramente. Às vezes, ele consegue livrar-se dos evangelistas. "O céu e a terra passarão, mas não passarão minhas palavras."

Claro, ninguém pode provar que Jesus disse isso, mas o efeito cumulativo de ler-lhe as palavras tem de ser confrontado com uma visão e voz inteiramente diferentes – caracteristicamente judaicas, caracteristicamente do seu tempo, mas características. Contudo, é algo mais do que os ensinamentos de Jesus que nos faz piscar os olhos e desejar podermos ajustar o foco com um pouco mais de clareza sobre essa figura que, em um momento, se transfigura em glória numa encosta de montanha e no outro acocora-se no chão fritando peixe.

E é o peixe que nos atrai e nos leva a continuar. São esses pequenos detalhes – um homem que irracionalmente perde a calma com uma árvore. É alguém lembrando que a menininha, quando ficar boa da febre, vai sentir grande fome. É o homem que, depois da sua prisão, pode voltar-se e olhar para um de seus melhores amigos e fazê-lo chorar com o conhecimento de que não foi leal até o fim. Esses pequenos detalhes novelísticos poderiam, claro, ter sido fabricados, embora seja difícil entender que fim seria servido com a sua invenção. Muitas vezes, quando ele briga com a família, ou insulta-a pelas costas, ou formula argumentos inteligentemente cruéis em debates, esses detalhes parecem chocar-se com o Jesus "puro" da teologia. Ninguém poderia escrever uma biografia, no sentido moderno, de uma figura que é vista de maneira tão desigual, e vista através das estranhas lentes dos livros do Novo Testamento. Tampouco, contudo, podemos ignorar-lhe o poder. Não estou falando nem do poder da Igreja Cristã nem dos escritos do Novo Testamento, grandiosos como sejam ambos. Estou falando daqueles momentos em que a imaginação e o instinto tomam um choque de reconhecimento e ele se alteia à nossa frente. "Saiu, pois, Jesus trazendo a coroa de espinhos e o manto de púrpura. Disse-lhes Pilatos: Eis o homem!"

Capítulo 4

A assombrosa infância de Jesus

Já no berço, conforme atesta um dos Evangelhos apócrifos, Jesus proclamou sua divindade.[1] O cristão realmente ortodoxo, sustentando que o Jesus criança era a Divindade recoberta de carne, acredita que todo conhecimento, todo poder e todo domínio estavam investidos naquele menino. Deitado na manjedoura, Jesus conhecia toda a futura história do mundo, até o momento em que anunciaria ter chegado a hora do Juízo Final. Compreendia todos os mistérios da criação. Compreendia, como nenhum cientista ou matemático antigo podiam tê-lo feito, os mistérios da astrofísica, que são ainda desconhecidos dos mais avançados laboratórios deste século. Possuía o poder, com um mero piscar de olhos, de fazer com que toda a criação parasse – da mesma forma como fora por sua vontade, verdadeiro Deus e verdadeiro Homem, que, para começar, ela surgira.

Essa foi a crença que inspirou a imaginação da cristandade durante 1.800 anos. Quase todas as imagens e quadros do menino Jesus que nos chegaram ao longo desse tempo aparecem revestidos por essa idéia. Seria uma tarefa impossível e inútil despir o menino Cristo de sua divindade. Seria como se quiséssemos discutir Afrodite ou Ártemis como duas mulheres mortais e comuns, ou de "Apolo, seu lado humano". O menino Jesus é uma divindade e não surpreende que em certos círculos seja de fato adorado, quase como se fosse um deus diferente, de

[1] Ver M. R. James: *The Apocryphal New Testament* (1924), 80. Evangelhos continuaram a ser escritos após o trabalho pioneiro de Marcos. Alguns dos que não foram incluídos no cânone do Novo Testamento são considerados ainda oficiais pelas Igrejas onde tiveram origem. Uma descrição mais completa do que a de M. R. James pode ser encontrada em Edgard Hennecke, *New Testament Apocrypha*, vol. 1: *Gospels and Related Writings*. Nos últimos trinta anos, vários Evangelhos coptas, antes desconhecidos do mundo erudito, foram encontrados no Egito. Ver Jean Doresse: *The Secret Books of the Egyptian Gnostics*, tradução inglesa de Philip Marret (1960). O leitor encontrará um curto mas útil levantamento da literatura não-canônica sobre os Evangelhos em Floyd V. Filson: *A New Testament History* (1965), 68-70.

alguma forma, da figura sofredora do Calvário. (Estou pensando em devoções como ao Menino Jesus de Praga, na Igreja Católica Romana.)

Por outro lado, importa dizer que não há justificação lógica para separar do resto do texto as narrativas do Novo Testamento sobre a infância de Jesus. Numerosos eruditos cristãos sentiram necessidade de assim proceder, sugerindo que é óbvio o caráter lendário do nascimento e infância de Jesus nos Evangelhos de Mateus e Lucas. Só mais adiante, sugerem eles, é que encontramos fatos sólidos. Mas a verdade é que o nascimento milagroso em Belém, celebrado em hinos pelos anjos que enchiam os céus, é tão "histórico" como a caminhada de Jesus sobre a superfície do lago da Galiléia. Não podemos dizer que um seja mais lendário do que o outro.

A crônica de Jesus invade a História, mas isso não significa que ela seja "histórica". Não poderemos jamais despi-la usando modernas técnicas históricas, mas apenas desmontá-la além de qualquer esperança de restauração. O Evangelho de Lucas, por exemplo, pareceria ao olho desinformado uma peça de narrativa histórica, acessível à análise mediante o aparato histórico. Lucas atribui o nascimento de Jesus a um ano particular, no reinado de Herodes, e na ocasião do recenseamento universal ordenado por César Augusto. Historiadores poderiam dizer que Lucas acertou ou errou em questão de datas. Cristãos continuam a dizer que a fé que professam é uma fé histórica. A Encarnação, diriam, foi algo que aconteceu na História, da mesma maneira que o Cerco de Paris aconteceu em 1870, ou a Segunda Guerra Mundial terminou em 1945. Foi um "evento", que poderia ser comparado com o testemunho de outros historiadores. Lucas é o principal responsável por essa crença. Diz ele que o anjo Gabriel voou do céu para Nazaré em certa data, a fim de anunciar a Maria que, embora ela fosse virgem, daria à luz um menino Deus, da mesma maneira que Sêmele teve um filho de Zeus. Em seguida, pouco antes do *accouchement*, seu prometido, José, teve de deixar a Galiléia e dirigir-se para Belém, na Judéia, a cidade de seus antepassados, a fim de ser contado no recenseamento romano. E assim aconteceu que Jesus nasceu em Belém da Judéia, a "cidade de Davi". Jesus era, na verdade, de estirpe real, como filho de José, que era filho de Heli, que era filho de

Matthat, que era filho de Levi, e assim por diante, retroagindo a longa genealogia até o rei Davi e, no fim, chegando a Adão, o filho de Deus.

Aparentemente, de todas as maneiras, Jesus era filho de Deus. Lucas deixa abertas as opções, informando-nos de que Jesus foi milagrosamente concebido no ventre de uma virgem através do processo de partenogênese e/ou, se não gostamos dessa idéia, que ele era descendente em linha reta de Adão e Eva *via* a Real Família Judaica de Davi. O recenseamento romano ocorreu, de acordo com os cálculos de Lucas, no tempo em que Quirino era governador da Síria e quando Herodes reinava na Judéia. O reinado de Herodes durou do ano 37 AEC até o ano 4 AEC. É tão útil, ou inútil, debater a probabilidade histórica ou não de Jesus ter nascido em Belém, quanto a probabilidade histórica de ele ter sido divino. Podemos observar, no entanto, que o Quarto Evangelho (de São João) afirma com toda clareza que Jesus não nasceu em Belém e que não fazia parte da linhagem de Davi.[2] Nesse Evangelho, as multidões não acreditam na possibilidade de que ele seja o Messias porque veio da Galiléia, e não de Belém. Não significa isso, contudo, que o Quarto Evangelho seja mais histórico do que o de Lucas, mas apenas que os dois contam histórias diferentes, ambos sem nenhuma das finalidades que condicionariam um historiador "imparcial", se é que já houve tal coisa. Pode-se dizer que o nascimento de Jesus não aconteceu de acordo com a História "real", mas apenas dentro de sua própria história, cuja autenticidade histórica seria infrutífero investigar. Não há referentes aos quais possamos apelar e que poderiam estabelecer um elo entre o nascimento de Cristo e a História "real". Nenhum historiador antigo, por exemplo, faz a menor alusão a esse recenseamento universal ordenado pelo imperador Augusto. Josefo, em seu *Antigüidades*, menciona um recenseamento ocorrido na Judéia no ano 6 da EC e diz que tinha por finalidade contar cabeças antes do lançamento de uma capitação. A impopularidade desse imposto, e do recenseamento, provocou a insurreição chefiada por Judas de Gamala (mencionada pelo próprio Lucas nos Atos dos Apóstolos).[3]

[2] João, 7:42.

[3] Atos, 5:37. *Vide supra*, 26.

A finalidade desse recenseamento era puramente estatística. Não há razão para supor que qualquer uma das pessoas que foram contadas tenha recebido ordem de voltar à aldeia onde algum putativo antepassado teria residido mais de mil anos antes.

O Evangelho de Lucas parece história, e eruditos cristãos liberais, quando começaram a estudá-lo, pensaram que tudo o que precisavam fazer era corrigir alguns erros banais na questão de datas. Só quando escavamos um pouco abaixo da superfície é que nos damos conta de que não se trata absolutamente de História. As figuras de "César", "Herodes" e "Quirino", que da maneira a mais confusa possível fazem com que a narrativa de Lucas dê a impressão de que está pelo menos *tentando* ser histórica no sentido moderno da palavra, não tem, realmente, mais realidade do que "Ricardo Coração de Leão" ou o "Xerife de Nottingham" nas histórias e baladas de Robin Hood. As narrativas dos Evangelhos tratam do sobrenatural. Nos cânones do Novo Testamento, Jesus é um ser muito especial, escolhido por Deus, enviado por Deus e criado por Deus. Nunca é inteiramente o próprio Deus, embora esteja investido de poderes quase divinos. Nos Evangelhos não-canônicos, ele é na realidade o próprio Deus, mas se lermos a respeito do seu nascimento divino no Novo Testamento ou nos posteriores Evangelhos Apócrifos, descobrimos que as crônicas têm muito mais em comum com os ícones da Igreja Ortodoxa do Oriente, com tradições populares, cânticos de Natal e representações teatrais sobre a Natividade, que esculpiram ou pintaram cenas da Anunciação ou da Natividade, do que com o que uma mente pós-século XVIII consideraria História. Não existe atualmente método histórico que possa concebivelmente determinar onde Jesus nasceu, quem foram seus pais, ou como sua mãe engravidou.

Será provavelmente verdade dizer que a história da concepção virginal de Jesus era desconhecida das primeiras comunidades cristãs. É digno de nota, por exemplo, que nenhuma menção desse fato ocorre no Evangelho de Marcos nem nas Epístolas de São Paulo. Todos os Evangelhos do Novo Testamento concordam em que Jesus foi criado em Nazaré e pareceria estranho que não tivesse nascido nessa cidade, em vez de em uma aldeia de montanha na Judéia, Belém, durante um recenseamento inexistente, numa data inexistente. Se desejamos acreditar que ele nasceu durante o reinado do rei Herodes, então isso deve ter acontecido antes do ano 4 AEC, quando morreu esse soberano.

O filósofo pagão Celso, que no seu "Discurso Verdadeiro" atacou o Cristianismo no ano 178 EC,[4] conhecia o boato de que Jesus era filho natural de Maria e de um legionário romano.[5] Alguns estudiosos acreditam que houve uma tradição judaica extremamente antiga, que sobreviveu no Talmude dizendo, que Yeshu, ou Jesus, era filho de um soldado romano chamado Panthera, Pantera ou Pandera. Se a figura do "Yeshu" que sobrevive nesses textos é o mesmo Jesus que o do Novo Testamento, é interessante notar que, às vezes, lhe davam o nome de Yeshu ben-Pantera, isto é, Jesus, filho de Pantera. O nome Jesus, no entanto, era muito comum na Judéia do século I – tão comum como o nome Josué hoje no mundo Ocidental. Um simples olhar ao índice da obra de Josefo revela grande número de pessoas chamadas Jesus. Os rabinos, porém, não conseguiram provar que Yeshu ben-Pantera era o mesmo santo galileu. Esses textos, tal como os do Novo Testamento, fornecem prova mais abundante a eruditos preconceituosos do que àqueles que os abordam com uma mente isenta.

O Livro de Tiago, que Orígenes (c. 185-c. 254 EC) acreditava ter sido escrito pelo irmão de Jesus, diz que Maria era uma das sete virgens do Templo, mantidas pelo Sumo Sacerdote em Jerusalém. Nesse livro, como aliás no Evangelho de Mateus, é Maria, e não José, que alega descendência real na linha de Davi. O anjo do Senhor – que não tem nesse texto o nome Gabriel – anuncia-lhe o destino quando ela conta 16 anos de idade. E estava no sexto mês de gravidez quando José a conheceu. A sua consternação com a natureza do estado de Maria é agravada pelo embaraço de descobrir que os sacerdotes do Templo consideram-no

[4] Orígenes, o grande platônico cristão de Alexandria, tentou, em meados do século III EC, escrever uma refutação de Celso, intitulada "Contra Celsum".

[5] Para um levantamento competente de opiniões rabínicas hostis a Jesus, ver Joseph Klausner: *Jesus of Nazareth* (tradução inglesa, 1925), 18-47. *O Jesus in the Jewish Tradition* (Nova York, 1950), de M. Goldstein, é também útil. Ver ainda Shlomo Pines: *An Arabic Version of the Testimonium Flavianum and Its Implications* (Israel Academy of Science and Humanities, Jerusalém, 1977) e Ian Wilson: *Jesus the Evidence* (1984), 62.

responsável pela profanação de uma de suas virgens. Quando "Augusto, o rei" chama todos a Belém para serem contados no recenseamento, os problemas de Maria e José não haviam sido ainda resolvidos. José não sabia o que fazer com a jovem noiva. Na tradição conhecida como Livro de Tiago, José fora casado antes,[6] uma vez que diz em um solilóquio: "Registrarei meus filhos (no recenseamento), mas essa criança [isto é, Maria], o que farei com ela? Como vou registrá-la? Como minha esposa? Não, tenho vergonha. Ou como minha filha? Mas todos os filhos de Israel sabem que ela não é minha filha."

José resolveu o problema selando uma jumenta e levando Maria para uma encosta de morro, a uns cinco quilômetros de distância de Belém. Às vezes, quando se voltava para fitá-la, montada na jumenta que ia puxando pela rédea, notava que ela ria; em outras ocasiões, parecia triste; e então perguntou-lhe por quê. "E Maria disse: É porque vejo duas pessoas com meus olhos, a que chora e se lamenta, e a que se regozija e exulta." Aproximando-se a hora do parto, José continuava ainda, acima de tudo, ansioso para ocultar o que considerava a "vergonha" de Maria. Encontrou uma caverna onde ela poderia repousar deitada e, deixando-a aos cuidados dos filhos, saiu à procura de uma parteira, que convenientemente encontrou perambulando pela encosta do morro. Explicou-lhe que precisava de seus serviços, não para a esposa, mas para a noiva, uma virgem do templo que engravidara por meios sobrenaturais. A parteira acreditou na história e veio até a boca da caverna, onde se encontrava Maria. A caverna era envolvida por uma nuvem de luz brilhante, tão brilhante que ofuscava os olhos. Aos poucos, contudo, a luz se atenuou até que a criança apareceu e começou a mamar no seio da mãe virgem.

Uma mulher chamada Salomé entra nesse momento na história. Não fica claro se era aparentada com a Salomé que dançou para Herodes e pediu a cabeça

[6] Ver Filson, op. cit., 90, para uma descrição das diferentes explicações tradicionais sobre os irmãos de Jesus. Uma das histórias, adotada pelo Livro de Tiago, era a de que os "irmãos e irmãs" de Jesus eram filhos de um casamento anterior de José. Essa foi a idéia propagada por São Jerônimo, que traduziu as Escrituras para a Vulgata Latina e que por isso mesmo se manteve no Ocidente até a época da Reforma.

de João Batista. Mas evidentemente era um tipo de feiticeira que fazia curas. Quando, porém, tentou aproximar-se do corpo da Virgem para examiná-lo, "sua mão, em fogo, caiu no chão". A narrativa não deixa claro se Salomé foi torturada por uma sensação de queimadura ou se a mão caiu realmente, soltando-se do braço, mas esse foi apenas o primeiro de muitos casos na infância de Jesus (em fontes apócrifas) nos quais o mero fato de alguém aproximar-se da sua pessoa divina implicava castigo físico e calamidade. Depois de ser ferida a mão de Salomé, um anjo apareceu e sugeriu-lhe que tentasse levantar o Jesus menino. No momento em que seguiu o conselho, a mão recuperou a antiga saúde e ela louvou a Deus que trouxera a salvação a Israel.

O caso particular de Salomé e da parteira não consta do Evangelho de Mateus nem no de Lucas, que são os únicos livros do Novo Testamento que mencionam o nascimento e infância de Jesus. Mateus, que, em todos os casos possíveis, associa a vida de Jesus às antigas profecias, diz que a Natividade fora prevista no Livro de Isaías: "Pois sabei que o Senhor mesmo vos dará um sinal. Eis que a jovem concebeu e dará à luz um filho e por-lhe-á o nome Emanuel – que significa 'Deus conosco'."[7] O contexto da "profecia" original foi feito ao rei Acaz em meados do século VIII AEC. Era uma garantia de que a linhagem de Acaz seria preservada, a despeito das ameaças dos assírios ao futuro de Israel. A sugestão de que o rei desse ao filho o nome "Deus conosco" era propício em tempo de guerra, uma vez que nomes tinham poderes mágicos, nomes realizavam as coisas que significavam. Teria sido surpreendente se Isaías, que viveu cerca de 740 anos antes de Jesus, estivesse pensando em Maria e em seu primogênito quando fez a profecia ao rei Acaz. Mesmo que tivesse, por algum extraordinário talento de previsão, feito isso, ele nunca disse que a "jovem mulher" seria uma virgem. A palavra "almah" significa "mulher jovem", apenas isso. Ainda assim, mesmo hoje, vemos esse texto de Isaías ser usado por cristãos como "prova" de que Jesus nasceu de uma "Virgem".

[7] Isaías, 7:14 (Bíblia de Jerusalém).

De maneira semelhante, o profeta Miquéias, que viveu na Judéia, em algum lugar a oeste de Hebron nos anos 721-701 AEC, tampouco estava em condições muito adequadas para confirmar a origem do nascimento de Jesus, que aconteceria sete séculos depois. O livro de Miquéias foi fruto de uma série de sangrentas escaramuças travadas nas regiões de Belém, uma aldeia montanhosa a alguns quilômetros de Jerusalém. Miquéias previu a destruição de Jerusalém e do reino setentrional de Samaria, principalmente em conseqüência da ira de Deus contra seus governantes corruptos. Declarou Miquéias que, ao fim de todas essas calamidades, Deus restabeleceria a boa fortuna de Judá. O Templo do Monte em Jerusalém seria reconstruído em toda a sua beleza e glória. Ia nascer um governante que poderia vencer os assírios. Com a ajuda de sete outros "pastores" ele "apascentaria" a terra da Assíria pela espada e a terra de Nemrod pelo seu punhal.[8] Esse futuro chefe guerrilheiro não pouparia inimigo estrangeiro na proteção implacável que daria às aldeias colinas da Judéia. Ele nasceria na aldeia onde o próprio rei Davi guardava o rebanho: Belém.

Uma vez que o personagem-tema dos Evangelhos não passou a vida como líder guerrilheiro combatendo assírios, não fica imediatamente claro por que Mateus escolheu esse texto particular como referência óbvia a Jesus. Conta ele a história de alguns bruxos que vieram "do Oriente" e perturbaram o rei Herodes ao insinuar que o texto de Miquéias provava que um soberano rival nasceria em Belém e que eles poderiam confirmar esse fato por meio da astrologia.

Em Mateus, esses "magos do Oriente" foram a Belém e encontraram numa casa o menino com Maria, sua mãe.[9] Não há menção de caverna, onde, no Livro de Tiago, a Virgem teria repousado. Os magos do Oriente não são três, como em tantas peças cristãs, espetáculos e canções natalinas, nem são reis. E tampouco somos informados sobre seus nomes. Mas são astrólogos, conduzidos por uma estrela, que paira sobre o local onde se encontrava deitado o menino.[10]

[8] Miquéias, 5:4-5.
[9] Mateus, 2:9-11.
[10] Mateus, 2:9.

O Evangelho de Lucas nenhuma menção faz desses magos, mas, de fato, contém o outro delicioso elemento do quadro vivo da Natividade: os pastores. E foi aos pastores, que guardavam seus rebanhos à noite, que os anjos anunciaram inicialmente o nascimento de Jesus. A Lucas devemos o encantador detalhe de que, ao nascer Jesus, a mãe colocou-o em uma manjedoura, embora a idéia de que tivesse nascido em um estábulo pertença mais aos contos folclóricos do que ao Novo Testamento. Diz Lucas que Maria colocou o primeiro filho em uma manjedoura porque não havia vaga (*topos*) na *kataluma*. Esta última é uma palavra grega que mais comumente significa "quarto" do que "estalagem". Lucas nunca diz que Maria e José estavam hospedados numa estalagem, ainda menos numa em que não havia quarto para eles, e que por isso foram obrigados a passar aquela noite em um estábulo. Diz simplesmente que o quarto em que Jesus nasceu não continha um berço. Espera-se que presumivelmente pensemos que alguém improvisou, trazendo para o quarto, como substituto do berço, um coxo de animais.

O folclore pintou um quadro muito mais comovente e atrativo, reproduzido todos os anos à época do Natal.

Para ele, a quem os querubins
Adoravam dia e noite,
Um seio com leite
E uma manjedoura de palha eram suficientes;
Para ele, diante do qual
Prostravam-se os anjos,
O boi e o camelo,
Em adoração.[11]

O Salvador do mundo, entrando em sua criação como um pária desvalido, deitado na palha, sentindo na face o hálito de bois, ovelhas, pastores e três velhos que usavam coroas reais, constituem uma das histórias cristãs mais comoventes e

[11] Christina Rosetti: "In the bleak midwinter", *English Hymnal* nº 25.

inesquecíveis. É uma história que ainda consegue, uma vez por ano, atrair infiéis às igrejas e encher seus olhos de lágrimas enquanto contemplam a cena no berço. Mas parte nenhuma desse delicioso quadro vivo pode ser encontrada no Novo Testamento.

No período seguinte da vida de Jesus – a primeira infância –, Mateus e Lucas divergem. Diz o segundo que Jesus, tal como todos os meninos judeus, foi circuncidado no oitavo dia. Em seguida, após o resguardo, Maria dirigiu-se para Jerusalém, a fim de ser "purificada" fazendo o sacrifício de duas rolinhas – talvez a origem da curiosa faixa ornitológica de presentes dados ao "meu verdadeiro amor" nos Doze Dias de Natal na velha canção.[12] E é no Templo que os "pais de Jesus", como Lucas os chama, tendo esquecido tudo que dissera sobre o Parto Virginal algumas poucas centenas de palavras antes, encontram o velho Simeão, que prediz que Jesus "está destinado tanto à ruína como ao levantamento de muitos em Israel, e para ser alvo de contradição; e também uma espada transpassará a tua própria alma (isto é, a de Maria), para que se manifestem os pensamentos de muitos corações."[13] Simeão recita esse belo "*Nunc dimittis*" – pois viu no menino a luz que ilumina todas as nações. Maria e José levaram a criança de volta a Nazaré, onde o "menino cresceu e se fortaleceu".[14]

Na versão de Mateus, Jesus teve uma infância muito mais movimentada. Conta ele a história da ira ciumenta de Herodes quando soube que um rei rival nascera em Belém. Determinou, em vista disso, que fossem sacrificadas todas as crianças do sexo masculino nascidas em Belém nos dois últimos anos. Não temos idéia se Herodes realmente determinou esse Massacre de Inocentes, embora saibamos por Josefo que ele era um homem cruel:[15] matou 45 judeus ilustres por terem resistido à ocupação de Jerusalém, era muito odiado pela forma tirânica de governar, estilo de vida dissoluto (tinha dez esposas), subserviência aos romanos

[12] No segundo dia do Natal
Meu verdadeiro amor me enviou
E uma perdiz numa pereira.

[13] Lucas, 2:34-35.

[14] Lucas, 2:39-40.

[15] *Antigüidades*, XIV: 11-16.

e pelo fato de não ser um judeu puro. (Pertencia à raça dos idumeus, convertidos à força ao judaísmo por João Hircano entre os anos 130 e 120 AEC. Sabia-se que Herodes praticava o politeísmo.)

A fim de escapar ao Massacre dos Inocentes, o Jesus de Mateus foi levado por Maria e José para o Egito. Conforme poderíamos esperar de Mateus, esse fato cumpre uma velha profecia, desta vez de Oséias: "E do Egito chamei o meu filho."[16] Não sabemos se, de fato, Jesus esteve no Egito ou se o texto de Oséias sugeriu a Fuga para o Egito ao evangelista. De qualquer modo, surgiu outro conjunto impressionante de histórias, algumas das quais foram incluídas no Novo Testamento, embora não a maioria. Lembro-me de que, em uma de minhas primeiras visitas a Israel, mostraram-me uma pedra branca como giz, dentro de um groto, onde a Virgem Santíssima se teria sentado para amamentar o menino sagrado durante a arriscada viagem ao Egito. Por causa da pressa, umas poucas gotas de leite pingaram-lhe do seio, transformando nesse processo a rocha em giz imaculado. Pacotes de pós de giz, não diferente de leite em pó, eram vendidos em um quiosque próximo.

No Evangelho de Mateus, todos os meninos de Belém com menos de dois anos de idade foram passados a fio de espada. No Livro de Tiago, Zacarias esconde o recém-nascido João Batista e a mãe, Isabel, nas colinas. Por recusar-se a revelar o paradeiro de João, Zacarias é morto.

De acordo com o Evangelho de Tomé,* um Evangelho copta do século IV, baseado num Evangelho grego do século II,[17] Jesus tinha dois anos de idade quando a Sagrada Família chegou ao Egito. O menino pegou algumas espigas de milho enquanto cruzavam um campo e mastigou-as. Daí em diante, o campo rendeu "ao seu dono tantas medidas de trigo quanto foi o número de grãos que ele tomou".[18] Durante um ano, a Sagrada Família hospedou-se na casa de uma família egípcia. Jesus não passou sem companheiros de sua própria idade, mas,

[16] Oséias, 11:1.

* Apócrifo. (N. do T.)

[17] Ver Hennecke e Doresse, op. cit, e James, op. cit, 14-16 e 49-70.

[18] Tiago, 59.

em virtude da sua divindade, podia criar brincadeiras mais interessantes do que as demais crianças. Quando tinha três anos de idade, por exemplo, encontrou alguns meninos brincando com uma bacia de água. Jesus pegou um peixe seco, salgado, e mergulhou-o na bacia, dizendo: "Despoja-te do sal que há em ti e entra na água." O peixe salgado recobrou a vida e as demais crianças correram para casa a fim de contar o portento aos pais. A notoriedade que o incidente atraiu para a Sagrada Família teve o infeliz resultado de a dona da casa, uma viúva egípcia, pedir-lhes que se mudassem.

O Evangelho de Tomé concorda com o de Mateus ao declarar que um anjo informou a Maria e José da morte de Herodes, e este fato permitia que voltassem em segurança à terra natal. Acreditava Tomé que eles haviam se estabelecido primeiro na cidade de Cafarnaum antes de passarem a morar, como sugerem os evangelhos canônicos, em Nazaré, onde, segundo a tradição, José exerceu o ofício de carpinteiro.

Quando, na vida adulta, Jesus começou a pregar na sinagoga de Nazaré, o povo local perguntou: "Não é este o carpinteiro?" ou "Não é este o filho do carpinteiro?".[19] A expressão grega *ho tekton* é uma tentativa de traduzir uma palavra de origem semita. Nos velhos textos judaicos, a palavra "artesão" ou "carpinteiro" encerra um significado metafórico: na língua que José e Jesus teriam falado, o aramaico, a palavra é *naggar* e poderia significar artesão ou erudito, um homem culto. Não há razão para supor que Marcos acreditasse ter sido José trabalhador em madeira ou carpinteiro. Da mesma forma que a menção de Lucas sobre a manjedoura usada como enxerga improvisada para o menino Jesus, resultou em uma cena folclórica completa da Natividade, com um elenco de animais que o adoravam, essa pergunta, "Não é este o erudito?" ou "Não é este o filho de José, o erudito?", produziu uma mitologia completa, na qual aparece o menino Jesus sentado pacientemente na oficina do carpinteiro, enquanto o padrasto trabalha com serrote e enxó. A Igreja católica, possivelmente para sair à frente do Partido Comunista e, até certo ponto, para expressar sua viva crença na santidade do trabalho, instituiu

[19] Marcos, 6:3 e Mateus, 13:55, respectivamente.

a festa de São José, o Operário, no dia 1º de maio. Tal como todas as pessoas que tiveram formação cristã, ouvi dezenas de sermões sobre Jesus na oficina do carpinteiro – sermões que lhe louvavam a humildade como Deus Encarnado, fazendo trabalho tão simples e sermões sobre a sacralidade do trabalho, da obediência e do sacramento do Momento Presente. Essa imagem é reforçada para nós por pinturas, como o quadro *Sombra da Cruz*, de Holman Hunt, que mostra Jesus como artesão. O Evangelho de Tomé deixa claro que Jesus era um aprendiz de carpinteiro extraordinariamente útil. Ele podia, por exemplo, aumentar o tamanho de peças de madeira, em vez de torná-las mais curtas.[20]

Quanto à própria infância de Jesus, os Evangelhos canônicos quase nada nos dizem, embora os apócrifos preencham essa decepcionante *lacuna*. Quando tinha cinco anos de idade, por exemplo, em um dia de sábado, Jesus modelou alguns pardais de argila. Quando seus compatriotas judeus, entre eles José, o repreenderam por desrespeitar o sábado, Jesus abriu as mãos e deu ordens às aves, dizendo: "Subi para as alturas e voai; pois não deveis encontrar a morte às mãos de qualquer homem." E, para consternação de todos, as aves de barro voaram para longe.[21]

A educação de tal criança, que tinha plena consciência da sua divindade, não deixava de encerrar dificuldades. De acordo com o Evangelho de Tomé, a um mestre chamado Zaqueu foi dada a ingrata tarefa de ensinar o alfabeto a Jesus. Escreveu a primeira linha de letras, de A a T, pedindo a Jesus que as repetisse com ele. Jesus permaneceu calado, o que levou Zaqueu a dar-lhe um cascudo na parte posterior da cabeça. Insolente, Jesus assegurou que já conhecia todas as letras e que o mestre era um recipiente vazio. A visão de Tomé da infância de Jesus foi tão diferente quanto possível da imaginada pela sra. C. F. Alexander, hinista da era vitoriana, que escreveu "Uma vez na cidade real de Davi", a popular cantiga natalina:

Em toda a sua maravilhosa infância,

[20] Tiago, 63.

[21] Tiago, 55.

Honraria e obedeceria Ele ao amor,
Atento à ama humilde,
Em cujos braços repousava.
Todas as crianças cristãs devem ser
Mansas, obedientes, tão boas como Ele.[22]

No Evangelho de Tomé, o menino Jesus manifesta seu poder tornando as pessoas loucas, surdas ou cegas e curando-as em seguida. Tirou mesmo a vida de pessoas exclusivamente pelo valor da alegria de fazê-las ressuscitar. Zaqueu, seu mestre, supunha, e não absurdamente, que Jesus era "um bruxo, um deus, ou um anjo".[23] Um dos truques mais notáveis, registrado no Evangelho arábico e na História siríaca, não é mencionado nos textos grego ou latino. Conta que Jesus quis participar de alguns folguedos infantis. Todas as crianças fugiram dele e foram esconder-se no porão (ou, em algumas versões, num forno) de uma casa. A dona da casa tentou proteger as crianças da ação do pequeno bruxo divino. Quando Jesus lhe perguntou se alguma das crianças haviam se escondido na casa, ela disse que "Não". Jesus, em seguida, perguntou que seres eram aqueles que ouvia claramente movendo-se no porão. Ela respondeu que eram bodes. Jesus, em vista disso, continuou: "Que os bodes saiam." E quando abriu a porta do porão, a mulher descobriu, cheia de horror, que ele transformara todas as crianças em bodes.

As mães humanas desses bodes (ex-crianças) procuraram Maria e José, implorando que usassem de sua influência sobre Jesus. Ele se mostrou muito acessível e transformou os bodes novamente em crianças. "Vamos, colegas", disse em voz alta, "vamos brincar juntos". Ao recuperarem as crianças suas características humanas, disseram-lhes as mães: "Não se esqueçam de fazer tudo o que Jesus, o filho de Maria, mandar que façam."[24]

Enquanto os cristãos dos séculos XVIII e XIX se regozijavam em ver no menino Jesus "o modelo para nossa infância", todas as histórias antigas sobre ele

[22] *English Hymnal* nº 605.
[23] Tiago, op. cit., 62.
[24] Tiago, op. cit., 68.

resolviam enfatizar-lhe a inimitabilidade e estranheza. São pouquíssimas as histórias que ainda sobrevivem sobre o menino Jesus em que, segundo os padrões humanos comuns, ele se comporta bem, ou seja mesmo particularmente agradável. No Evangelho de Lucas, por exemplo, lemos que Jesus acompanhou os pais a Jerusalém para a Festa da Páscoa, quando tinha 12 anos de idade. Terminada a festa, os pais partiram de volta para Nazaré, presumivelmente em um grande grupo familiar. Jesus, sem nada lhes dizer de suas intenções, permaneceu na cidade. Os pais haviam suposto que ele estava misturado com o grupo e, ao descobrir que isso não acontecia, voltaram à cidade a fim de procurá-lo. Três dias depois, encontraram-no no Templo, entre mestres e rabis, fazendo-lhes perguntas.

Ao descobri-lo no Templo, Maria – como faria qualquer outra mãe – repreendeu-o. "Meu filho, por que agiste assim conosco? Teu pai e eu, aflitos, te procurávamos." Jesus respondeu: "Por que me procuráveis? Não sabíeis que eu devia estar na casa de meu Pai?"[25] Outra versão dessa resposta inesperada poderia ser: "Não sabiam vocês que devo cuidar dos negócios de meu Pai?" Se houvesse a menor continuidade entre os incidentes isolados do curto livro de Lucas, poder-se-ia esperar que Maria e José tivessem compreendido instantaneamente que Jesus fora escolhido por Deus para um alto destino. Maria, afinal, tinha sido informada por um anjo que conceberia o Salvador em seu ventre de virgem. Sua prima Isabel a chamara, enquanto Maria tinha ainda a criança no ventre, de "a mãe de meu Senhor". O nascimento de Jesus fora acompanhado por um coro de anjos que surgira nos céus e, segundo o relato, Maria pensou em tudo isso no fundo do coração. Mesmo assim, apenas meia página adiante, ela fica inteiramente perplexa quando Jesus lhe diz que tinha de ocupar-se com os assuntos de seu Pai – isto é, de Deus. Presumivelmente, como aconteceu com o autor do Evangelho, ela esqueceu por um momento que Jesus era supostamente um ser quase divino. É difícil saber se Lucas considerou admirável a resposta de Jesus à mãe. Se não considerou, por que nos contou essa história? Se considerou, o que devemos pensar da sua escala de valores morais?

[25] Lucas, 2:48, 49. (Bíblia de Jerusalém).

Um dos fatos mais interessantes sobre os Evangelhos canônicos – e também os apócrifos – é que praticamente todas as referências à família de Jesus são de conflito. A mãe dele está compreensivelmente muito aflita porque um menino de 12 anos perdeu-se na cidade. Contudo, ele a repreende. Suas palavras combinam muito bem com as referências posteriores às virtudes de abandonar o lar, renunciar inteiramente à família ou censurá-la pelo que ela diz. Nos Evangelhos, ele é particularmente rude com a mãe e nas palavras sobre ela. A família, por seu lado, reage, pelo menos nos Evangelhos Sinópticos, chamando-o de maluco. Poderíamos explicar tal fato sugerindo que há nesse texto algumas recordações reais de brigas entre Jesus e a família. Ou poderíamos dizer que os ramos da Igreja que produziram os Evangelhos tinham certa implicância com aqueles que alegavam parentesco com Jesus. (Há alguma prova de que houve, muito tempo antes, uma seita controlada pela família de Jesus. Se essa seita desdenhasse a todos, salvo os "parentes do fundador", não seria surpreendente se outras parcelas da Igreja, particularmente a dos gentios, gostassem de contar histórias sobre um Jesus homem que não tinha nem a simpatia nem o apoio de sua família.) A composição da Sagrada Família não é assunto sobre o qual possamos pronunciar-nos com certeza. Mencionamos a possibilidade de que José fora casado antes de casar-se com Maria,[26] mas esse fato não é mencionado em parte alguma dos Evangelhos. Foi provavelmente inventado para satisfazer àqueles que, tal como os atuais católicos romanos, eram instigados a acreditar na Virgindade Perpétua de Maria. A menos que acreditemos no casamento anterior de José, é difícil manter essa doutrina, pois o Evangelho de Marcos nos diz que Jesus fazia parte de uma grande família e que tinha quatro irmãos – Tiago, José, Judas e Simão, bem como algumas irmãs.[27] Diz a tradição que um dos irmãos de Jesus, Tiago, foi líder do primeiro grupo de cristãos de Jerusalém, o que indicaria com bons visos de plausibilidade que a família de Jesus ocupava uma posição importante na Igreja antes da destruição de Jerusalém. As histórias

[26] *Vide supra*, 4, n. 6.

[27] Marcos, 6:3.

que sobreviveram, porém, nada nos dizem sobre a vida doméstica de Jesus com Tiago, Simão ou Judas. Uma vez que os dois detalhes da infância de Jesus que mais obcecam a imaginação da cristandade – da cristandade ocidental, pelo menos –, o nascimento no estábulo e os anos de trabalho honesto na oficina de carpinteiro –, não são encontrados no Novo Testamento, talvez nos enganemos em buscar nos Evangelhos detalhes demais sobre sua vida doméstica. As histórias não compendiadas e as lendas sobre Jesus foram, desde os tempos mais remotos, tão influentes quanto as Escrituras que hoje lemos.

Uma dessas lendas, que obcecou a imaginação de William Blake e, por meio de seu poema "Jerusalém", transformou-se em uma lenda nacional britânica, é a história de que Jesus, ao tempo de criança, visitou a Grã-Bretanha. Embora as fontes textuais desse conto folclórico sejam medievais, parece que são muito mais antigas as fontes orais em que se baseiam essas histórias. Trabalhadores ingleses em metal, antes de fundir uma peça, costumavam murmurar: "Jesus era funileiro." Ao ser interrogado sobre esse costume na década de 1930, um capataz de funilaria respondeu: "Nós, trabalhadores em metal, somos uma fraternidade muito antiga e, como outros tipos de artesanato, conservamos nossas tradições. Uma delas, cuja memória é preservada nessa invocação, é que José de Arimatéia, o rico dos Evangelhos, que não deve ser confundido com José, o esposo de Maria, ganhou dinheiro no negócio de funilaria na Cornualha. Temos também a história de que ele veio à Cornualha em seus próprios navios e que, em uma ocasião, trouxe consigo o menino Deus e Sua mãe e desembarcou com os dois no St. Michael's Mount."[28]

O local na Inglaterra mais ligado a José de Arimatéia é Glastonbury, uma cidade do condado de Sommerset. E foi para Glastonbury, trinta anos após a Paixão de Jesus Cristo e 15 anos após a Assunção da Virgem Santíssima ao céu, que José, de acordo com a tradição, trouxe o Santo Graal para enterrá-lo ali. Outras histórias referem-se de fato a Jesus passeando pelo "verdor das montanhas da Inglaterra". Uma carta de Santo Agostinho de Canterbury ao papa Gregório

[28] Lionel Smithett Lewis: *St. Joseph of Arimathea at Glastonbury* (Cambridge, 1976).

no ano 597 EC fala dos mais antigos missionários, os apóstolos Felipe, Tiago e do próprio José de Arimatéia, como tendo fundado uma igreja "construída com arte humana, mas pelas mãos do próprio Cristo para salvação de Seu povo". Conta-se que Jesus construiu a igreja de St. Mary's, em Glastonbury, em honra de sua mãe, quando visitou o local na adolescência.

Estranhamente, não é apenas na zona oeste da Inglaterra que sobrevivem essas histórias. O reconhecidamente excêntrico E. V. Duff, "conde do Sacro Império Romano", encontrou-as em aldeias maronitas e catluítas da Alta Galiléia, segundo as quais Jesus, ao tempo de rapaz, "veio à Grã-Bretanha como carpinteiro naval a bordo de um navio mercante de Tiro e foi detido pelas tempestades nas costas do oeste da Inglaterra durante todo o inverno".[29] Pode-se muito bem pensar, logo que começamos a ligar Jesus a Glastonbury, que o colocamos no mesmo reino que outra figura lendária do local, o rei Artur. Historiadores da Idade Média consideram possível que tenha havido outrora um "*dux bellorum*" que travou algumas batalhas contra os romanos ou contra outros invasores da Grã-Bretanha em alguma época no século V e cuja última resistência foi oferecida no Mons Badonicus, ou Badon Hill. Esse nebuloso personagem "histórico", um guerreiro infinitamente obscuro da Idade Média, tem muito menos substância do que a figura da lenda, Artur de Camelot e sua Távola Redonda, a corte, a rainha Guinevere, o maior amigo, Lancelot, que o traiu com a rainha, e assim por diante. Sobre suas façanhas, lemos em velhos romances franceses e em Malory, mil anos depois de ter ele supostamente "vivido". Uma vez que, em Malory, Lancelot é primo em oitavo grau do próprio Jesus, podemos dizer que essas histórias têm ligação entre si.

Terá o historiador imparcial de dar todos esses descontos no que toca a Jesus? Será o Jesus real figura tão vaga como o Artur real? E serão todas as histórias que sabemos sobre eles, tal como as relativas ao rei Artur e a Távola Redonda, crônicas folclóricas inventadas, construídas muito tempo depois dos fatos? Alguns auto-

[29] Lionel Smithett Lewis, op. cit, 51-52.

res, uma minoria, é verdade, mas não uma minoria inculta, passou em revista a "prova" histórica e concluiu que uma pessoa como Jesus jamais existiu. Pode bem acontecer que, tendo lido este capítulo com histórias sobre a concepção, o nascimento e a infância de Jesus, o leitor se sinta tentado por esse austero ponto de vista.[30]

É pouquíssima a prova documentária sobre Jesus que sobrevive em fontes não-cristãs. O que elas têm a dizer sobre Jesus poderia ser escrito no verso de um cartão-postal e não prova que ele tenha realmente existido. Tácito, em seus *Anais*, diz que o cabecilha dos cristãos foi "condenado à morte no reinado de Tibério pelo procurador Pôncio Pilatos".[31] Plínio, o Moço, escreveu ao imperador Trajano e, enquanto tranqüilamente recomendava que os cristãos fossem perseguidos, informava ao seu imperador que "eles cantam um hino a Cristo como se fosse um deus".[32] Esse fato dificilmente prova que Cristo existiu. O historiador judaico Flávio Josefo (c. 37-100 EC) refere-se a Tiago como chefe da Igreja de Jerusalém e diz que é irmão de Jesus, o que foi chamado Messias. Em outra passagem, fala de Jesus como "um mago... autor de obras maravilhosas, mestre de homens que recebem a verdade com prazer... e a raça dos cristãos, que têm esse nome em homenagem a ele, não está ainda extinta, mesmo agora".[33] Sugeriram alguns autores que esse trecho foi inserido na obra de Josefo por cristãos. Mas isso não é muito provável. Nenhum autor cristão do Novo Testamento refere-se a Jesus como "mago". É bem possível que nessa provocante e curta referência de Josefo tenhamos um registro autêntico, quase contemporâneo, do que os judeus da época de Jesus realmente pensavam dele: não como Deus, não como herege, mas como mago e autor de maravilhosas façanhas.[34]

[30] Ver, por exemplo, G. A. Wells: *The Jesus of the Early Christians* (1971).

[31] Tácito: *Anais*, XV:44.

[32] Plínio: *Letters*, X:96-7.

[33] Josefo, op. cit., XVIII.III:3.

[34] Ver Geza Vermes: "Josephus", Portrait of Jesus Reconsidered", em *Occident and Orient: A Tribute to the Memory of A. Scheiber* (Akademiai Kiado, Budapeste, Brill, Leiden, 1988), pp. 373-ss.

À parte esses vislumbres raros, temos de aceitar o fato de que toda a prova documentária chega-nos filtrada por intermédio de testemunhas cristãs, e que estas, depois que sua religião tornou-se o credo oficial do Império Romano no reinado de Constantino (falecido no ano 337 EC), passaram a trabalhar ativamente para destruir ou alterar toda prova que pudesse conflitar com a visão ortodoxa de Jesus.

No fim, o leitor tem de chegar a uma conclusão própria sobre a probabilidade de Jesus ter sido inventado por criadores de mitos. Quanto a mim, considero inconcebível tal idéia e isso acontece por causa da natureza e variedade das histórias que persistem sobre ele. Reconhecidamente, uma alta proporção dessas histórias, que o descrevem transformando crianças em bodes, água em vinho, andando sobre as águas ou dando vida a pardais de barro, não parece imediatamente aceitável. Mas, de repente, encontramos um minúsculo detalhe, estranho demais para que o tenham inventado, como uma mulher que despeja ungüento nos pés de Jesus e seca-os com os cabelos, ou outra mulher, uma cananita, gritando para ele e implorando que lhe cure a filha, e a resposta dele de que não vale a pena jogar migalhas da mesa judaica aos cães – isto é, aos gentios. Os detalhes realistas são numerosos demais, estranhos demais, para que eu possa aceitar que foram todos inventados por um ignorado gênio da novelística do primeiro século da nossa era, mesmo que sejam pesadamente envolvidos por relatos improváveis, e tão embebidos em "ensinamentos" que simpatizo inteiramente com qualquer leitor que tenha pensado ser impossível encontrar um Jesus "real" no meio de tanta religião e folclore.

Nossa narrativa levou Jesus da concepção até a adolescência. Observamos que quanto a esse período da sua vida não há absolutamente fatos em que possamos confiar, e poderíamos ser facilmente perdoados por pensar que cada incidente, desde a saudação dos anjos a Maria em Nazaré até o aparecimento de Jesus na Cornualha como carpinteiro naval, é tão improvável quanto o último. Mais observável e mais desolador do que a proliferação desses contos folclóricos é a sua vacuidade moral. É difícil pensar em um conjunto de histórias menos edificantes. No que toca à pura tolice, quase não têm rivais. Circularam entre pessoas crentes de que, além de ser divino, Jesus era também destituído de pecado. Tais histórias constituem um sadio lembrete do fato de que idéias do bem e do mal, como tudo mais na imaginação humana, são passíveis de evolução e mudança. Se lêssemos as narrativas sobre a infância em Mateus, em Lucas e nos Evangelhos Sinópticos, e apenas essas, e se nada soubéssemos sobre outros escritos e ensinamentos cristãos, não nos ocorreria que a religião cristã tivesse o menor direito de alegar que é moralmente séria.

Jesus, porém, era moralmente sério e podemos dizer isso à vista das palavras que lhe são atribuídas nos Evangelhos. Tenha ou não pronunciado todas elas, tenha ou não dito aquelas palavras concretas, há nelas o suficiente para sugerir a existência de um conjunto de ensinamentos que se louvam nas riquezas e conflitos do judaísmo. Em meados do nosso século, predominava a suposição de que o Cristo da Fé era tudo o que importava e que o Jesus da História era não só irrecuperável, mas, de certa maneira, destituído de interesse. Em vários círculos importantes, contudo, o equilíbrio erudito mudou nos últimos vinte ou trinta anos. Eruditos judeus, cristãos e não-cristãos compreendem hoje, com muito mais clareza que seus predecessores, o tipo de documentos contidos no Novo Testamento. A espantosa descoberta em 1945, nas proximidades de Nag Hammadi, no Alto Egito, de um tesouro de escritos gnósticos cristãos - como o Livro de Tiago, citado acima, o Apocalipse de Pedro e o Apocalipse de Paulo - foi seguida, em 1947 e depois, pela descoberta extraordinária dos Manuscritos do mar Morto, nas proximidades de Qumran. Eram versões das Escrituras, regras de conduta religiosa, trabalhos de astrologia e profecias messiânicas, apocalipses e ensinamentos de natureza moral, tudo em grande abundância, escritos por uma comunidade monástica aproximadamente contemporânea de Jesus e que vivera a menos de trinta quilômetros de Jerusalém. Com a luz que lançam sobre o sectarismo do judaísmo da época, de suas expectativas messiânicas, das idéias do tempo sobre Deus, sobre a guerra eterna entre a Luz e as Trevas, os documentos de Qumram oferecem muitos e interessantes paralelos com os escritos do Novo Testamento, particularmente com o Quarto Evangelho. A essas descobertas juntaram-se as contribuições de outros eruditos no campo de estudos semíticos que puderam traçar numerosos paralelos entre o Jesus descrito nos Evangelhos e os homens santos, extáticos e exorcistas da época. O efeito cumulativo desse trabalho arqueológico, de todo esse material recentemente descoberto, junto ao estudo do Novo Testamento no contexto do judaísmo da época, foi o de restabelecer a esperança de que poderíamos reconstruir, com um pouco mais de precisão do que puderam fazer nossos avós, um retrato do Jesus histórico.

O mundo de Jesus foi mais nitidamente focalizado para nossa geração do que para qualquer outra desde o ano 70 EC, quando esse mundo foi obliterado pelos romanos e a Fé Católica, que demonstrava pouco interesse e ainda menos conhecimento sobre as origens semitas de Jesus, seguiu seu curso curioso e, finalmente, vitorioso. Graças ao trabalho de estudiosos modernos, sabemos muito mais do que gerações anteriores sobre a maneira como pensavam e escreviam os contemporâneos de Jesus. Fomos também apartados de qualquer idéia sentimental e liberal protestante, de que talvez pudéssemos descobrir um relato "primitivo" de Jesus que nos fornecesse um retrato do homem desligado da teologia. A teologia deve ter estado presente desde o início. Fomos também curados da idéia de que, simplesmente porque atribuem a Jesus poderes miraculosos, os Evangelhos devem ser de composição muito tardia. Muitas das idéias do Quarto Evangelho, que estudiosos mais antigos confiantemente proclamaram ser "posteriores" e "gregas", são encontradas também nos manuscritos de Qumran, escritos, com toda probabilidade, durante a época em que Jesus viveu.

Alguns estudiosos dão à composição do Evangelho de Marcos uma data tão antiga como o ano 55 EC,[35] ao passo que outros pensam que o Quarto Evangelho pode ter sido composto nos anos 3-50 EC, passando por uma revisão em 65 EC.[36] Mesmo que não possamos aceitar uma data tão antiga para os Evangelhos, não se pode mais considerar "axiomático" que um Evangelho é "posterior" simplesmente porque contém crenças sobre Jesus que o ceticismo moderno considera inaceitáveis. O Novo Testamento pode ter sido escrito numa época mais próxima de Jesus do que outrora se supôs.

[35] J. D. M. Derrett: *The Making of Mark.*

[36] J. A T. Robinson: *Redating the New Testament.*

Jamais conseguiremos recapturar seus traços fisionômicos, a aparência ou o som da voz, mas há momentos no Novo Testamento em que nos parece ter perdido apenas a Presença. É como entrar em um aposento que uma pessoa acaba de deixar e observar as provas da sua presença – a impressão da cabeça numa almofada, um copo pela metade junto à cadeira, um cigarro ainda queimando no cinzeiro.

Capítulo 5

O precursor

Nasceu Jesus em uma terra de extraordinária beleza natural e tumultuosa instabilidade política. Herodes, que reinou em 37-4 AEC, e que restaurou o Templo de Jerusalém em toda a sua grandiosidade, era um tirano *quisling*, odiado por todos os súditos. Ainda estava moribundo e os rabis, com mal disfarçada alegria, já removiam os bustos e estátuas com que ele – na opinião dos religiosos –, como um idólatra, adornara os pátios do Templo. Segundo pensavam os judeus, Herodes vendera-se aos romanos, permitindo que o povo fosse esmagado por tributos e restringido nas liberdades religiosas.

Não era favorável essa fase na história do povo judeu. Na memória folclórica persistiam as guerras heróicas de Judas Macabeu no século II AEC, ocasião em que se "abolira" a religião judaica e uma imagem de Zeus fora profanamente instalada no Templo. Em data mais recente, no ano 63 AEC, Pompeu pusera os pés no Santuário do Templo, ficando atônito com o que encontrara. Por um lado, espantara-se com tanta magnificência – os incensórios de ouro maciço, as cubas de especiarias, as taças e castiçais de libação, e os montes de dinheiro dado como espórtulas, – em nenhum dos quais tocou. Por outro, o general romano sentira-se tão impressionado com o que ali faltava como com o que havia no santuário. Não se via deus visível, nenhum ídolo, nenhuma estátua, nenhum oráculo délfico, nenhuma inscrição. O santuário era vazio. Ao fim de uma guerra em que os judeus perderam 12 mil homens e os romanos quase não tiveram baixas, o Templo e a religião que ele simbolizava estavam vulneráveis ao pé do conquistador. Pompeu esperara encontrar ali um deus poderoso, uma divindade monstruosa do tipo adorado por cretenses ou egípcios. Em vez disso, descobrira o segredo da vulnerabilidade e da perseverança dos judeus: um santuário vazio, um templo dedicado ao Deus Oculto e Invisível.[1]

[1] Josefo: *Guerra dos judeus.*

Os judeus sempre haviam demonstrado mais interesse pelo que as outras nações consideravam religião do que por política. Contudo, para elas, o que chamavam de "religião" sugeria que o destino sob Deus era um simples segmento da vida, e não o que aqui realmente parecia – toda a vida. A identidade nacional e étnica ligava-se indissoluvelmente à crença que o santuário vazio simbolizava. Embora estivessem dispostos a morrer em defesa de suas crenças e leis, tais coisas – como os tiranos descobriram seguidamente, para sua grande fúria desde o desaparecimento do Império Romano – eram, em última análises, indestrutíveis. Pode-se destruir uma imagem gravada. Não se pode, com a mesma facilidade, destruir uma idéia de Deus.

Na agitação política que se seguiu à morte de Herodes, não era de surpreender que tivessem sido intensos e confusos os sentimentos religiosos entre os judeus. Nenhum monarca *quisling* apresentou-se no ano 4 AEC para assumir o cargo de Herodes. Pouco antes de morrer, ele mesmo tomara o cuidado de assassinar o herdeiro do trono, e os sucessores deste eram incompetentes e se engalfinhavam. Tal era a anarquia dos tempos, conta Josefo, que "uma grande e selvagem fúria espalhou-se por toda a nação". Ocorreram distúrbios de rua, represálias, e os romanos matavam dissidentes e rebeldes em todas as ocasiões em que surgiam. Só em Jerusalém, nesse período, mais de dois mil judeus foram crucificados – era esse o método romano habitual de executar criminosos.

O etnarca Arquelau, que presidiu esses horrores, era considerado tão tirânico e injusto que os judeus chegaram a apelar a Roma para que lhe investigasse a conduta. Chamado à capital do império, ele foi exilado na Gália. Após Arquelau, a Judéia tornou-se mais uma vez província romana, tendo Copônio como primeiro prefeito, do ano 6 ao ano 9 EC. Pôncio Pilatos foi nomeado prefeito da Judéia no ano 26 EC. Essa província não incluía as regiões da Batanéia e Gaulonite – isto é, o território a nordeste do mar da Galiléia, que hoje faz parte das modernas Síria e Jordânia. Essa região, nos dias de Jesus, era governada pelo tetrarca Felipe, um dos filhos de Herodes, o Grande. A Galiléia era também um reino semi-independente – e não província do Império Romano –, governado pelo meio-irmão de Felipe, Antipas. Para os romanos da Judéia, era incômoda a presença desses reinos independentes nas fronteiras da província. Como em todas as situações comparáveis, antes e depois, os que desejavam criar casos para os romanos na Judéia podiam esconder-se no terreno montanhoso da Galiléia e Gaulonite a fim de escapar à prisão.

Houve repetidos *coups*, ataques de guerrilheiros e pequenos levantes contra o regime, todos eles invariavelmente reprimidos, em geral com grande violência. Todos demonstravam uma motivação ou coloração religiosa. Entrementes, o lado apocalíptico, místico, do judaísmo, que começara a emergir durante as guerras dos Macabeus quase dois séculos atrás, agora florescia como nunca. Quando os arqueólogos abriram as urnas com os manuscritos de Qumran em fins da década de 1940, pudemos estudar as idéias e doutrinas da comunidade religiosa que ali se desenvolveu durante o tempo da vida de Jesus. Formavam eles um grupo exclusivista, ascético, de judeus que se abstinham dos desejos carnais e aguardavam o Fim iminente. Eram obcecados pelo calendário judaico e pela observância correta das festas e jejuns do ano litúrgico.[2] Acreditavam que a invasão romana constituía castigo pela inobservância dessas festas e frouxidão em obedecer a alguns outros mandamentos. Consideravam-se os Eleitos, os filhos da Luz.[3] Muitos dos documentos encontrados em Qumran não se referiam à seita ali residente, mas a outros movimentos apocalípticos. Uma das coisas que as descobertas de Qumran nos fizeram compreender foi que, no tempo de Jesus, devia haver dezenas de facções dentro do judaísmo, todas esperando o fim do mundo iminente, todas certas de que Deus vingaria seus santos destruindo o Império Romano e criando, na terra ou em algum novo Reino celestial, um lugar onde os justos seriam felizes para sempre.[4]

A comunidade de Qumran foi, com toda probabilidade, a seita conhecida como essênios. Outros grupos, porém, compartilhavam de suas expectativas, entre eles os fariseus e os saduceus. Nenhum desses grupos contava com mais que

[2] Ver Annie Jaubert: *La Date de la Cène* (Paris, 1967), capítulo 1.

[3] Para uma introdução geral aos Manuscritos do mar Morto e sua importância, ver Geza Vermes: *The Dead Sea Scrolls: Qumran in Perspective* (SCM 962).

[4] Ver Geza Vermes: *The Dead Sea Scrolls in English* (Harmondsworth, 1967); W. H. Brownlee: *The Meaning of the Qumran Scrolls for the Bible* (Nova York, 1964).

alguns milhares de adeptos e todos acreditavam constituir a voz autêntica do judaísmo. Às vezes, expunham idéias que eram radicalmente diferentes das esposadas por outros grupos. Os saduceus, membros de uma seita sacerdotal situada em Jerusalém, não acreditavam, segundo Josefo, na sobrevivência da alma após a morte. Tal como outro autor judeu, teriam sentido satisfação em dizer: "Eu não tenho um corpo, eu sou um corpo." A relação dos saduceus com o Senhor, e o cumprimento por eles da palavra de Deus, eram coisas que deviam ser realizadas neste mundo e, tal como a imensa maioria dos livros do Velho Testamento, não acreditavam na ressurreição do corpo nem na vida eterna. Os fariseus compartilhavam com os saduceus e os essênios a crença de que tudo que era feito neste mundo por judeus, por mais banal que fosse, revestia-se de interesse para o Todo-Poderoso. Mas acreditavam também que após a morte haveria um dia de ajuste de contas no qual os perversos seriam afastados por Deus, ao passo que os justos subiriam para adorá-lo na Jerusalém celestial.

Os essênios eram ascéticos.[5] Embora pouco se conheça sobre eles, sabe-se que constituíam uma seita sacerdotal que surgiu "cerca de 390 anos depois da destruição do Primeiro Templo". Durante vinte anos, lutaram para alcançar a verdade e foram instruídos por um grande Mestre de Retidão. Tal como numerosos outros grupos religiosos, logo depois se dividiram em facções, e o Mestre de Retidão foi substituído pelo "Sacerdote Perverso", ou Mestre das Mentiras. Os estudiosos não chegaram ainda a um acordo sobre que incidente históricos isso se refere, se é que houve algum.

Todos esses judeus, no entanto, concordavam com uma única coisa: que Deus estava muito insatisfeito com a situação em Israel e que, antes de passar muito tempo, restabeleceria a ordem. Um Messias viria para realizar esse trabalho. Predominava a crença de que ele seria precedido pelo profeta Elias, *redivivus*. A anarquia política e o sectarismo religioso na terra terminariam com a chegada de um Salvador, possivelmente nascido na linhagem real de Davi.

"E quando essas coisas acontecerem", diz o Manual de Disciplina de Qumran, "nesses momentos a Comunidade de Israel vai se separar das habitações dos

[5] Geza Vermes: *Jesus and the World of Judaism*, 130-137.

homens perversos e partir para o deserto, a fim de ali preparar o Caminho para Ele, como foi escrito: 'Preparai o caminho do Senhor: endireitai no ermo as veredas ao nosso Deus.'". (Isaías, 40:3.)

Se essa era a atitude da comunidade de Qumran, que vivia ao sul, abaixo do nível do mar Morto, o que acontecia ao norte da região, no reino da Galiléia? Nessa conjuntura da história, a Galiléia era de fato uma entidade separada – política, geográfica e religiosamente. Como sabem todos os que hoje visitam Israel, deixar a Judéia na primavera e penetrar na Galiléia significa abandonar um território árido, sombrio, rochoso e entrar em um verde jardim. Trata-se do lugar mais surpreendentemente verde do mundo mediterrâneo: parece Gales, ou a Dordogne ou Vermont nos seus aspectos mais luxuriantes. É uma terra para a agricultura. Mesmo antes da chegada dos modernos e inteligentes colonos israelenses, a zona possuía extraordinária fertilidade. Ali cresciam frutas e verduras e no centro de tudo havia o grande lago mediterrâneo, o mar da Galiléia. Em torno do mar existia uma florescente indústria pesqueira que ajudava a alimentar o resto da população, ao mesmo tempo em que se desenvolvia um sólido e lucrativo comércio de pescado entre a Galiléia e Jerusalém.

Devido à próspera agricultura e à pesca, a Galiléia era, de longe, o distrito mais rico da Palestina. E também a província mais independente, tendo muito menor contato com Roma do que Jerusalém ou a Judéia. Durante a vida de Jesus, foi administrada pelo tetrarca herodiano Antipas (4 AEC-39 EC, e daí em diante por Agripa, nos anos 39-44 EC). Em certa medida era autogovernada, tanto na esfera religiosa como na política. A intervalos, convocava mesmo seu Parlamento religioso, ou Sinédrio. Na Galiléia residiam alguns fariseus, embora menos do que na Judéia. Muitas pessoas, em Jerusalém, consideravam relaxado o judaísmo galileu. "Galiléia, Galiléia, tu odeias a Torá!", reclamou um rabi, Yohanan ben Zakkai, o responsável pela restauração do judaísmo após a destruição do Templo no ano 70 EC. No ano 50 EC, diz a tradição que ele passou vários anos em uma cidade da Galiléia, Arab, onde insistia para que os moradores fossem mais rigorosos na observância do sábado.

A Galiléia ou, pelo menos, as regiões montanhosas da Alta Galiléia, infestada de malfeitores, e as áreas situadas além de Cafarnaum, eram também um viveiro de inquietação política. Foi de galileus a maior proporção de judeus que se levantaram contra os romanos. Insurrectos desse distrito semi-independente do norte insistiam constantemente com os habitantes mais passivos da Judéia para que sacudissem o jugo romano. Nos primeiros setenta anos da era cristã, foram os galileus que repetidamente planejaram e lideraram os levantes. Judas, o Galileu, no ano 6 EC (seu pai fora executado por Herodes porque liderava uma agitação anti-romana) incitava os judeus a se recusarem a pagar tributo a César. Seus filhos, Jacó e Simão, seriam crucificados cerca de quarenta anos depois por atividades semelhantes. Pelo menos duas vezes durante o mandato de Pôncio Pilatos, turbas de galileus desceram sobre Jerusalém a fim de incitar os habitantes a se rebelar e a afirmar sua independência nacional e religiosa. Todas essas tentativas de rebelião foram punidas de forma implacável, em geral crucificando-se os líderes dos levantes. Por trás de muitos desses movimentos, estavam os "malfeitores galileus" conhecidos como zelotes.

Além de gerar pescadores ricos e ativistas políticos, a Galiléia parece ter sido também um viveiro fértil de homens santos. A presença de *hassidim* – espécie de líderes carismáticos e fazedores de milagres – foi atestada nessa região. Ao contrário dos fariseus ou dos sacerdotes do Templo em Jerusalém, os *hassidim* desfrutavam de grande popularidade entre o povo comum por causa da sua ligação espontânea com Deus e capacidade de praticar milagres. Eram certamente mais fervorosos em matéria religiosa do que a hierarquia do Templo, mas também mais displicentes nas atitudes relativas a pontos menos importantes da observância ritual. Um dos mais famosos desses homens, Honi, que viveu na época de Pompeu, tinha poder sobre os ventos e a chuva. O mesmo acontecia com Hanina ben Dosa, que vivia a uns 15 quilômetros ao norte de Nazaré. Hanina era tão fervoroso nas devoções que não interromperia suas preces nem que uma serpente se lhe enroscasse nos tornozelos. Usando preces e imposição de mãos, podia curar doentes, e certa vez, conforme já dissemos, curou um menino sem sequer ir vê-lo pessoalmente.[6] Tal como Honi, Hanina ben Dosa era capaz de fazer a

[6] *Vide supra*, 31.

chuva cair de um céu sem nuvens. Como acontecia com outros homens santos do período, o povo acreditava que ele fosse uma encarnação de Elias. Assim como esse profeta, os *hassidim* levavam suas vidas na maior simplicidade. "Odiavam a própria riqueza e ainda mais o *mammon* de outros povos", diz a *Mekhilta*. Parecem ter vivido muito no culto de Deus. Ninguém pensava que fossem divinos, embora uma fonte hebraica fale de Honi como um "filho da família de Deus" e uma voz celestial se refira a Hanina como filho de Deus.

E seria dessa Galiléia de curandeiros e xamãs, de revolucionários e guerrilheiros pela liberdade, de nortistas religiosamente independentes, de ricos fazendeiros e prósperos pescadores, que deveria originar-se Jesus.

Conforme deixamos claro no último capítulo, a História nada diz sobre a infância e juventude de Jesus. Esse período é coberto por lendas e não podemos imaginar a realidade que se esconde por trás dos relatos sobre a sua infância mais do que poderíamos imaginar a aparência original de um santo católico a julgar para um fragmento de seus ossos em algum relicário cravejado de pedras preciosas, objeto de devoção durante séculos. Sobre o desenvolvimento de Jesus também pouquíssimo se sabe, mas podemos formular palpites e tirar deduções, exatamente naqueles momentos em que os Evangelhos baixam a guarda ou se contradizem, ou ainda nos fornecem informações que – por parecerem tão inúteis para suas finalidades – podem constituir um eco de velha realidade histórica.

Até mesmo o Quarto Evangelho, considerado durante tanto tempo um tratado puramente teológico, sem valor ou finalidade histórica, traz consigo, tal como cracas que se grudam acidentalmente ao casco de navios, conjuntos de detalhes factuais que para o evangelista não teriam sido de proveito algum inventar. Na sua história do milagre de Caná da Galiléia, por exemplo, deveríamos ficar impressionados com o notável fato de que Jesus transformou algumas talhas de pedra cheias de água em cântaros de vinho. Como diz o Evangelho, foi por esse "sinal" que Jesus manifestou sua glória. Como acontece com todos os incidentes no Quarto Evangelho, a aparência das coisas esconde uma verdade espiritual interior, conhecida apenas dos verdadeiros crentes que lêem ou ouvem falar das Boas-Novas. O que os crentes sabem, e os convidados às bodas não sabiam, é que o homem que diz aos servos para encherem as talhas com água é o Logos Eterno. Os crentes sabem que as talhas revestem-se de uma significação ritual, "que os judeus as usavam para as purificações".[7] Elas são símbolos da velha religião, o judaísmo, da qual nasceu uma nova fé – o cristianismo. Mas se passamos à própria história e tentamos ignorar o sermão que ela prega, podemos fazer algumas indagações prosaicas a esse respeito. Por que os servos procuraram Jesus quando descobriram que estava prestes a acabar o vinho servido nas bodas? Por que a mãe de Jesus disse aos servos o que quer que ele diga, fazei"? Não cabe aos convidados providenciar as vitualhas e bebidas numa boda, mas isso possa caber muito bem ao noivo. Possivelmente – quem sabe? – a história das bodas de Caná contém uma vaga recordação do próprio casamento de Jesus. Nenhum dos livros do Novo Testamento diz que Jesus era solteiro. Quando ele disse aos discípulos que há homens que a si mesmos se fizeram eunucos por causa do reino dos céus,[8] não há razão para supormos que se referisse a si mesmo. Teria sido estranho, nessa época, um jovem judeu ser solteiro. Podemos ter razoável certeza de que ele não era membro da comunidade de Qumran e que não seguia nenhum dos códigos mais rigorosos dos essênios. Nos Evangelhos, ele é descrito como glutão e apreciador de vinho – e certamente não como asceta.

Uma biografia moderna consideraria essencial dizer-nos se o personagem do livro era casado, ou não, mas um Evangelho não é o mesmo que uma biografia moderna. Qual era a aparência de Jesus? Qual a cor dos seus olhos? Ele teve filhos? Nunca saberemos. O Evangelho de Marcos e o Quarto Evangelho sequer se incomodam em nos contar as lendas sobre o nascimento e a infância de Jesus. Para começar, nada nos dizem sobre as origens de sua família. Não introduzem a figura de Jesus até nos apresentarem o Precursor, um homem selvagem, gritador, dos desertos da Judéia, que se vestia com peles de cabra e se alimentava de gafanhotos e mel silvestre. E seu nome era João.

Se a religião de João Batista (e sabemos que houve uma) se tivesse tornado o culto dominante do Mediterrâneo, e não a religião de Jesus, provavelmente

[7] João, 2:6.
[8] Mateus, 19:12.

acreditaríamos saber mais do que sabemos sobre essa figura interessantíssima. Seu culto sobreviveu até pelo menos a metade do ano 50, como o autor dos Atos é ingênuo o bastante para nos dizer. Ao chegar a Éfeso, Paulo saudou os fiéis do local com uma pergunta: "Recebestes o Espírito Santo quando abraçastes a fé?"[9] Tal pergunta provocou uma incompreensão perplexa. Os "discípulos" de Éfeso nunca haviam ouvido falar no Espírito Santo nem naquele que "viria após João Batista: Jesus".[10]

Ocorre aqui um desses momentos no Novo Testamento em que o narrador de um certo livro foi tão desajeitado no arranjo do material que conseguimos olhar por trás das cenas e descobrir um mundo que se choca contra o quadro tradicional das coisas. Crianças cristãs nas escolas, desenhando mapas das viagens missionárias de Paulo e sendo ensinadas a acreditar que a "Igreja" foi fundada no Dia de Pentecostes, devem sempre supor que quando "crentes" ou "discípulos" são mencionados nos Atos dos Apóstolos, trata-se de crentes em Jesus, possivelmente até crentes na divindade de Jesus. Ainda assim, nos Atos, um livro que se propõe a contar como cristãos ensinaram uma nova religião ao mundo dos gentios, descobrimos uma comunidade de crentes que nunca ouvira o nome de Jesus. Em Éfeso, eles pensavam que "o Caminho" (como era conhecida a religião desses antigos crentes) significava adotar "o batismo de João". Haviam sido informados disso por um judeu de Alexandria, chamado Apolo,[11] e ele era evidentemente um missionário, cujas atividades foram consideradas rivais das de Paulo. Ao escrever aos coríntios, descobriu Paulo que Apolo ali estivera também.

"Pois a vosso respeito, meus irmãos, fui informado pelos da casa de Cloe, de que há contendas entre vós. Refiro-me ao fato de cada um de vós dizer: Eu sou de Paulo, e eu de Apolo, e eu de Cefas, e eu de Cristo. Acaso Cristo está dividido? Foi Paulo crucificado em favor de vós, ou fostes porventura batizados em nome de Paulo?"[12] Um cristão moderno, lendo essa passagem do ponto de vista da fé,

[9] Atos, 19:2 (Bíblia de Jerusalém).
[10] Atos, 19:4-5.
[11] Atos, 18:24.
[12] 1 Cor. 1:10-12.

provavelmente pensa que é ridículo até mesmo sugerir que alguém pudesse ser batizado em qualquer outro nome que não o de Jesus. Paulo, contudo, deixa claro que o batismo não era necessariamente em nome de Cristo. Evidentemente, para os cristãos de Corinto, Paulo, Apolo, Jesus e Cefas eram nomes intercambiáveis, nem mais nem menos divinos do que o resto. Não se poderia esperar que os coríntios sentissem a mesma obsessão de Paulo pela maneira como morrera Jesus. Até que lessem as Epístolas de Paulo, não haveria razão para supor que a religião que professavam – o Batismo do Arrependimento – tivesse qualquer coisa a ver com a Crucificação. Tal como os efésios, os coríntios haviam sido ensinados por Apolo, e a religião de Apolo era o "Batismo de João".

Pelo Novo Testamento, sabemos que João tinha seguidores, embora não saibamos se os queria ou não. Tal como Jesus, ele se rebelou contra as autoridades e foi preso. Tal como Jesus, foi judicialmente assassinado. Tal como Jesus, acreditava-se que ressuscitou.[13] Ao ouvir falar em Jesus e na sua popularidade junto às massas, a primeira reação de Herodes foi pensar que João ressuscitara. Aquele era um mundo em que se julgava que tais maravilhas eram perfeitamente possíveis – juntamente, por estranho que pareça, com a reencarnação, pois os Evangelhos registram a crença geral, na época de João, de que ele era uma reencarnação de Elias. Se Paulo tivesse sido uma personalidade mais fraca do que Apolo, ou nunca tivesse escrito as Epístolas, poderia facilmente ter acontecido que o "Batismo de João" fosse a religião que iria capturar a imaginação do mundo antigo, e não o Batismo de Cristo. Em vez do Sermão da Montanha, os devotos saberiam tudo sobre o Sermão da Margem do Rio. Em vez de histórias sobre as últimas heróicas horas de Jesus, teriam preservado histórias de João Batista na prisão, João Batista com a cabeça decepada e, sem dúvida, João Batista aparecendo após a morte a discípulos escolhidos. O culto poderia ter-se desenvolvido até o ponto onde os atuais joanitas, ou batistas, iriam acreditar que o Novo Testamento contém prova irrefutável de que João era divino.

[13] Mateus, 14:1.

Esse acidente da história, porém, não estava destinado a acontecer. A despeito de tudo isso, o Novo Testamento não pode negar a importância de João. Atribui-se a Jesus a citação: "E eu vos digo: Entre os nascidos de mulher, ninguém é maior do que João", o que parece um grande elogio. Jesus, porém, acrescenta (ou o acréscimo foi do autor do Evangelho de Lucas?): "Mas o menor no reino de Deus é maior do que ele."[14] Marcos nos diz que "apareceu João Batista no deserto, pregando o batismo do arrependimento para a remissão dos pecados. Saíam a ter com ele toda a província da Judéia e todos os habitantes de Jerusalém; e, confessando seus pecados, eram batizados por ele no rio Jordão. As vestes de João eram feitas de pêlos de camelo; ele trazia um cinto de couro e se alimentava de gafanhotos e mel silvestre".[15]

Ao serem descobertos os manuscritos de Qumran, era natural que os estudiosos se perguntassem se João pertencia a essa comunidade ascética, ou, se ele fora essênio. Se fizera parte da seita de Qumran, ou da dos essênios, não pertencia mais a elas no tempo em que pregava às margens do rio, uma vez que nenhuma dessas seitas admitia que a salvação era possível para todos os israelitas. Acreditavam que Deus só salvaria um grupo eleito de seu povo. O universalismo de João não teria agradado àquela gente.

A linguagem do banho e, na verdade, a prática do batismo, são encontradas nos Manuscritos do mar Morto e sugeriu-se com certa plausibilidade que João poderia ter sido, em algum tempo, membro dessa seita, mas que depois se apartara de seus companheiros a fim de se dirigir para o deserto – inicialmente como figura solitária e, mais tarde, como grande e popular líder religioso. "E nessa ocasião (isto é, no Dia do Juízo Final), quando a verdade do mundo se estabelecer para sempre, Deus purgará com sua verdade todos os atos dos homens, refinando para si alguns da humanidade, a fim de abolir toda prática malsã existente na sua carne e purificá-los, através do Espírito Santo, de todas as práticas perversas, aspergindo sobre eles um espírito de verdade como água purificadora."[16]

[14] Lucas, 7:28.

[15] Marcos, 1:4-6.

[16] Citado por J. A. T. Robinson: *The Priority of John*, 175.

João parece ter sido um daqueles judeus que pensavam que o fim de todas as coisas estava próximo, que Israel ia enfrentar o julgamento final e que estava prestes a surgir um Messias para redimir o povo e inaugurar uma era de bem-aventurança. Antes que essa era pudesse raiar, João sabia pela leitura das Escrituras que o povo tinha de ser purificado. João via isso em termos práticos, sem nada de místico. Sua mensagem tinha muito em comum com os grandes profetas de meados do século VIII AEC – Amós, Oséias, Isaías. Se, como os Evangelhos nos dizem, João contava com grande número de seguidores, isso certamente acontecia porque sua mensagem era tão simples e acessível.

"Então as multidões o interrogavam, dizendo: Que havemos, pois, de fazer? Respondeu-lhes: Quem tiver duas túnicas, reparta com quem não tem; e quem tiver comida, faça o mesmo. Foram também publicanos para serem batizados, e perguntaram-lhe: Mestre, que devemos fazer? Respondeu-lhes: Não cobreis mais do que o estipulado. Também soldados lhe perguntaram: E nós, que faremos? E ele lhes disse: A ninguém maltrateis, não deis denúncia falsa, e contentai-vos com o vosso soldo."[17]

Alguns comentaristas questionaram se isso foi realmente o que João Batista pregou ou se Lucas lhe pôs na boca essas palavras, a fim de tranqüilizar leitores romanos do livro, que podiam ter ouvido dizer que os cristãos eram anárquicos ou anti-Sistema. A mensagem codificada dessa passagem, como em outras partes do livro de Lucas em que soldados romanos aparecem sob uma luz favorável, é a seguinte: "Mesmo nos dias de suas origens, nossa religião se dava bem com os militares romanos."

Mas não há razão para supor que ele não pregasse a mensagem simples, de arrependimento, que Lucas lhe atribui. Essa mensagem simples – arrependei-vos de vossos maus costumes, sede bons, sede generosos – constitui o cerne de toda "a lei e dos Profetas" nas Escrituras judaicas. O grande "Ouve, Israel", recitado até hoje por todo judeu religioso, era para Jesus a essência da Torá – "Ouve,

[17] Lucas, 3:10-14. "Publicanos" traduz aqui a palavra que significa "coletor de impostos", os odiados colaboradores do regime romano que arrecadavam impostos altamente impopulares e tributos para César.

Israel, o Senhor nosso Deus é o único Senhor. Amarás, pois, o Senhor teu Deus de todo o teu coração, de toda a tua alma e de toda a tua força".[18] De importância fundamental era também a mensagem do terceiro Livro de Moisés, o Levítico: "Amarás o teu próximo como a ti mesmo."[19] Acreditava Jesus que desses dois mandamentos dependiam toda a lei e os profetas e João não teria discordado.[20] João ensinava que os judeus deviam preparar-se para o Advento do Reino, não aderindo a algum "mistério" esotérico do tipo que florescia entre os gentios, nem bebendo o sangue de Mitras, nem "renascendo em espírito" como os gnósticos, mas tentando praticar a virtude, não sendo cobiçoso, não extorquindo dos pobres, mantendo no lar padrões de comportamento corretos e monógamos. Nunca houve nem havia qualquer "mistério" sobre a religião de Israel. "E agora, pois, Israel, que é que o Senhor requer de ti? Não é que temas o Senhor teu Deus, andes em todos os seus caminhos, e o ames, e sirvas o Senhor teu Deus de todo o teu coração e de toda a tua alma, para guardares os mandamentos do senhor, e os seus estatutos, que hoje te ordeno, para o teu bem?"[21] Assim Israel acreditava que Deus lhe falara no deserto, na ocasião em que lhe fora dada a Torá. Falou-lhe também dessa maneira nos dias de João Batista e era adequado que fossem ouvir a mensagem no deserto.

As franjas dos desertos semíticos, escreveu T. E. Lawrence, "estavam repletas de fés fragmentadas. Era significativo que esses destroços de religiões fossem encontrados na fronteira entre o deserto e a terra cultivada. E apontavam para a geração de todos esses credos (judaísmo, cristianismo e o islã). Eram afirmações, não argumentos e, assim, requeriam um profeta para proclamá-las. Os árabes dizem que houve quarenta mil profetas; temos registro de pelo menos algumas centenas. Nenhum deles se originou no deserto, mas suas vidas seguiam um padrão. O nascimento os colocava em lugares densamente habitados. Uma indizível ânsia apaixonada levava-os para o deserto. Ali viviam por maior ou menor

[18] Deut., 6:4-5.

[19] Lev., 19:18.

[20] Mateus, 22:40.

[21] Deut., 10:12, 13.

espaço de tempo em meditação e privação física, e de lá retornavam com uma mensagem mental bem articulada, a fim de pregar aos antigos e, nesse momento, duvidosos companheiros..."[22] João no deserto, e Jesus depois dele, não sonharam nem conceberam um judaísmo novo ou radicalmente modificado. Foram ambos lançados, por si mesmos ou por seus discípulos, no papel de profetas, como os profetas de antanho: homens com uma mensagem, mas também, como Jeremias e Oséias, homens que introduziram sua vida na mensagem. Se tivéssemos de lhes resumir a mensagem em três palavras, elas seriam: "Sejam Melhores Judeus." Era o que diziam a Lei e os Profetas, na compreensão de João e Jesus, embora Jesus fizesse algumas perguntas perturbadoras sobre o que significava ser judeu, e talvez sobre o que significava ser "bom".

Três interessantes perguntas se destacam quando pensamos na figura de João. Em segundo, quem seus contemporâneos, incluindo Jesus, pensavam que ele era? E, terceiro, quem João pensava que era Jesus?

O Novo Testamento foi escrito, na maior parte, por pessoas que de fato acreditavam que Jesus era o Messias, portanto não surpreende que não registrassem um único caso em que João alegava sê-lo. Contudo, mesmo dando-se descontos pela tendência dos evangelistas, parece altamente improvável que João tenha reclamado ser o Messias. Minha razão para dizer isso é um daqueles estranhos lapsos nos Evangelhos, em que o material apresentado choca-se francamente com a mensagem. Refiro-me ao momento após a prisão de João, em que ele envia alguns de seus seguidores com o encargo de perguntarem a Jesus se "És tu aquele que estava para vir ou haveremos de esperar outro?"[23]

Cristãos piedosos, lendo esse trecho do Evangelho, pensarão que João, em sua cela na enxovia, ficará satisfeito ao saber que Jesus esteve curando doentes, despertando mortos e pregando o Evangelho aos pobres – que essa é a resposta à indagação do profeta preso. Mas, claro, se João acreditasse que Jesus era o Messias, não teria sentido necessidade de fazer a pergunta. Ao fazê-la com tanta

[22] T. E. Lawrence: *The Seven Pillars of Wisdom*, 39.

[23] Mateus, 11:3.

ansiedade, de um lugar onde devia saber que podia esperar a morte, traía o fato de que não acreditava (ou, mais provável, não acreditava mais) que Jesus fosse o Cristo. "Ide e anunciai a João o que estais ouvindo e vendo. Os cegos vêem, os coxos andam, os leprosos são purificados, os surdos ouvem, os mortos ressuscitam, e aos pobres está sendo pregado o Evangelho."[24] Essa faixa de atividades, por mais impressionante, não era o que se esperava do prometido Salvador. Era algo inteiramente *sui generis*. A mensagem de João significava: "És o Messias ou não?" A resposta de Jesus significava: "Há outras maneiras de Deus mostrar-se – como por meio do meu ministério de curas e minhas pregações aos pobres." Jesus pensava que João era "um profeta e mais do que um profeta". João, tristemente, veio a pensar o mesmo de Jesus. Tivera esperança de que ele fosse algo mais. No Quarto Evangelho, sacerdotes e levitas tinham vindo de Jerusalém a fim de perguntar a João no deserto se ele é o Cristo, e ele diz que não. Limita-se a aplicar a si mesmo o texto de Isaías: "Eu sou a voz que clama no deserto."

De modo que respondemos às duas primeiras perguntas. João negou seu messianismo. Negou que era "aquele profeta" que devia preceder o Messias. Quando perguntado pelas autoridades quem pensava que era, respondeu apenas com negativas, deixando-as muito confusas. Jesus aprendeu essa técnica com João e a usaria de modo eficiente em várias ocasiões.

No seu próprio ministério, Jesus é freqüentemente citado como fazendo uma alusão a João, em geral com a finalidade de irritar as autoridades ou deixar confusos seus próprios seguidores. Quando os principais sacerdotes, no Evangelho de Mateus, lhe perguntam com que autoridade ele se comporta daquela maneira, Jesus lhes indaga, em resposta, se o batismo aplicado por João era de origem celestial ou terrena. Os sacerdotes têm medo de responder. Se dissessem que João era inspirado por Deus, sabem que Jesus poderia perguntar-lhes por que não lhe deram importância no tempo em que viveu. Se dissessem que não era inspirado por Deus, arriscar-se-iam a tornar-se impopulares ante a plebe, que tinha grande amor pelo batista. "Então responderam a Jesus: Não sabemos.

[24] Mateus, 11:4-6.

E ele por sua vez: Nem eu vos digo com que autoridade faço estas coisas."[25] Talvez não fosse por acaso que Jesus teve com os sacerdotes essa acrimoniosa troca de palavras. Lucas nos diz que João era de estirpe sacerdotal e que seu pai pertencia ao turno de Abias entre os sacerdotes do Templo.[26] Os costumes ascéticos de João – como, por exemplo, a abstenção de álcool – foram previstos por um anjo quando ele ainda estava no ventre da mãe, Isabel.[27] Talvez Lucas tivesse razão em sugerir que Isabel e Maria, a mãe de Jesus, eram primas. Se João era primo de Jesus, esse fato poderia explicar por que Jesus deixou o território norte a fim de juntar-se ao grupo do batista no deserto.

Os Evangelhos Sinópticos esforçam-se para enfatizar que Jesus exercia um ministério inteiramente distinto do de João, mas pode acontecer que o Quarto Evangelho esteja mais perto da verdade, ao sugerir que Jesus e seus primeiros discípulos vieram a se conhecer como colegas-discípulos de João. O apelo pelo arrependimento dos pecados, a convocação ao deserto e o efeito dramático e emocional das prédicas de João estão todos registrados no Novo Testamento.

"Que saístes a ver no deserto? Um caniço agitado pelo vento? Sim, que saístes a ver? Um homem vestido de roupas finas? Ora, os que vestem roupas finas assistem nos palácios reais. Mas, para que saístes?"[28]

São perguntas que o próprio Jesus se deve ter feito quando foi juntar-se ao movimento do primo no deserto, objetivando a renovação espiritual. O exame de consciência individual, que os Evangelhos dramatizam com o título de "As tentações no deserto", fez parte da experiência de Jesus nessa época. Aquilo que T. E. Lawrence discerniu sobre o credo do povo do deserto, que veio a conhecer 1.900 anos depois de João Batista, poderia ser dito do homem vestido de pêlo de camelo e, talvez, de seu primo galileu. "Eles eram pessoas de cores primárias, ou melhor, de preto e branco, que viam sempre o mundo em contornos. Eram um povo dogmático, que desprezava a dúvida, nossa moderna coroa de espinhos. ...

[25] Mateus, 21:27.

[26] Lucas, 1:5.

[27] Lucas, 1:13-14.

[28] Mateus, 11:7-9.

A base comum de todas as crenças semíticas... era a idéia sempre presente da falta de valia do mundo. A profunda repulsa que sentiam pela matéria levava-as a pregar a esterilidade, a renúncia, a pobreza." E Lawrence apresenta o argumento de que procuravam o deserto não porque nele encontrassem Deus, mas porque "em sua solidão, ouviam com certeza melhor o mundo vivo que haviam trazido consigo".[29] Quanto a mim, passei apenas um dia e uma noite no deserto do Neguev. Um motorista árabe deixou-me lá sozinho, quando eu era muito jovem, no árido território rochoso ao sul de Jerusalém, onde começa o deserto. O frio extraordinário, a claridade da noite, o brilho das estrelas, o calor abrasador do dia sob o sol, a fome e a sede que senti até ser recolhido por outro árabe, que por acaso passou em um carro amassado, tudo aquilo me deu uma pequena introvisão do que outros escritores – principalmente T. E. Lawrence – disseram sobre a capacidade do deserto de simplificar a própria consciência.

A profundeza das tentações de Cristo no deserto perde-se por completo se imaginamos o que o demônio sussurra no ouvido de um ser divino. Embora Dostoievski faça um magnífico uso mitológico dessas tentações em *Os irmãos Karamázov* como comentário ao cristianismo institucional em geral, e ao catolicismo romano em particular, não foi isso por certo o que os evangelistas pensaram ao nos relatarem que Jesus foi submetido a uma "prova" no deserto. Com suas persistentes provocações "Se és Filho de Deus, – prova-o" nos relatos do Evangelho sobre as tentações, Satanás não está submetendo a teste a idéia da divindade de Jesus. Está submetendo a teste o tipo de *homem* que Jesus era. Não está dizendo "Se és Deus, – prova isso!". Os Evangelhos de Mateus, Marcos e Lucas nunca declaram que Jesus afirmou ser Deus.

A primeira tentação foi transformar em pão as pedras do deserto. Era uma tentação para que ele usasse seu poder carismático em benefício de outras pessoas. Essa tentação, poderíamos supor, perseguiu Jesus durante todo o seu ministério. Embora seja descrito que cedeu a ela – como na ocasião em que milagrosamente alimentou cinco mil homens no deserto, transformou água em vinho e tornou

[29] T. E. Lawrence, op. cit.

exígua a pesca noturna em uma rede miraculosamente cheia de pescado –, os Evangelhos apresentam-no também como repreendendo seus discípulos por precisarem desses tipos de "sinais". "Não só de pão viverá o homem, mas de toda palavra que procede da boca de Deus" é o texto das Escrituras com o qual combate o impulso de conquistar popularidade mediante concessão de benefícios materiais a seus seguidores.[30] Jesus, em vez disso, resolve viver, e ensinar seus companheiros judeus a viver, como se fosse uma criança de Deus, um filho de Deus; alguém que podia ter tal confiança em Aba, seu Pai Celestial, que não se preocuparia com o que comer, beber ou com o que vestir.

Está imbuído do espírito do Salmo 91, que fala em Deus protegendo aqueles que o amam:

> Pois ele te livrará do laço do passarinheiro,
> E da peste perniciosa...
> Não te assustarás do terror noturno,
> Nem da seta que voa de dia...
> Porque a seus anjos dará ordens a teu respeito,
> Para que te guardem em todos os teus caminhos.
> Eles te sustentarão em suas mãos
> Para não tropeçares nalguma pedra.[31]

Esse poema, escrito centenas de anos antes do nascimento de Jesus, fazia parte do Livro Judeu de Orações. Recitar as orações não significa que o judeu piedoso se julgasse divino. Por algumas observações atribuídas a Jesus, podemos pensar que ele tinha o hábito de falar em hipérboles. Segundo ele, o homem que tivesse fé suficiente poderia mover uma montanha. Tais palavras não significam necessariamente que ele pensasse ser isso literalmente verdadeiro, por certo não mais que, em sua segunda citação das Escrituras, acreditasse realmente que, se saltasse do alto

[30] Mateus, 4:4, citando o Deut., 8:3.

[31] Salmo 91:3, 11, 12.

do templo, os anjos o ampararíam com suas mãos. Mas os Evangelhos sugerem que ele foi *tentado* a assim acreditar. Jesus, em quem percebemos uma tensão quase perpétua entre a dureza do deserto e a comédia do lar (onde uma moeda perdida pode transformar-se numa calamidade de proporções alarmantes e vizinhos turbulentos nos acordam no meio da noite), rejeita a opção de se autodestruir do tipo lemingue, que qualquer judeu da época consideraria uma opção nacional, uma opção em que insistiam, com alguma força, as seitas mais excêntricas. Ele rejeita a idéia de se precipitar no abismo: "Não tentarás o Senhor teu Deus."[32]

A terceira tentação é a maior de todas e a parte mais importante do mito do encontro de Jesus com o demônio no deserto. "Levou-o ainda o diabo a um monte muito alto, mostrou-lhe todos os reinos do mundo e a glória deles, e lhe disse: Tudo isso te darei se, prostrado, me adorares."[33]

Quando rejeita essa tentação, Jesus está, superficialmente pelo menos, renunciando à oportunidade de poder político. Parece muito provável que essa carreira lhe oferecesse as possibilidades de aventura política, senão de poder real. Veremos mais adiante como o povo tentou fazê-lo rei e que ele estava destinado a morrer com o cruel escárnio de uma coroa na cabeça e uma inscrição real na cruz. A desconfiança que Jesus sentia em relação à realeza era profundamente judaica. Os judeus haviam tentado ter reis no tempo de Samuel, mais de mil anos antes de Jesus. Os reinados de Saul e Davi não haviam sido grandes sucessos. Desde as desavenças internas que aumentaram após a morte do rei Salomão, os judeus mantiveram uma sadia distância das questões políticas. A obediência deles era a de um indivíduo em relação a Deus.

Se Jesus, o *hassid* galileu, pudesse sondar o futuro quando esteve no deserto, poderia ser tentado também a estender sua influência sobre os "reinos do mundo" em mais do que no sentido político? Poderia ter sentido a tentação de "converter" Paulo, de provocar dissensões nas sinagogas de Éfeso, Atenas, Corinto, Roma, de fundar uma nova "religião mundial" que um dia se tornaria a religião do império?

[32] Deut., 6:16.

[33] Mateus, 4:8, 9.

Sentir-se-ia tentado a fundar uma igreja, ou várias igrejas, todas se acusando de heresia e denunciando seus irmãos crentes por meio de concílios, bulas papais, inquisições e guerras, até que a capital do império ficasse apinhada de templos dedicados à adoração de Jesus e altares onde sacerdotes gentios poderiam, repetindo certas palavras, trazer ao meio dos fiéis a própria presença de Deus? Se houvesse previsto tal coisa, é realmente difícil supor que o Jesus do Novo Testamento julgaria isso tentador, uma vez que lhe teria parecido bem claramente uma obra do diabo.

Ao resistir à terceira tentação, Jesus rejeitou a idéia não só de poder político, mas também de responsabilidade coletiva pela vida. "O que é divino no homem revela-se fugidio e impalpável e ele é facilmente tentado a incorporá-lo em uma forma concreta. Ainda assim, só os que procuram isso sozinhos é que o alcançarão e aqueles que o procuram em companhia perecerão por si mesmos."[34] Em suas histórias e apotegmas, Jesus exemplificaria mais devastadoramente essa idéia do que qualquer outro "pensador" ou "fundador de religião", embora não fosse nenhuma dessas coisas. Ele se recusava a ser chamado de "mestre". Não via sentido na idéia de fundar uma nova religião, pois para ele só existia uma única, a religião de Israel, que permitia aos judeus chamar o Criador de pai. Era um paradoxo que, ao rejeitar a terceira tentação, ele também estivesse destinado a dominar o mundo: não pelo estabelecimento de uma religião mundial – com seus papas, conselhos e teólogos –, mas por seu sentido jocoso, embora também apaixonadamente sério, do valor infinito de cada indivíduo sob a paternal proteção de Deus. Quando os Evangelhos foram escritos, e os ensinamentos de Jesus puderam ser disseminados, eles se espalharam muito além dos confins do grupo lingüístico ou étnico de Jesus.

Para João Batista, o deserto, permitindo que homens se concentrassem em seu destino com total ferocidade, era apenas o começo. Era "treinamento". Segundo o Quarto Evangelho, ele acreditava que o Messias seria um de seus seguidores.[35]

[34] Hugh Kingsmill: *The Poisoned Crown* (1944), 26.

[35] Interpretação de João, 1:27, por C. H. Dodd: "*Ho opiso mou erchomenos*" não significa "ele que vem depois de mim", mas "ele que me segue", ou "meu discípulo".

Os fariseus e outros desceram de Jerusalém para debater com João. Se ele não era a encarnação de Elias, ou o profeta que prognosticava o Messias, ou o próprio Messias, quem era ele? Sua resposta foi que batizava com água. Um de seus seguidores, um daqueles que estavam ali enquanto ele falava, era o Messias. Essa informação ocorreu em uma aldeia chamada Betânia, mas uma que não parece ter sido a mesma Betânia que surge mais tarde na história.

O Quarto Evangelho contém duas notáveis notas para essa idéia de João, de que Jesus era o Messias. Uma é que outro dos discípulos de João convenceu-se com ela. O primeiro foi André, um pescador da Galiléia, que foi ao encontro de seu irmão, Pedro (conhecido também como Simão), e lhe anunciou de: "Achamos o Messias!"[36] Os outros se mostram descrentes. "De Nazaré pode sair alguma coisa de bom?", perguntou ceticamente Natanael.[37]

Certo, esse trecho é típico da ironia do Quarto Evangelho. Os leitores já foram informados de que Jesus é o Demiurgo Criativo que procede do seio do Pai; Natanael está cavilando sobre a aldeia de onde ele vem. Por outro lado, a passagem sugere que desde o começo houve aqueles que tiveram dúvidas sobre o messianismo de Jesus. Ele comparecia munido das credenciais erradas. Até hoje, a razão por que os judeus se ressentem com a alegação cristã de que Jesus era o Messias judeu baseia-se em que ele não iniciou a Era Messiânica da forma prevista nas profecias. João claramente alimentava a esperança de que ele faria isso. Ainda assim, mais notável do que as insinuações vagas no Quarto Evangelho é a história, nos Evangelhos Sinópticos, do ministério de Jesus desenvolvendo-se lado a lado com o de João. João batizou Jesus e a história conta que os céus se abriram e o Espírito Santo desceu sobre Jesus na forma de uma pomba e uma voz falou – a Jesus ou aos que estavam próximos – pondo nele o selo da filiação divina. Se tal coisa tivesse realmente acontecido, é muito estranho que, quando João foi atirado na prisão por Herodes Antipas, ele enviasse mensageiros a Jesus, perguntando: "És tu aquele que estava para vir ou havemos de esperar outro?"[38]

[36] João, 1:41.

[37] João, 1:46.

[38] Mateus, 11:3.

Se João tivesse ouvido a voz de Deus declarando, de dentro de uma nuvem, que Jesus era o Messias, dificilmente julgaria necessário enviar mensageiros para confirmar o fato. Sua pergunta sugere perplexidade, senão uma decepção imensa com seu seguidor.

João estava destinado a ser morto por Herodes Antipas e a sucumbir como mártir não tanto pelo sonho messiânico quanto pelo princípio da monogamia.[39] Jesus compartilharia com João essa idéia ferozmente monogâmica (e, incidentalmente, com a comunidade de Qumran). Estando na prisão, João ouviu dizer que Jesus continuava pregando e fazendo milagres. Já dissemos o suficiente, neste livro, para demonstrar que, pelos padrões judaicos do século I, nada existia de excepcional nessas atividades. Havia numerosos pregadores e fazedores de milagres nos dias de João, que, perto da morte, queria saber se a Era Messiânica ia começar. Se era o Messias, Jesus precisava apenas proclamar seu poder outorgado por Deus e o povo cerraria fileiras em torno dele. A pergunta feita por João na cela era outra versão das três tentações no deserto, induzindo Jesus a fazer sobre si mesmo uma afirmação que ele sempre se recusou a fazer.

O diálogo entre o João preso e Jesus, realizado por intermédio de mensageiros, pressupõe "ser historicamente concebível que mensageiros tenham sido enviados a Jesus pelo prisioneiro João, com as implicações simultâneas de uma administração de prisão muito generosa sob Herodes Antipas, horas de visita e uma linha aberta de comunicações com o mundo externo".[40] Mas, se isso for ficção, é apesar de tudo um símbolo interessante de uma divergência entre João com suas expectativas e o próprio Jesus.

Jesus, no contexto desse diálogo, faz a João o cumprimento de dizer que ele é o maior de todos os filhos de homens nascidos de mulheres, mas em seguida anuncia o início de um novo "reino", o seu. "E, no entanto, o menor no Reino dos Céus é maior do que ele."[41] Uma nova era está prestes a começar, mas não é

[39] Pelo menos, de acordo com o Novo Testamento. Segundo Josefo (*Antigüidades* XVII:117-118), João foi executado por causa de sua eloqüência potencialmente perigosa.

[40] Geza Vermes: *Jesus the Jew*, 32.

[41] Mateus, 11:11 (Bíblia de Jerusalém).

exatamente a Era Messiânica que todos vinham esperando. Um reino será inaugurado, onde os primeiros serão os últimos e os últimos serão os primeiros, no qual entrarão antes os escravos e as crianças e não os sábios e os santos.

João, como todos em seu tempo, estava à procura de "sinais". Jesus pede ao mensageiro que volte à prisão e conte a João as coisas que vira e ouvira. O cego recuperara a visão, o leproso fora purificado e o coxo pudera andar. Porém, a parte mais importante da mensagem – a frase que ele deixa até o último momento – é que a boa-nova é proclamada para os pobres. Todas essas palavras são alusões aos profetas, particularmente ao primeiro Isaías, do governo de Deus na terra, mas carecem do fogo e do mistério das profecias apocalípticas de Daniel. Saberão que Deus governa, parece dizer Jesus, quando os pobres forem tratados com justiça. Amós teria compreendido isso, seiscentos anos antes. Na prisão, porém, João espera que raios caiam dos céus e as palavras de Jesus lhe parecem dificilmente compreensíveis. Jesus estivera no deserto e sua própria "palavra viva" fora simplificada até o ponto de parecer loucura. E o que é mais, Jesus parece, nessa conjuntura, ter abandonado todas as idéias ascéticas de João. "A quem vou comparar esta geração? Ela é como crianças sentadas nas praças, a desafiarem-se mutuamente. Nós vos tocamos flauta e não dançastes! Entoamos lamentações e não batestes no peito! Com efeito veio João, que não come nem bebe, e dizem: 'Um demônio está nele.' Veio o Filho do Homem, que come e bebe, e dizem: 'Eis aí um glutão e bebedor de vinho, amigo de publicanos e pecadores.'"[42]

Assim, a mensagem embriagada e estranhamente anárquica volta ao ascético João que está preso. "A boa-nova é proclamada aos pobres." João teria ficado perplexo com essas palavras, como ficaria também qualquer outro que as ouvisse. Ele, com certeza, deve ter-se sentido profundamente decepcionado. Jesus ia estabelecer um "reino"; contudo, sua mensagem não era de apocalipse, mas de virtude interior. Não haveria Messias chegando do espaço sideral, mas um homem ensinando a pecadores a se arrepender. Ou como o Quarto Evangelho o faz dizer: "O reino de Deus está dentro de vós." Trata-se de uma mensagem de peculiar

[42] Mateus, 11:16-19 (Bíblia de Jerusalém).

importância para os pobres porque, pela primeira vez na História, talvez, um mestre percebia bem as conseqüências pessoais, políticas e religiosas de se considerar a todos iguais aos olhos do Deus Todo-Poderoso. Jesus não inventou essa idéia. Ela está sepultada nos Salmos e nos livros dos profetas, mas ninguém lhe dera antes uso tão evidente. Ninguém iniciara um "reino" nelas baseado.

João, que depositara tantas esperanças em Jesus, estava destinado a sofrer uma morte violenta. Invariavelmente, criticara Herodes Antipas por ter-se casado com a esposa de seu irmão, Felipe. Herodes, segundo parece, sentia grande medo de João e, quando o ouvia, "o ouvia com prazer".[43] Isso, porém, não acontecia com Herodias, a esposa de Herodes. Segue-se o horrivelmente famoso banquete de aniversário, no qual a filha de Herodias, Salomé, dançou diante de Herodes, e este tão deleitado ficou a ponto de lhe prometer qualquer coisa que ela desejasse. Salomé (conhecemos-lhe o nome por Josefo, não pelos Evangelhos) correu para Herodias, para perguntar-lhe o que devia pedir ao rei, que lhe oferecia até metade do seu reino. Quando a mãe instruiu à moça sobre o que responder, ela voltou ao tio e pediu-lhe, em um prato, a cabeça de João Batista – pedido ao qual Herodes, embora com relutância e pavor, atendeu.

Herodes Antipas, vale lembrar, era o rei "cliente" da região galiléia. João morreu não no deserto, onde pregara, nem nas margens do Jordão, onde batizara, mas em uma prisão da província do norte. Presumivelmente, ele, como seu primo Jesus, era galileu. Mas tão logo morreu, o rei encontrou outro pregador a quem dar ouvidos.

"Eu, porém, vos digo: Qualquer um que repudiar sua mulher... a expõe a tornar-se adúltera; e aquele que casar com a repudiada comete adultério."[44] Herodes pensou que era João, voltando da sepultura para atormentá-lo. Não pela última vez nesta história um profeta que causou problemas na província sul da Judéia é visto – ressuscitado dos mortos – na província norte da Galiléia.

[43] Marcos, 6:20 (Bíblia de Jerusalém).

[44] Mateus, 5:32.

Capítulo 6

Galiléia

Todos os Evangelhos concordam em que Jesus nasceu em Nazaré, uma pequena cidade nas colinas da região da Galiléia. Dizem-nos também que deixou Nazaré e que, durante algum tempo, residiu em Cafarnaum, na extremidade norte do mar da Galiléia.

Lucas conta que Jesus deixou Nazaré por causa de uma contenda. Fora à sinagoga local em um sábado, como costumava, e lera em voz alta a parte das Escrituras designada para aquele dia – um trecho do livro de Isaías, em que o profeta diz: "O Espírito do Senhor Deus está em mim, porque o Senhor Deus me ungiu para pregar boas-novas aos pobres." Ao terminar a leitura, Jesus devolveu o pergaminho ao atendente e disse: "Hoje se cumpriu a Escritura que acabais de ouvir."[1] Os nazarenos sentiram tal indignação por Jesus aplicar essa profecia a si mesmo que, "levantando-se, expulsaram-no e o levaram até o pico do monte sobre o qual a cidade estava edificada, para de lá o precipitarem abaixo".[2] Em seguida, diz Lucas, ele partiu para Cafarnaum.[3] A tradição muito diferente do Quarto Evangelho parece concordar com os Sinópticos em que Jesus se desaveio com seus vizinhos e que contrariou a família. Cita sua áspera repreensão à mãe durante as bodas de Caná, outra cidade da Galiléia, depois do que "desceu para Cafarnaum" – embora, nessa tradição, tenha sido

[1] Lucas, 4:21.

[2] Lucas, 4:29.

[3] Utilizo aqui a ortografia convencional inglesa da palavra, mais corretamente conhecida pelo seu semítico Capharnaum — ou Kefar (aldeia) de Naum. Não foi possível identificar o Naum em homenagem a quem foi dado o nome da aldeia. (Na tradução para o português do Brasil, foi utilizado o nome Cafarnaum, abonado pela Bíblia — N. do T.)

acompanhado pela mãe e pelos irmãos.[4] Somos informados por esse Evangelho que os irmãos de Jesus não acreditavam nele,[5] o que coincide com a tradição conhecida de Marcos, de que a família tentou detê-lo fisicamente, sob a impressão de que ele estava perigosamente fora de si.[6] Isso ocorria, tudo indica, porque, quando praticava exorcismos, o próprio Jesus parecia possuído, como aliás acontece com numerosos exorcistas.

Não obstante, há aqui um mistério que o Novo Testamento nada faz para explicar. No início da sua vida pública, Jesus aparentemente viveu numa atmosfera de conflito com a família. São hostis todas as suas palavras registradas sobre a família como instituição. Embora insistisse na necessidade da monogamia, louvava os que deixavam mães, pais, irmãos, irmãs e esposas para segui-lo. Tudo isso sugere que as relações que mantinha com a própria família (e com a esposa, se a tinha) eram, no mínimo, tempestuosas. Não obstante, no fim da história, a família de Jesus assume extrema importância. Quando discípulos e amigos o abandonaram, foi a mãe quem ficou ao pé da cruz. E a Igreja primordial era presidida por Tiago, o irmão de Jesus, que quase nenhuma menção recebe nas narrativas do Evangelho.

Deve haver uma razão para esse fato. Dizem os Evangelhos que a família de Jesus sentia receio por sua sanidade mental e existem todos os motivos para supor que lhe desaprovava a escolha dos companheiros, que incluíam não só tipos indesejáveis, tais como trapaceiros, beberrões e prostitutas, mas também a companhia muito mais perigosa de indivíduos que queriam derrubar o poder de Roma pela insurreição armada. Esses fios todos, no que interessa aos Evangelhos, permanecem soltos, mas poderemos, com toda probabilidade, reuni-los sem nos desencaminharmos demais no reino da fantasia.

Tendo resolvido ligar seu destino ao do primo João Batista, Jesus, conforme vimos no capítulo anterior, decepcionou-o profundamente por não ficar à altura de suas promessas messiânicas. Os Evangelhos, em sua forma atual, guardam grande

[4] João, 2:12.
[5] João, 7:5.
[6] Marcos, 3:21.

distância da família original de Jesus. Foram escritos em grego para platéias de gentios. Mesmo que, na origem, contenham tradições de extrema antigüidade, foram modificados para se ajustarem às necessidades de ensino de uma Igreja de gentios, que nada teria sabido das circunstâncias imediatas de Jesus.

Os Evangelhos Sinópticos, portanto, apresentam a briga de Jesus com a família sobretudo como uma divergência entre pessoas presas à terra, destituídas de compreensão, e o divino salvador, que elas não conseguiam reconhecer. O tom do Evangelho de Lucas – que os eruditos se inclinariam a dizer que é o mais distanciado dos tempos e locais em que Jesus viveu – sugere que a atitude da família era do tipo "Quem ele pensa que é? – curando os enfermos, pregando –, quando não passa de uma pessoa comum, como todos nós." Já o tom do Quarto Evangelho é curiosamente diverso. E talvez aqui esteja uma das áreas em que o Quarto Evangelho retém uma tradição muito mais antiga e autêntica do que a dos Sinópticos. A discórdia de Jesus com a mãe nas bodas de Caná relaciona-se não ao seu mister divino, mas à escolha do momento. Nessa história, a mãe pede-lhe que dê um "sinal" – a transformação da água em vinho. Em outras palavras, pede-lhe que inicie uma nova era na História espiritual de Israel, substituindo a velha água pelo vinho pisado nas prensas do lagar de Deus. E ele responde: "Ainda não é chegada a minha hora."[7] Após a morte de Jesus, conforme veremos adiante, foi a família que manteve viva a sua mensagem – mensagem que divergia por completo da Igreja de gentios de Paulo. De João, o Precursor, a Tiago, o irmão do Senhor, temos uma história de preocupação familiar comum, interrompida e mal interpretada por discípulos de Jesus que desconheciam o segredo da família. Se não acreditava que ele fosse na realidade o Messias, a família julgava que lhe cabia um papel importante a desempenhar no destino espiritual da nação; e a prova disponível sugere, ao contrário, que Jesus não queria representar a parte que haviam escolhido para ele. Se essa interpretação for correta, então teremos de mudar nossa visão da briga familiar. Não é a história de um simples carpinteiro tendo na cabeça idéias acima da sua posição na vida e

[7] João, 2:4.

sendo repreendido pela família por se atribuir uma condição especial. É, em vez disso, um ser divinamente escolhido, que sai anarquicamente de forma. Em lugar de um apelo austero ao arrependimento, de acordo com o modelo de João Batista, o que surge é o anúncio de que ele tem boas-novas para pregar aos pobres. Não era de espantar que a família ficasse perplexa e desapontada. Era como se o Dalai Lama, em vez de levar a vida de austeridade monacal que se espera de líder espiritual tão importante, resolvesse freqüentar tavernas, jogar conversa fora e beber com o vulgo. Por um trágico paradoxo, na verdade, só depois da morte de Jesus é que a família pôde dar curso à história, como desejava que ela tivesse acontecido.

Tudo isso, sem dúvida, é apenas especulação, mas ajusta-se a algumas das perplexidades da evidência no Novo Testamento que sobrevive. Se Jesus tivesse sido, desde tenra idade, educado como líder religiosos e servido durante algum tempo como austero discípulo de João Batista no deserto da Judéia, ficaria explicado por que há indicações, em seus ensinamentos, de contato apenas remoto com a existência real do dia-a-dia das pessoas que ele achava tão atraentes – pessoas comuns entre as quais gostava de circular e pregar. Uma das mais famosas histórias de Jesus, por exemplo, é a parábola do semeador. Parte das sementes espalhou-se à beira do caminho e vieram as aves do céu para comê-las. Outra parte caiu entre os espinhos: e os espinhos cresceram e as sufocaram, e não houve fruto. Outras, enfim, penetraram em boa terra e deram fruto que vingou e cresceu.[8] Em 1926, o estudioso alemão Dalman, no *Palästina Jahrbuch* informou ter descoberto agricultores palestinos que utilizavam esse bizarro método de agricultura. Ninguém jamais vira agricultores espalhando sementes ao acaso em terra não arada e esperando que crescessem e a conclusão mais simples é que Dalman se enganara. Ele visitou a Palestina em maio e foi informado sobre as técnicas de semeadura que eram empregadas no outono. Na Mishnah, a vasta compilação de histórias judaicas e sabedoria dos rabis, há uma lista de trabalhos proibidos no sábado, que inclui, na ordem seguinte, "semear, arar, colher, enfardar

[8] Marcos, 4:3-9.

etc." O comentário a esse trecho no Talmude expressa perplexidade por não ter o autor antigo proibido "primeiro arar e só em seguida semear". Se um agricultor se comportasse como o da parábola de Jesus, ou na igualmente formalista Mishnah, não teria colheita nenhuma. Em excelente comentário à parábola, escreveu John Drury: "Estamos sendo apresentados ou a um método agrícola tão ineficiente que ninguém em seu bom juízo o usaria por muito tempo, como notaram Rashi e o Talmude babilônico, ou a parábola do semeador é daquelas que recorre ao absurdo extravagante de um quebra-cabeça, a fim de agitar e despertar a percepção do ouvinte, não para a agricultura, mas para o mistério do Evangelho."[9] O que Drury não diz em seguida, mas que pareceria uma boa inferência, é que o homem que pela primeira vez contou a parábola do semeador não tinha a menor experiência de agricultura, embora pudesse ser muito versado nos livros de regras dos rabis. Essa interpretação emprestaria plausibilidade à sugestão do professor Vermes, de que Jesus era um *tekton*, significando isso não operário nem carpinteiro, mas erudito.

Em uma de suas analogias mais conhecidas com o ofício de carpintaria, Jesus, mais uma vez, demonstra uma imaginação fantástica e agudo senso de humor, mas nenhum conhecimento prático do que era trabalhar em oficina de carpinteiro. "Por que vês tu o argueiro no olho de teu irmão, porém não reparas na trave que está no teu próprio?"[10] Essas palavras tornaram-se uma espécie de provérbio para expressar a arquetípica tendência humana de sermos observadores das faltas do próximo, mas cegos para as nossas. Como muito do que Jesus disse, trata-se de uma hipérbole que chega às raias da farsa. Na verdade, é engraçadíssima. Mas nenhum carpinteiro na vida real chegou sequer perto de ter uma trave projetando-se do olho. Analogamente, na área de barcos e pesca – se aceitamos o incidente da Pesca Milagrosa no Quarto Evangelho, que ocorreu depois de ter Jesus ressuscitado dos mortos – não há evidência nos Evangelhos de que Jesus tivesse qualquer conhecimento prático do assunto. Quando acompanhou os dis-

[9] John Drury: *The Parables in the Gospels* (1985), 58.

[10] Mateus, 7:3.

cípulos na pescaria no lago Tiberíades e caiu uma tempestade, os amigos descobriram que ele caíra no sono na popa do barco. "Estamos afundando! Mestre, não te importa que pereçamos?", é a reação deles.[11]

Jesus, então, não parece ter sido um homem prático, nem bem versado num ofício – ao contrário de Paulo, que era fabricante de tendas, ou Pedro, André, Tiago e João, filhos de Zebedeu, que ganhavam a vida como pescadores. Nem era agricultor experiente ou observador. Se fosse, não teria dito aos ouvintes que o grão de mostarda se transformava na mais alta de todas as árvores, tão alta que as aves do céu podiam aninhar-se em seus ramos:[12] outro caso típico de hipérbole, que provavelmente colheu em leituras. O Talmude informa que o arbusto da mostarda tem a altura de uma figueira, o que não acontece.[13] Jesus disse aos discípulos que olhassem para "os lírios do campo", mas não fez isso com olho de botânico. Conforme observa André Gide, não há uma única menção de cor nos Evangelhos.[14] Nada disso sugere o carpinteiro levado pelo fervor religioso a iniciar um movimento. Ficaríamos provavelmente mais perto da verdade se imaginássemos um menino que fora criado para estudar os livros da Lei. Talvez a história de Lucas sobre Jesus menino, debatendo com os doutores da lei no Templo, contenha uma migalha de verdade. Quando se fez homem e começou a pregar seu Evangelho e a trabalhar como curandeiro carismático e líder popular, a família não gostou e ele mudou-se para Cafarnaum.

No tempo de Jesus, Nazaré era, com toda probabilidade, um lugar muito pequeno. Em contraste, as praias do mar da Galiléia fervilhavam de gente, o que hoje é difícil imaginar, quando percorremos de cerro a margem do lago, praticamente despovoada, entre Tiberíades (atualmente um local moderno de veraneio, com hotéis cinco estrelas, marinas e cafés no estilo Mediterranée) e as colinas de Golan. Magdala, por exemplo, por onde passamos indo para o norte e Cafarnaum, é uma minúscula aldeia árabe, quando, no tempo de Jesus, a

[11] Marcos, 4:38.
[12] Marcos, 4:31-32.
[13] *Pal Talmud Peah*, vii, 20 s.
[14] André Gide: *La Symphonie Pastorale*.

movimentada cidadezinha contava com uma população de trinta mil a quarenta mil almas. Cafarnaum, que naquele tempo era provavelmente menor, hoje é apenas um sítio arqueológico, um monte de ruínas. Mas a cidade tinha importância estratégica para os romanos, uma vez que constituía o ponto no alto Jordão onde terminava a tetrarquia de Herodes Antipas e começava o território de Golan, que pertencia a Filipe. Seus laços comerciais, a julgar por moedas e vasos ali desenterrados em tempos recentes, eram mais fortes com o norte do que com o sul: Alta Galiléia, Golan, Síria, Fenícia, Ásia Menor e Chipre. Aparentemente, os moradores mantinham poucos contatos comerciais com a Palestina, ao sul.

Essa parte do país era rica e fértil. Josefo, que foi governador da Galiléia trinta anos após a morte de Jesus, informa que "toda a área é excelente para a agricultura e a criação de gado, e rica em florestas de todos os tipos; por isso, em virtude da sua adaptabilidade, atrai mesmo aqueles menos inclinados ao trabalho na terra. Em conseqüência, cada metro quadrado é cultivado pelos habitantes e nem um único canto é desperdiçado. A região é coalhada de pequenas cidades e, graças à abundância natural, as inúmeras aldeias são tão densamente povoadas que a menor delas tem mais de 15 mil habitantes.[15]

Ao resolver fixar moradia em Cafarnaum, Jesus seguia outros discípulos de João Batista, Simão Pedro e André, que possuíam um próspero negócio de pesca à margem do lago. Só depois de 1969 é que as escavações em Cafarnaum ganharam ritmo acelerado. Os restos da bela sinagoga têm uma estrutura do século IV EC, mas os arqueólogos constataram agora a grande probabilidade de esse magnífico edifício estar construído sobre as ruínas de outra sinagoga, edificada no século I. Embora menos magnífica do que a estrutura posterior do século IV, evidentemente não foi prédio modesto. Diz o Evangelho de Lucas que a sinagoga foi presenteada ao povo da cidade por um centurião esclarecido.[16] Se isso parece improvável demais, podemos seguramente acreditar que foi construída por um judeu cosmopolita, talvez um homem que viajara pelo exterior, "fizera seu pé-de-meia" e voltara

[15] Josefo: *A guerra dos judeus*. É preciso notar que Josefo era reconhecidamente impreciso com estatísticas.

[16] Lucas, 7:5.

para a cidade natal resolvido a criar admiração construindo uma boa imitação dos tipos de prédios que conhecera na Grécia, Ásia Menor ou Itália.

Os Evangelhos Sinópticos dizem que Jesus pregou nessa sinagoga. Em certa ocasião, foi interrompido por um homem possuído pelo demônio, que bradava em altas vozes. Jesus enfrentou o demônio e expulsou-o.[17]

Parece que Jesus era muito procurado como exorcista e que sua habilidade nessa área lhe granjeou inicialmente a larga reputação que parecia desfrutar. Ele não era único nessa habilidade de "expulsar espíritos imundos" ou curar enfermos. Em todas as sociedades primitivas houve xamãs, homens santos, exorcistas ou feiticeiros que podiam, usando auto-sugestão, curar os que os procuravam tomados de grande aflição.[18] Uma proporção muito alta das histórias dos Evangelhos dizem respeito aos milagres curativos de Jesus. O ceticismo moderno deve aceitar mais facilmente as histórias de Jesus como curandeiro do que as que lhe relatam a capacidade de andar sobre as águas do mar da Galiléia ou controlar o tempo à sua vontade. Conforme dissemos, houve outros santos galileus a quem se atribuíram prodígios semelhantes.

Depois de curar o endemoninhado na sinagoga, a narrativa de Lucas nos diz que ele voltou para a casa de Simão, isto é, a casa de Simão Pedro. Também Marcos conta essa história, colocando-a bem no começo do seu Evangelho. Ele descreve os moradores da cidade trazendo o doente e o endemoniado à porta dessa casa – onde Jesus curou também a sogra de Simão Pedro, que sofria de uma febre.

Desde os tempos bizantinos, a religiosidade marca o lugar em Cafarnaum onde existiu uma casa, bem perto da sinagoga. Tradicionalmente se supunha que

[17] Lucas, 4:31-37.

[18] O *Jesus the Magician* (Nova York, 1978), de Morton Smith, compara Jesus com magos cristãos, como Apolônio de Tiana, e as práticas ocultistas descritas no Papiro Mágico Grego. Há muitos pontos de comparação notáveis — em particular, o Papiro Mágico diz que os iniciados tornam-se divinos. "Abra-se para mim, céu! Deixa-me ver a barca de Phre subindo e descendo... pois eu sou Geb, herdeiro dos deuses..." Essa invocação é considerada por Smith equivalente ao batismo de Jesus. Se Jesus não tivesse sido um mago, pergunta Smith, por que os fariseus e outros o acusaram de expulsar demônios por meios demoníacos? Que Jesus foi, em algum sentido da palavra, um "mago", parece ser algo além de qualquer dúvida, mas, ao fazer comparações com a literatura pagã, ele dá por respondidas muitas perguntas sobre Jesus e o mundo do judaísmo galileu da época.

fosse a verdadeira casa de Simão Pedro. As escavações arqueológicas realizadas desde 1969 mostram que, por baixo da igreja bizantina octogonal erigida em meados do século V EC, houve uma *domus ecclesia*, e que essa casa-igreja fora adaptada de uma casa construída no fim do período helenista. Em outras palavras, é perfeitamente possível que a casa seja o próprio lugar onde Simão Pedro viveu com a esposa e a sogra, com André, seu irmão, e, durante certo período, com o próprio Jesus. Arqueólogos encontraram prova física que confirmam o testemunho de Etheria, no século IV, que escreveu: "A casa do príncipe dos apóstolos em Cafarnaum foi transformada em igreja. As paredes dessa casa, porém, continuam de pé, como no passado."[19] A casa foi construída segundo o modelo de uma vila romana, com um pátio central, ou átrio, e acomodações em volta, não muito diferentes das divisões de um claustro. Parece que foi uma casa bastante confortável e de bom acabamento, desmentindo o clichê popular de que Pedro e os primeiros discípulos de Jesus eram indigentes.

Não obstante, foi aos pobres, às "ovelhas perdidas da Casa de Israel", que Jesus se dirigiu, não separando essa capacidade de curar enfermos do remédio espiritual que prescrevia para os males de Israel. Contam as crônicas que certo homem em Cafarnaum fora atacado de paralisia. Por essa altura já se conhecia a reputação de Jesus como curandeiro e, quando se soube que estava residindo na casa de Simão Pedro, uma imensa multidão ali se reuniu. Ele, presumivelmente, se encontrava em um dos cômodos fora do pátio e a multidão era tão compacta que a família do doente, trazendo-o em uma padiola, não conseguiu aproximar-se. Mostrando grande espírito de iniciativa, subiram no telhado da casa, afastaram as telhas e baixaram a padiola no cômodo onde estava Jesus. Comovido com essa exibição de fé, Jesus afirmou que os pecados do doente estavam perdoados. Somos informados que, nesse momento, havia "escribas" em companhia de Jesus, isto é, pessoas versadas na lei judaica – detalhe capaz de sugerir a companhia que ele normalmente preferia quando estava em casa, sem ser importunado pela multidão. Talvez esses "escribas" fossem seus irmãos. Eles protestaram, dizendo

[19] Stanislao Loffreda: *Recovering Capharnaum* (Jerusalém, 1985), 63.

que ninguém tinha o poder de perdoar pecados, exceto Deus. Jesus respondeu que a doença do homem, e sua enfermidade interna de pecado, eram uma coisa só e que ao assegurar ao doente a sua reconciliação com Deus, podia curá-lo. O paralítico ergueu a padiola e retirou-se para sua casa.[20]

Pelo que sabemos sobre as várias seitas judaicas do período, todas elas parecem ter sido exclusivistas. Os essênios e os saduceus achavam que a salvação do judaísmo e do povo de Israel seria encontrada na restrição. Diferem as opiniões sobre se os fariseus, os *haberim*, eram igualmente exclusivistas, mas com certeza são assim apresentados no Novo Testamento, uma impressão não de todo desmentida pela literatura rabínica.[21] Era uma disciplina árdua demais para que pudesse ser seguida pelas pessoas comuns, com seus costumes geralmente desregrados, crenças débeis e situações matrimoniais irregulares. Extremistas religiosos podem muito bem ter acreditado que a presença de soldados romanos em Jerusalém constituía uma ameaça ao próprio judaísmo. Mas as seitas não podiam deixar de ser influenciadas pela presença romana. Fosse sua atitude aquela da comunidade de Qumran, que queria purificar Israel pela retirada, fosse ela a do movimento zelote, que queria a purificação pela luta armada, expulsando os romanos pela força, a presença de legionários era para os judeus uma ofensa religiosa constante. Pompeu profanara seu Templo. O bom senso lhes dizia que não podiam ter esperança de enfrentar os romanos e que tinham de chegar a uma acomodação. Mas um modesto grau de compromisso judicioso nessas áreas facilmente transbordava para a posição de franca colaboração e era por esse motivo que odiavam tanto os "publicanos" – os coletores de impostos, judeus que aceitavam trabalhar para as autoridades romanas, arrecadando dinheiro para o Império.

Se resolvesse ser membro de uma seita monacal e exclusivista, como a comunidade de Qumran, Jesus poderia ter optado por abandonar aquele cenário de

[20] Marcos, 2:1-12.

[21] "É um erro pensar que os fariseus ficaram inquietos porque ele pregava para as pessoas religiosas comuns e para os pobres." E. P. Sanders: *Jesus and Judaism*, 179. O livro todo contém valiosas introvisões das relações de Jesus com o judaísmo da época.

sofrimento e confusão, assim se recusando a enfrentar os problemas que afligiam seus companheiros judeus. Por motivo análogo, se não tivesse sido pessoa de gênio religioso, entranhadamente religioso, poderia, pelo contrário, aliar-se a uma das causas, seitas ou grupos para ele abertos naquele tempo. Nos últimos cem anos, houve grande fartura de livros tentando demonstrar que, a despeito de todo o testemunho existente, foi isso o que Jesus realmente fez. Lemos sobre Jesus, o revolucionário, Jesus, o zelote, Jesus, o essênio, Jesus, o defensor de fariseus. Todas essas idéias incidem no vício da ingenuidade. Elas procuram "encontrar sentido" em Jesus e a única prova que temos nos Evangelhos sugere que seus contemporâneos achavam impossível encontrar sentido nele, motivo pelo qual o acusaram de ser louco ou possuído pelo demônio.

A tradição sinóptica, o Quarto Evangelho e tudo o que Paulo escreveu sugerem que Jesus escolheu 12 discípulos para criar um novo "reino" de Israel. Número significativo, note-se, porquanto correspondia ao número das 12 velhas tribos de Israel. O leitor moderno, distanciado do mundo de Jesus e de seus contemporâneos, lê os nomes dos 12 sem se dar conta do que há aí de característico e estranho. Foram eles Simão, a quem deu o novo nome de Pedro; o irmão de Simão, André, que no Quarto Evangelho foi o primeiro discípulo de Jesus; os filhos do pescador da Galiléia, Zebedeu – Tiago e João, a quem apelidou de Boanerges, os Filhos do Trovão; Felipe e Bartolomeu, os gêmeos Mateus e Tomé; Tiago, o filho de Alfeu; Tadeu, Simão o Zelote, e Judas Iscariote. Quem era Simão o Zelote, e o que fazia no grupo escolhido dos amigos de Jesus? Lemos muita coisa sobre os zelotes nas páginas de Josefo. Foram eles os mais ativos, durante todo o século, na luta armada contra os romanos. Mesmo depois do terrível saque de Jerusalém por Tito no ano 70 EC, durante o qual a população foi submetida à fome a fim de submeter-se, e a seguir passada a fio de espada, os zelotes retiraram-se para a montanha-fortaleza de Massada, perto do mar Morto, e continuaram a travar uma heróica luta de guerrilhas contra os romanos durante mais três anos. Quando o exército romano finalmente os cercou, recusaram-se à rendição e, tendo eles mesmo passado as famílias pela espada, cometeram finalmente suicídio em massa. Foram, acima de tudo, homens de violência, ainda que violência por uma causa nobre e patriótica. Era sem dúvida do mais alto interesse que Jesus escolhesse um zelote como um de seus discípulos mais chegados.

Outro grupo patriótico mencionado por Josefo (e por ele estigmatizado com o nome de bandidos) era o dos *sicarii*. "Um dos truques favoritos dessa gente era misturar-se com as multidões nas festas (em Jerusalém), escondendo sob as vestes pequenas adagas, com as quais apunhalavam os inimigos. Quando as vítimas caíam, os assassinos desapareciam no meio da multidão indignada e assim escapavam à prisão. O primeiro a ter a garganta cortada por eles foi o sumo sacerdote Jônatas, e depois dele muitos foram assassinados todos os dias."[22]

Parece possível que Judas "Iscariote" tenha tirado seu nome da filiação a esse violento bando de *sicarii*. A presença de um zelote e de um dos *sicarii* aparentemente sugerem que Jesus estava, de fato, envolvido em alguma inegável causa de patriotismo judaico e que os 12 apóstolos pouco mais foram do que um grupo de rebeldes armados. ("Os galileus", escreveu Josefo, "são lutadores desde o berço".[23] Mas encontramos entre eles também o nome de Mateus (que por tradição foi coletor de impostos até conhecer Jesus), figura esta que nem Judas nem Simão provavelmente considerariam um aliado natural. No ano 66 da EC, o rei Agripa II dirigiu um vibrante discurso aos patriotas judeus, que pensavam que podiam travar com sucesso uma guerra contra os romanos. Disse-lhes que a paixão pela liberdade chegara tarde demais: "Porque a experiência da escravidão é dolorosa e, para escapar dela, todo esforço se justifica, mas o homem que se submeteu antes e depois se revolta, é um escravo refratário, não um amante da liberdade. Assim, a época em que devíamos ter feito todo o possível para manter longe os romanos foi quando Pompeu invadiu o país. Mas nossos ancestrais, com recursos materiais e físicos muito superiores aos vossos, enfrentaram uma mera fração do exército romano e não ofereceram resistência. E vós, que aprendestes submissão com vossos pais, e estais tão pobremente equipados, em comparação com os que se submeteram primeiro, quereis levantar-vos contra todo o Império Romano?"[24]

[22] Josefo: *A guerra dos judeus*, 135.
[23] Op. cit., 376.
[24] Op. cit., 145.

Talvez Jesus, trinta anos antes, tivesse pensado da mesma maneira. Mas queria que seu novo reino fosse representativo de toda Israel. Não era uma seita exclusivista. Continha representantes de ativistas políticos e *quislings* políticos, porque tal era a situação de Israel na época. E também homens que, quando não seguiam Jesus, participavam do comércio ativo no lago, e, podemos supor, obtendo nisso um bom lucro.

O grupo, os Doze, tornou-se para Jesus um substituto da família. Certa vez, quando a mãe e os irmãos vieram visitá-lo em Cafarnaum, alguém cruzou a sala cheia e lhe disse que eles estavam no lado de fora, à espera. "Quem é minha mãe? Quem são meus irmãos?", perguntou. E em seguida, olhando para o grupo de admiradores e discípulos, disse-lhes que eram eles, e não a família de Nazaré, que constituíam sua verdadeira família. Ora, é possível que essa história sobreviva nos Evangelhos Sinópticos não porque Jesus realmente pronunciou as palavras, mas porque as Igrejas do Mediterrâneo, inspiradas pelos Doze, não gostava da idéia de uma Igreja de Jerusalém dominada pela família, e queriam deixar claro aos novos membros da Igreja que Jesus repudiara sua própria carne e sangue. Mas é igualmente possível que tenha ocorrido esse incidente. Nos Evangelhos, lemos casos em que Jesus se despediu não só da família, mas também dos discípulos. Tendo sido rejeitado por Nazaré, estava prestes a rejeitar Cafarnaum.

O modelo do "ministério galileano", como é algumas vezes chamado, parece ter sido o itinerante. Ele não se limitava a Cafarnaum. Circulava a pé pelas pequenas cidades e aldeias vizinhas e cruzou também o lago para falar à população da outra margem. Às vezes, pregava mesmo de um barco, enquanto o povo o escutava na praia. Esse fato sugere que ele possuía voz poderosa, que se transmitia bem por cima da água.

O movimento de barcos era comum no lago e nas guerras contra os romanos em fins da década de 60 EC houve mesmo algumas batalhas navais. Depois que Vespasiano construiu uma flotilha de balsas para enfrentar os barcos judeus no ano 67 EC, houve uma terrível batalha, em que morreram quase sete mil e depois da qual as praias do lago ficaram cobertas de destroços de embarcações. Em tempos mais felizes, sabemos pelas ruínas de muitos portos em volta do lago e por provas literárias que barcos eram comuns no século I.

Depois da notável descoberta arqueológica nas praias da Galiléia em 1986, temos agora idéia melhor do tipo de barco em que Jesus pode ter viajado. Em seguida a uma severa seca, baixou o nível de água do lago. Em fins de janeiro de 1986, Moshe e Yuval Lufan, membros do *kibbutz* Ginosar (*anglice* Gennesaret), descobriram na lama os restos de um barco, rapidamente batizado de "o barco de Jesus" pela imprensa. Nada há para ligá-lo a Jesus, mas parece que poderia ter sido o tipo de embarcação usada no seu tempo. Especialistas dizem que é típico dos barcos do período, mesmo que nenhum barco de um mar mediterrâneo tenha sobrevivido em tão boas condições. É muito parecido com o barco mostrado no mosaico Migdal, que pode ser visto pelo visitante em Cafarnaum. Mede 8,27 metros de comprimento. Teria transportado uma tripulação mínima de cinco homens, quatro remadores e um timoneiro. Os Evangelhos nos dizem que os barcos usados por Pedro, Tiago e João podiam levar uma tripulação de até sete homens,[25] embora evidentemente os filhos de Zebedeu tivessem empregados pagos que usavam como tripulação.[26] No barco descoberto no *kibbutz* Ginosar foram encontrados utensílios de cozinha e era quase com certeza do tipo que levava rede de arrasto na popa. Essas redes, que podiam medir até quatrocentos metros de comprimento, poderiam servir também à função dupla de fornecer cama a barqueiros que resolvessem passar a noite inteira ao largo. A descoberta desse velho barco e as escavações em Cafarnaum nada revelaram sobre o próprio Jesus, mas trouxeram claramente à vida o tipo de mundo a que ele pertenceu. Tal como o pedaço de peixe cozido no Quarto Evangelho, lembram-nos do fato de que Jesus pertenceu a um mundo real, um mundo que pode ser reconstruído por uma combinação de arqueologia e imaginação histórica. Quando li a descrição que J. Richard Steffy fez da construção do barco, que vi pessoalmente, senti-me muito tentado a revisar a idéia de que Jesus não fora carpinteiro. "À primeira vista", escreveu Steffy, "o barco era uma decepção. Parecia uma embarcação mal construída, muito diferente da *finesse* estrutural encontrada nos cascos do me-

[25] João, 21:2-3.

[26] Marcos, 1:20.

diterrâneo no período clássico, e fora freqüentemente consertado por um amador. Mas essa foi uma observação superficial, rapidamente revertida por um exame mais minucioso. É bem verdade que a madeira usada no barco deixava muito a desejar, mas a perícia artesanal era de qualidade diferente. Havia ali disciplina, uma disciplina bem fundamentada, que era capaz de produzir um barco forte e prático, a despeito da falta de boa madeira naval. O que no início parecera uma série de reparos desajeitados, era na verdade o esforço de um mestre artesão para produzir uma obra sólida com material inferior".[27] Podia haver melhor descrição do que Jesus tentava fazer quando se dispôs a apelar para "as ovelhas perdidas da Casa de Israel"?

O propalado gosto de Jesus pela vida sobre as águas era típico de sua inquietação. Parece que não passara muito tempo em Cafarnaum e logo ficou impaciente com o local. Tendo visitado a vizinha cidade Galiléia de Chorazin e realizado muitas obras de exorcismo e cura em Cafarnaum, diz a crônica que Jesus ficou desolado porque o povo não compreendia a importância desses milagres. "Tu, Cafarnaum, elevar-te-ás, porventura, até o céu? Descerás até o inferno; porque se em Sodoma se tivessem operado os milagres que em ti se fizeram, teria ela permanecido até o dia de hoje. Digo-vos, porém, que menos rigor haverá no dia do juízo para com a terra de Sodoma, do que para contigo."[28]

Mas o que devia ter compreendido o povo de Cafarnaum? Pelos relatos do Evangelho, quanto mais curas e exorcismos fazia Jesus, mais aumentava o número de seus seguidores. Se ele e seus discípulos travaram realmente a mesma campanha é um assunto que os Evangelhos nos deixam em dúvida. Há indicações, no entanto, mesmo na visão inteiramente cristianizada das coisas apresentada pelos Evangelhos, sugerindo algumas das maneiras por meio das quais ele permitia que os seguidores lhe escapassem ao controle.

[27] "The Boat: A Preliminary Study of its Construction", em *Atiqot*, Volume XIX (Jerusalém, 1990); "The Excavations of an Ancient Boat in the Sea of Galilee", org. Shelley Wachsmann.

[28] Mateus, 11:23-24. É interessante notar que a maldição lançada por Jesus contra Cafarnaum foi eficaz, pois hoje a cidade é uma ruína abandonada. Sodoma (ou Sedom, como é chamada na nova Israel) é uma florescente "estação de cura", onde turistas escandinavos e de outras nacionalidades, sem se deixarem incomodar pelos odores infernalmente sulfurosos, fazem curas salinas, tomam banhos de lama e mergulham nas águas do mar Morto.

Temos um exemplo disso no capítulo 2 de Marcos. "Ora, aconteceu atravessar Jesus, em dia de sábado, as searas, e os discípulos ao passar colhiam espigas. Advertiram-no os fariseus: Vê! Por que fazem o que não é lícito aos sábados? Mas ele lhes respondeu: Nunca leste o que fez Davi, quando se viu em necessidade, e teve fome, ele e os seus companheiros? Como entrou na casa de Deus, no tempo do sumo sacerdote Abiatar, e comeu os pães da proposição, os quais não é lícito comer, senão só aos sacerdotes, e deu também aos que estavam com ele? E acrescentou: O sábado foi estabelecido por causa do homem, e não o homem por causa do sábado; de sorte que o Filho do Homem é senhor também do sábado."[29]

Muitas coisas ocorrem nesse tipo de narrativa curta. Algumas acontecem no próprio texto de Marcos, no ensinamento que Marcos deseja transmitir. Outras acontecem nos próprios eventos e podemos dizer isso porque os demais autores sinópticos entenderam muito mal a história e mostram os fariseus enfurecendo-se com Jesus por uma coisa banal (como um gentio a consideraria), tal como colher umas poucas espigas de milho no sábado.

Em primeiro lugar, os discípulos estão cruzando um campo plantado com milho – e causando um grande inconveniente a um agricultor local. Por que estão fazendo isso? Porque desejavam "ladear" alguma coisa. Ladeando uma cidade, podiam evitar as limitações do sábado e chegar ao destino desejado sem ser prejudicados por essa restrição. De modo que se comportam como se estivessem observando o sábado. Ou estariam mesmo? Por que Marcos faz Jesus traçar uma analogia com o rei Davi, que entrou no Templo e comeu os pães da proposição? Na narrativa, há uma razão para isso, embora seja difícil saber quanto dessa razão era aparente para o próprio Jesus e seus discípulos, se e quando o incidente de fato ocorreu. Os discípulos debulham as espigas enquanto seguem pelo desvio. Debulham-nas porque estão com fome e a fome do povo torna-se uma metáfora em todos os Evangelhos para aquilo que Jesus tenta satisfazer com seus ensinamentos. Marcos transforma Jesus em novo rei Davi ao fazer referência à indiscrição do antigo soberano no Templo. Mesmo na época mais urgente

[29] Marcos, 2:23-28. A tradução é encontrada em *The Making of Mark*, de J. D. M. Derrett (1985).

da colheita, não havia desculpa para desrespeitar o sábado, de modo que não é de surpreender que os fariseus tenham protestado contra o fato de os discípulos terem apanhado milho para comer nesse dia. Mas o que tem a ver com isso a escolha daquele caminho? E o que o rei Davi tem a ver com tudo isso? E Jesus realmente pensava que Abiatar fora o sumo sacerdote – não foi –, ou isso teria sido um erro de Marcos? Na história original, Davi pegou os pães da proposição e revogou as leis rituais porque era o rei. Analogamente, desde o tempo dos macabeus, a lei do sábado não se aplicava a soldados em marcha, a homens em guerra. Se era assim, teria Marcos considerado Jesus e seus discípulos homens em marcha, Jesus como o rei? Que tipo de reino estava proclamando? Um reino de abundância, no qual os famintos seriam saciados. Abiatar significa "Pai do Supérfluo".[30]

Jesus estava iniciando um novo "reino" e as multidões se preparavam para torná-lo seu rei. Mas qual o manifesto desse reino? Se o leitor moderno, em particular o leitor agnóstico simpático, está interessado sobretudo em Jesus por causa dos ensinamentos, os contemporâneos interessavam-se acima de tudo por ele porque era curandeiro e milagreiro. Ainda assim, quando lemos sobre a impaciência de Jesus com os discípulos, por não lhe compreenderem os ensinamentos, e quando examinados os trechos extensos nos Evangelhos que são dedicados a exemplos desses ensinamentos, precisamos focalizar a atenção no que eles eram, nunca esquecendo, claro, que será impossível a certeza completa sobre o que Jesus ensinou.

Sir Walter Scott, no cultivo de sua paixão pelas Baladas da Fronteira Escocesa, teve um desentendimento com a mãe de James Hogg, o pastor de Ettrick. Margaret Hogg possuía vasto conhecimento dessas velhas canções, mas fazia opinião muito baixa do *Minstrelsy of the Scottish Border*, de Scott. "Nunca nenhuma de minhas canções foi impressa, até que você mesmo as publicou e as estragou inteiramente. Elas foram feitas para serem cantadas, e não para serem lidas. Mas você quebrou também esse encanto e elas nunca mais serão cantadas."[31]

[30] Por todas essas introvisões, meus agradecimentos a J. D. M. Derrett: op. cit. 73-77.

[31] James Hogg: *The Domestic Manners of Sir Walter Scott* (1909), 51-52.

Temos aí um exemplo perfeito da diferença absoluta em enfoque entre uma tradição essencialmente oral e o desejo literário de imobilizar as palavras daqueles que nos precederam. Tivesse Jesus vivido para ler um dos "Evangelhos" e, em particular, o modo como descrevem seus ensinamentos, e poderia muito bem ter reagido da maneira como Margaret Hogg reagiu ao *Minstrelsy*, de Scott. "Elas foram feitas para serem cantadas, não para serem lidas."

Os ensinamentos dos mestres judeus, tais como os de outros povos orientais, eram não raro compilados por seus seguidores, mas não como documentos escritos, e sim como adágios, histórias e apotegmas. Muitas vezes, adquiriam alguma forma rítmica ou poética e, em muitos casos, como nas baladas e canções populares, eram cantados. Não é impossível que algum processo desse tipo tivesse ocorrido no registro dos ensinamentos de Jesus. Seu mais famoso conjunto de ensinamentos é ainda hoje cantado como hino nas igrejas do Oriente (grega e russa ortodoxa) e as palavras são facilmente guardadas na memória:

> Bem-aventurados os humildes de espírito, porque deles é o reino dos céus.
> Bem-aventurados os mansos, porque eles possuirão a terra.
> Bem-aventurados os que choram, porque serão consolados.
> Bem-aventurados os que têm fome e sede de justiça, porque serão fartos.
> Bem-aventurados os misericordiosos, porque alcançarão misericórdia.
> Bem-aventurados os limpos de coração, porque verão a Deus.
> Bem-aventurados os pacificadores, porque serão chamados filhos de Deus.
> Bem-aventurados os perseguidos por causa da justiça, porque deles é o reino dos céus.
> Bem-aventurados sois quando, por minha causa, vos injuriarem e vos perseguirem e, mentindo, disserem todo mal contra vós.
> Regozijai-vos e exultai, porque é grande o vosso galardão nos céus, pois assim perseguiram aos profetas que viveram antes de vós.[32]

[32] Mateus, 5:3-12.

Jesus nunca escreveu um livro. Assumiu, portanto, o risco de que seus ensinamentos fossem imperfeitamente lembrados ou mal interpretados. Pedantes têm razão quando nos dizem que não se pode provar que qualquer frase no Novo Testamento seja a *ipsissima verba* do Mestre. Mas isso não é motivo para evitar uma discussão das palavras a ele atribuídas. Essas palavras são tão notáveis nos Evangelhos que merecem ser estudadas e decoradas, pouco importando quem as tenha dito. Tampouco é bem justificado o ceticismo total sobre a sua "autenticidade". Tomados em conjunto, os ensinamentos de Jesus, tanto nos Evangelhos Sinópticos quanto até mesmo, ocasionalmente, no Quarto Evangelho, revelam um modo característico que é difícil acreditar tenha sido inventado pelos quatro evangelistas – cada um dos quais escreveu para clientelas diferentes e em diferentes épocas e lugares. Quando lemos os Evangelhos, notamos que emerge uma forma peculiar de fazer perguntas, uma dialética irônica, que às vezes se choca frontalmente com a forma literária fixa em que foram vazados. A dialética, com sua perturbadora energia coloquial, explode na página impressa como vinho novo explodindo de velhos odres. Esse fato não constitui prova de que Jesus disse todas as palavras que os Evangelhos lhe atribuem, nem que tenha empregado tal método dialético. Mas se não fez isso, precisamos reconhecer que algum outro grande gênio religioso ensinou os quatro evangelistas a adotar esse sistema de exposição.

Não há nos Evangelhos, claro, nenhum conjunto fixo de "ensinamentos", nenhuma planta baixa para uma nova religião. Jesus não ditou um Alcorão nem um Livro do Mórmon. Por trás de todas as suas palavras, divisamos as Escrituras hebraicas, nas quais ele implicitamente acreditava e que nem desejou revogar nem alterar. "Não penseis que vim revogar a lei ou os profetas; não vim para revogar, vim para cumprir."[33] Todo o humor, a capacidade de perturbar e o dinamismo das palavras de Jesus devem ser lidos com base nessas sólidas fundações. Só lhe interessa como ser um bom judeu. Fez a si mesmo e ao seu povo essa pergunta em uma época em que o judaísmo estava ameaçado pela violência e

[33] Mateus, 5:17.

perseguição dos romanos que, um dia, destruiriam o próprio Templo de Jerusalém; e, pelo outro lado, pelo mundo dos gentios, com sua incapacidade imaginativa para aceitar a idéia monoteísta. Qual a implicação para os judeus em acreditar nas suas Escrituras, acreditar em seu Deus, que lhes fora revelado na Torá, nos Profetas, nos Livros ou Literatura Sapiencial, tais como os Salmos e os Provérbios? Ao fazer essa exploração, Jesus diria e perguntaria coisas de importância universal, que se estenderiam muito além dos confins do judaísmo e despertariam um interesse universal. Sempre foi o paradoxo do judaísmo, e teria continuado a ser mesmo que Jesus jamais tivesse vivido, o seguinte: o judaísmo é simultaneamente uma religião exclusiva, destinada apenas àqueles que nela nasceram ou (em casos raros) nela foram recebidos e uma religião universalista no sentido em que adora o Criador do Céu e da Terra e o doador de uma lei moral universal. Os judeus são um povo "temente a Deus" e tem sido seu destino serem a consciência da raça humana. Procuraremos em vão, contudo, nas palavras de Jesus, uma *summa* ética ou teológica, um plano bem elaborado de "como viver". Podemos discernir em suas palavras, contudo, em relação ao judaísmo, uma atitude particular que era disruptiva, talvez mesmo revolucionária, e certamente dialética, sem a rigidez de uma lápide, orgânica e nunca estática. Para Jesus, o judeu não era um homem ou mulher que haviam simplesmente recebido um conjunto de verdades escritas em tábuas pétreas entregues a Moisés no monte Sinai. O judeu teria sempre, na opinião de Jesus, de examinar as implicações dessas leis em seu coração e na sociedade da época. As Bem-Aventuranças fornecem uma indicação de como o reino de Israel podia ser reconstituído, a despeito da ocupação romana e das perseguições à raça judaica. Há uma santidade positiva, ensinou Jesus, em aceitar a perseguição, em fazer a paz, na humildade, em buscar primeiro o reino de Deus e sua justiça. Em seguida, poderá raiar a prometida Era Messiânica, na qual o reino de Deus pode realmente acontecer.

Veremos agora como, em suas lições sobre o casamento, ele chega ao núcleo inquietante das coisas e faz com que os judeus examinem as implicações da Torá.

"Ouvistes o que foi dito: Não adulterarás. Eu, porém, vos digo: Qualquer um que olhar para uma mulher com intenção impura, no coração já adulterou com ela. ... Também foi dito: Aquele que repudiar sua mulher, dê-lhe carta de divórcio. Eu, porém, vos digo: Qualquer um que repudiar sua mulher, exceto em caso de relações sociais ilícitas, a expõe a tornar-se adúltera; e aquele que casar com a repudiada comete adultério."[34] Mateus põe essas palavras no contexto "literário" de um "sermão", pronunciado no alto de uma montanha. Ao assim proceder, alude deliberadamente a Moisés, que deu no monte Sinai a Velha Lei aos judeus, durante a viagem pelo deserto. Pode-se entender, assim, que o novo Moisés dá a Nova Torá. Os Doze, tal como os líderes das 12 tribos, sentados a seus pés, recebem-lhe a doutrina. Constitui tarefa deles mediar o ensinamento de Jesus às multidões que se sentam abaixo, fora do alcance da voz. Isso seria, na "Igreja" de Mateus e em gerações subseqüentes da cristandade, uma justificação para que os sucessores dos Doze – os bispos apostólicos – ditassem aos fiéis a regra sobre assuntos tais como se devia ou não poder obter divórcio.

No ambiente original, porém, o ensinamento de Jesus devia ter parecido muito diferente. É bem verdade que ele foi defensor ardente da monogamia, exatamente como seu primo João Batista. Tal como a comunidade de Qumran, achava que era frouxa demais a lei mosaica sobre o casamento, que julgava também inaceitável divorciar-se alguém e voltar a casar. Mas Jesus não estava, como Mateus tenha obrigá-lo a fazer, baixando uma nova lei. Pedia aos ouvintes judeus que estabelecessem uma ligação entre suas observâncias rituais e religiosas, por um lado, e, pelo outro, as reações mais profundas da consciência quando Deus fala diretamente ao indivíduo. Não deviam mais pensar que podiam agradar a Deus com uma observância minimalista da Torá. Por que dissera Deus a Moisés que o adultério era pecado? Foi essa a inquietante pergunta que postulou. Na ética sexual, como aliás em outras áreas, Jesus detectou como origem do problema o coração humano, na sua capacidade de auto-ilusão e fantasia. No caso de um leitor gentio dos Evangelhos é às vezes necessário ser lembrado da admissibilidade do juízo privado na comunidade da fé judaica. Não era com freqüência que Jesus respondia a perguntas éticas, porque queria

[34] Mateus, 5:27, 28, 31, 32.

que os ouvintes se voltassem para dentro de si mesmos e as respondessem. O professor Vermes lembra-nos de um lendário debate sobre doutrina que ocorreu quase ao fim do século I EC, entre o rabi Eliézer ben Hyrcanus e seus colegas. "Tendo esgotado seu arsenal de raciocínios sem ainda convencê-los, realizou um milagre, mas apenas para ouvir que não havia lugar para milagres em um debate. Em desespero, ele exclamou: 'Se meu ensinamento é correto, que ele seja provado pelos céus!', ao que uma voz celestial declarou: 'O que tendes vós contra o rabi Eliézer, cujo ensinamento é correto?' Mas essa intervenção foi considerada inaceitável porque na Bíblia está escrito que decisões devem ser alcançadas por voto majoritário."

Jesus queria que os judeus do seu tempo olhassem dentro do coração e rejeitassem respostas coletivas, fossem políticas, sectariamente religiosas ou militares. Tal como o rabi Eliézer, não conseguiu convencer o povo, mesmo que praticasse milagres ou ouvisse vozes do céu, porque o povo não tinha confiança suficiente para sair de seus limites partidários fatalmente tendenciosos e estreitos. Suas contendas com os "escribas e fariseus" nos Sinópticos, e com os *judaioi* no Quarto Evangelho, eram conflitos semelhantes aos de Eliézer com seus *confrères* rabínicos. Afirmando não só a legitimidade, mas a necessidade fundamental de juízo privado na vida religiosa, Jesus fez a seus ouvintes uma série de perguntas de grande perspicácia e profundidade. Há alguma virtude em abster-se simplesmente de adultério, se o indivíduo não reconheceu o caos sexual que nele existe? Pensa o homem que obedeceu à Torá e fez as pazes com Deus, se tem o coração cheio de ira, malícia e desejo de vingança? Jesus está incessantemente dizendo: "Pensais que podeis servir a Deus seguindo meramente um regulamento. Há mais, porém, no respeito a Deus do que isso." E é nesse "mais" que o crente é levado a um encontro com o próprio Deus, um encontro que revela não um legislador inflexível, mas um pai cheio de amor.

A mesma divergência com o legalismo religioso é encontrada na conhecida conversa entre Jesus e as autoridades sobre se seus discípulos observaram ou não os rituais corretos de purificação e abluções. "Ouvi-me todos e entendei. Nada há fora do homem que, entrando nele, o possa contaminar; mas o que sai do homem é o que o contamina." Jesus transformou essa tumultuosa conversa em uma analogia ou parábola sobre a vida espiritual. O alimento não é sujo. O excremento é. Pela mesma razão, o que sai do coração é o que profana. "Porque de dentro do coração dos homens, é que procedem os maus desígnios, a prostituição, os furtos, os homicídios, os adultérios, a avareza, as malícias, o dolo, a lascívia, a inveja, a blasfêmia, a soberba, a loucura: Ora, todos esses males vêm de dentro e contaminam o homem."[35]

Marcos, ao relatar essas palavras sobre as leis da alimentação, acrescenta uma pequena nota, para esclarecimento dos leitores gentios: "E assim ele considerou puros todos os alimentos." Uma mensagem muito diferente, como se vê, da de Jesus, que está simplesmente dizendo aos judeus para manter senso de proporção no tocante às suas leis sobre alimentos e sondar o coração, pois a menos que tenham se arrependido e se purificado, não "verão a Deus". Marcos, claro, escreve para os gentios, que não observam as leis dos judeus sobre alimentos. Inventa histórias de Jesus conversando com não-judeus. Exonera Pôncio Pilatos da menor responsabilidade pela maneira estritamente romana da execução de Jesus, ao alegar que isso aconteceu porque Jesus fora, de uma forma ou de outra, na véspera da Páscoa, julgado pelo Sinédrio judaico. Diz mesmo que um centurião romano, diante da cruz de Jesus, declara: "Verdadeiramente este homem era Filho de Deus."[36] Mas em seguida, igual a todos os evangelistas, inclui uma parte da tradição lembrada que contradiz inteiramente sua descrição "cristã" de Jesus. Diz que uma mulher sírio-fenícia aproxima-se dele pedindo uma cura milagrosa para a filha. Ele respondeu bruscamente: "Deixa primeiro que se fartem os filhos, porque não é bom tomar o pão dos filhos e lançá-lo aos cães."[37] Essas palavras, quando tomadas em conjunto com outras de Jesus que os evangelistas se esqueceram de expungir – que ele não queria revogar a Torá, que nem uma única vírgula ou título da Lei podiam ser abandonados, que sua missão visava exclusivamente à raça judaica e "às ovelhas perdidas da Casa de Israel" –, levam-nos a

[35] Marcos, 7:4, 15, 21, 23.
[36] Marcos, 15:39.
[37] Marcos, 7:27.

compreender que os Evangelhos, a despeito de seus autores, contêm na verdade palavras que constituem quase com certeza recordações autênticas de seus ensinamentos.

Mais uma vez, porém, temos de ser cautelosos. Vejamos algo aparentemente simples, como a injunção de Jesus para que o homem não se envolva em litígios desnecessários. Essas palavras são encontradas em Mateus[38] e em Lucas.[39] Diz ele em Mateus: "Entra em acordo sem demora com o teu adversário, enquanto estás com ele a caminho, para que o adversário não te entregue ao juiz, o juiz ao oficial de justiça, e sejas recolhido à prisão. Em verdade te digo que não sairás dali, enquanto não pagares o último centavo." O bom senso (e o senso comum) da injunção parecem muito claros. Sabemos pela I Epístola aos Coríntios, de Paulo,[40] que os antigos cristãos esforçavam-se, em todos os casos possíveis, para evitar comparecer perante juízes pagãos. Pode ser que essas palavras de Jesus, autênticas como sejam, tenham sido influenciadas pela experiência da Igreja dos gentios. Em seu Evangelho, porém, Lucas interpreta as palavras de uma maneira inteiramente diferente e temos de ler os poucos versículos anteriores para lhe perceber o sabor. Na versão de Lucas, Jesus estivera simplesmente dizendo que as pessoas sabiam como interpretar nuvens do céu como sinais de tempestade iminente, mas que não sabiam interpretar os sinais do Dia do Juízo próximo. É então que Jesus diz: "Quando fores com teu adversário ao magistrado, esforça-te para te livrares desse adversário no caminho; para que não suceda que ele te arraste ao juiz, o juiz te entregue ao meirinho e o meirinho te recolha à prisão."

Nota-se, mesmo diante de uma tradução, que o fraseado é todo diferente. Até parece que Lucas está traduzindo diretamente palavras do aramaico (a língua que o próprio Jesus falava), ao passo que Mateus parece ter conhecido as palavras em grego. Entre as 44 palavras gregas de Mateus e as cinqüenta de Lucas, só 12 são iguais. Mesma história; origem diferente; sentido muito diferente a ela atribuído pelos dois autores do Evangelho. Em Lucas, ela quase se torna uma pará-

[38] Mateus, 5:25, 26.

[39] Lucas, 12:58, 59.

[40] I Cor. 6:5-7.

bola sobre o Dia do Juízo próximo. "Deveis concordar com um adversário perigoso a caminho dos tribunais, antes de comparecer perante o juiz. Cuidado, então, com a chegada do juiz!" Um Midrash protestante completo floresceu em torno dessas palavras. O grande Bultmann acreditava que fora originariamente uma parábola com um significado escatológico. Temos de concordar com nossos adversários antes de morrermos, ou Deus nos condenará.

A maioria dos estudiosos, particularmente eruditos alemães nos últimos cem anos, veio a entender que, ao pregar sobre seu reino, Jesus pensava no fim dos tempos, quando esse glorioso reinado se realizaria.[41] Diz-se que Jesus ensinou uma oração a seus discípulos e seguidores. Embora numerosos entendidos do Novo Testamento tenham questionado se Jesus de fato pronunciou essas palavras, são palavras que ficarão para sempre associadas a seu nome. A oração, conhecida como Pai-Nosso, por causa da sua associação com Jesus, é um destilado puro de religiosidade monoteísta:

> Pai-Nosso que estás nos céus, santificado seja o Teu
> nome; venha o Teu reino, faça-se a Tua vontade, assim
> na terra como no céu; o pão nosso de cada dia dá-nos
> hoje; e perdoa-nos as nossas dívidas, assim como nós

[41] Joannes Weiss, em *Die Predigt Jesu vom Reich Gottes* (Göttingen, 1892), argumenta que Jesus imaginava que o reino viria na *eschalon*, o último dia. A escatologia, a visão da história em termos dos últimos dias, dominou a maior parte dos estudos alemães sobre o Novo Testamento nos setenta anos depois de Weiss. O mais famoso de todos, Albert Schweitzer, em *The Quest for the Historical Jesus*, acreditava que Jesus morrera como um homem desapontado, deblaterando contra Deus por não ter instituído o reino em seu próprio tempo de vida. O reino messiânico não chegara e Jesus, sua vida e ensinamentos deviam ser vistos como um triste fracasso. O estudioso inglês C. H. Dodd, em livros como *Parables of the Kingdom* (1935), tentou restabelecer o equilíbrio, sugerindo que Jesus pregara uma "escatologia realizada". O reino estava "à mão", isto é, era no aqui e agora. Não precisávamos esperar por ele como por um evento futuro, quando o Filho do Homem desceria numa nuvem. Embora Dodd tivesse razão ao sugerir que Jesus não estava simplesmente pregando sobre o fim dos tempos, resta o fato inescapável de que esse elemento está sobremodo presente nos pronunciamentos preservados de Jesus, e a probabilidade esmagadora é que ele, em comum com muitos judeus de sua época, esperava a redenção de Israel e o advento da Era Messiânica como um fato concreto na História e, possivelmente, durante seu período de vida. Se preservou essa crença até o fim de seus dias é assunto para debate.

temos perdoado aos nossos devedores; e não nos
deixeis cair em tentação; mas livra-nos do mal.[42]

No início da oração, após o reconhecimento da paternidade e santidade do Todo-Poderoso, Jesus reza: "Venha o Teu reino!" Os estudiosos têm provavelmente razão quando dizem que Jesus acreditava que, muito breve, Deus instituiria um reino especial na terra. As palavras "reino de Deus" são muito conhecidas no Velho Testamento e nos escritos rabínicos.[43] O reino é uma metáfora que significa muitas coisas. Pode significar a aliança entre Deus e Moisés no Sinai. E significar o pacto do judeu individual de viver como filho leal de Deus. Diz o rabi Joshua ben Karha: "Por que a seção *Ouve, Israel* (Deut. 6:4-9) precede [a seção] *Diligentemente, guardarás os mandamentos do Senhor teu Deus?* – de modo que o homem possa primeiro assumir o jugo do reino do céu e depois assumir o jugo dos mandamentos." (Berakoth, 2:2).[44] Jesus sem dúvida alguma ensinou a seus seguidores que o reino chegaria como um fato concreto, conforme profetizado por Daniel. Mas também pensava ingenuamente que o reino estava muito próximo, no sentido em que seus seguidores poderiam nele viver.[45] E assim no Pai-Nosso, como aliás em outras palavras suas, há a sugestão de que os judeus deviam ter absoluta e ingênua confiança no Criador. Ele "vestia" as aves do céu e as flores da terra. E da mesma maneira os alimentaria e vestiria. Os judeus haviam sido especialmente escolhidos por Deus, como se fossem lâmpadas para iluminar o mundo sombrio, como sal para dar sabor a toda a terra, como fermento sem o qual o pão não cresceria. Essas palavras em Mateus não fazem sentido real se aplicadas a "cristãos", tipos de pessoas que Jesus, claro, nunca imaginou existir. São expressões da vocação judaica. "Sois a luz do mundo."[46] O Quarto Evangelho, que faz Jesus corporificar a verdadeira resposta de Israel, a verdadeira

[42] Mateus, 6:9-13.

[43] Para uma visão geral muito sensata, consultar os livros seguintes de N. Perrin: *The Kingdom of God in the Teaching of Jesus* (1963) e *Rediscovering the Teaching of Jesus* (1967).

[44] E. P. Sanders: *Jesus and Judaism* (1985), 141.

[45] Marcos, 1:15.

[46] Mateus, 5:14.

resposta da humanidade a Deus, dentro de si mesmo, põe na boca de Jesus as palavras: "Eu sou a luz do mundo."[47] Jesus, porém, acreditava que os judeus eram a luz do mundo e que sua missão era ensinar-lhes como fazer com que essa luz brilhasse forte.

O ponto em que divergia de muitos de seus contemporâneos era no reconhecimento da admissão, no reino, dos "coletores de impostos e pecadores", isto é, de traidores – aqueles que flagrantemente desobedeceriam à Lei de Deus.

A razão que Jesus tinha para admitir esses indivíduos no reino pode ser discernida na leitura de suas muitas parábolas, que apresentam uma visão radical de Deus. Um homem tem dois filhos. Um pede sua herança e viaja para um país estrangeiro, onde gasta a fortuna em mulheres e vida desregrada. No fim, quando está reduzido a passar fome e a um emprego de guardador de porcos (a ocupação mais impura possível para um judeu, e onde sente tanta fome que come no mesmo cocho com os animais proibidos – que comentário sobre as leis alimentares!), o jovem volta para casa. Resolve pedir perdão ao pai e perguntar se pode ser recebido como um de seus assalariados. Mas quando chega à vista da casa, vê que o pai o espera a uma grande distância. O velho recebe-o de braços abertos. Manda sacrificar o novilho mais gordo e dá uma grande festa. O outro filho, compreensivelmente, fica furioso. Como podia o pai recompensar o irmão, que era um mulherengo, quando nunca premiara o filho virtuoso?

Ou, mais uma vez, Jesus conta a história de um homem que sai à procura de trabalhadores. Concorda com um grupo de indivíduos em pagar-lhes um centavo ao dia. Ainda assim, há falta de trabalhadores no vinhedo, de modo que ele sai a intervalos durante o dia para contratar outros. As condições são sempre as mesmas. Ao fim do dia, os homens que ele contratou primeiro recebem um centavo, por terem suado durante as horas mais quentes e cansativas do dia. Os perdulários e os indolentes que chegaram por último e trabalharam apenas uma hora recebem o mesmo salário: um centavo.

[47] João, 8:12.

Ou, novamente, dois homens. O primeiro era rico, vivia no luxo e comia bem. O outro era pobre e levava uma vida de sofrimento e miséria, coberto de chagas, que os cães do rico condescendiam em lamber. Morreram em seguida os dois, o rico foi para o inferno e o pobre subiu para o céu. Nada havia na história a indicar que o pobre fosse virtuoso e perverso o rico. No inferno, o rico implora ao pobre que venha e lhe alivie os sofrimentos, mesmo que oferecendo apenas um gole de água. Abraão, porém, em cujo seio repousa o pobre, não permite tal coisa, dizendo que há um golfo intransponível entre o pobre e o rico.

Ou, ainda, um mordomo desonesto é despedido pelo senhor. Ele chamava um dos devedores do senhor e lhe perguntava quanto deve. "Cem medidas de óleo." O mordomo dava ao homem um recibo de cinqüenta. O devedor seguinte chegava dizendo que devia cem medidas de trigo e era debitado em apenas oitenta. Quando o senhor descobre que o mordomo infiel o enganou, ainda assim elogia-lhe a engenhosidade "porque os filhos deste mundo são mais sábios do que os filhos da luz".

O reino é um mundo em que a moralidade, em um nível simples, não parece ser tão importante como outra coisa qualquer. Por que, na história de Jesus sobre o coletor de impostos e o fariseu que oram no Templo, Deus favorece o primeiro e deixa de escutar o segundo? Porque o coletor permite a Deus que seja Deus. Ele mesmo não assume a iniciativa moral. É meramente um instrumento passivo no qual pode ser vertido o perdão de Deus.

Em todo o Velho Testamento perpassa esse fio de raciocínio judaico sobre Deus:

Quanto dista o Oriente do Ocidente,
Assim afasta de nós as nossas transgressões,
Como um pai se compadece de seus filhos,
Assim o Senhor se compadece dos que o temem,
Pois ele conhece a nossa estrutura,
E sabe que somos pó.[48]

[48] Salmo, 102:12-14.

E sobrevive, no judaísmo moderno, na história contada por um rabi sobre o pecador que morreu e foi interrogado por Deus. "Obedeceste à Torá?", pergunta-lhe Deus. "Não", responde o homem. "Lembraste-te de fazer tuas orações?" "Não." "Foste pelo menos fiel à tua esposa?" "Não." "Então, entra no céu", diz Deus. "Por quê?" – pergunta o homem. "Se confessei que fui adúltero, não rezei minhas orações, e não observei a Torá?" "Porque disseste a verdade", respondeu Deus.

Há certo elemento dessa história nos ensinamentos de Jesus, mas ele acrescenta algo altamente característico e que é a atividade urgente, anelante, de Deus em relação não aos justos, mas aos pecadores. O pastor busca nas encostas da colina a única ovelha perdida, embora possua outras 99 no rebanho. A mulher que perdeu uma única moeda passa um pente fino na casa e depois, absurdamente, dá uma festa para os vizinhos quando finalmente descobre o pequeno valor.

Essa é a medida do amor e da compaixão de Deus, que também se estendem àqueles que ainda não se arrependeram. João Batista, em comum com outros mestres religiosos de seus dias, ensinava que os pescadores deviam se arrepender e voltar-se para Deus. Os fariseus também ensinavam isso e não eram tão exclusivistas como, digamos, a comunidade de Qumran. Assim, enquanto fosse virtuoso, um judeu poderia aguardar com esperança a vinda do Senhor, de acordo com a fé dos fariseus. Jesus, porém, virou tudo isso de pernas para o ar. O sócio ativo no relacionamento entre Deus e a raça humana é Deus. Suas recompensas são distribuídas arbitrariamente, tenha ou não o indivíduo sido virtuoso ou poderoso aos olhos do mundo. A erudição em torno do Novo Testamento colocou uma ênfase falsa e sentimental na pobreza dos seguidores deles que escandalizava os contemporâneos, mas o fato de que Jesus parecia admiti-los em seu "reino" *antes* de se arrependerem. Essa não era decerto uma prática que o tornasse querido dos fariseus. Nem era algo que os "cristãos" fizessem o menor esforço para seguir, conforme podemos ver na leitura dos Atos dos Apóstolos ou das Epístolas de Paulo, nas quais os "pecadores" são expulsos da "Igreja", castigados e, mesmo em uma ocasião, fulminados por suas transgressões. Podemos supor, desde que a aceitação de pecadores não era costume da Igreja primitiva, mas que ainda assim permaneça parte tão característica dos Evangelhos, constituía elemento autêntico da mensagem de Jesus.

Era algo que penetrava muito mais fundo e mais longe do que uma divergência entre um galileu tolerante e um sacerdote rigoroso de Jerusalém sobre a questão de abluções rituais ou alimentação. Os "escribas e fariseus" não eram apenas obcecados por trivialidades rituais nem Jesus desdenhava inteiramente as práticas rituais judaicas. A diferença é um profundo golfo imaginativo e teológico tão largo quanto o golfo decretado por Abraão para separar o rico do pobre na parábola de Jesus. Por um lado, temos um entendimento de religião que coloca a iniciativa sobre os ombros do homem. O judeu pode escolher até que ponto obedecerá às leis de Deus, pode segui-las ou não, na medida em que se estender sua riqueza ou sabedoria. Na medida em que seguir a Torá, agradará a seu Criador e, em última análise, encontrará serenidade e alegria. Mas, para Jesus, isso não era suficiente. Esse sistema de observâncias – por extensão, qualquer sistema desse tipo – poderia ocorrer sem Deus estar vivo ou mesmo existir. Poucos pensadores religiosos demonstraram menos interesse pelo imperativo categórico de Kant do que Jesus. Não é tanto que ele tivesse virado pelo avesso a moralidade, como quando perguntou até onde ela levava o indivíduo. Sua resposta parece ter sido: não muito longe, se o fim de suas esperanças é a construção do reino na terra. O reino não seria completo para ele, a menos que contivesse toda Israel: e isso significava os intocáveis, os impuros, os párias e os pecadores. Era a esses que Deus estendia as mãos em amor anelante. Essa mensagem teria forçosamente, nos estágios iniciais, de despertar um imenso interesse popular, sobretudo entre a classe dos desprivilegiados. Combinado com seus talentos de exorcista e curandeiro, não é de surpreender que Jesus fosse seguido por multidões entusiásticas por toda a região da Galiléia. Nem deveríamos ficar surpresos que, quando falasse, seus ensinamentos fossem considerados tão revolucionários, "porque os ensinava como quem tem autoridade, e não como os escribas".[49]

[49] Marcos, 1:22.

Capítulo 7

Paz: a multiplicação dos pães

No início do *Doutor Jivago*, de Pasternak, ocorre uma conversa notável sobre a importância de Jesus Cristo na História. Um dos personagens diz que é possível duvidar da própria existência da Divindade, "mas, ainda assim, acreditar que o homem não vive no estado de natureza, mas de História, e que a História, tal como a conhecemos agora, começou com Cristo e foi fundada por Ele nos Evangelhos... O que é ela? Em primeiro lugar, o amor ao próximo – a forma suprema de energia viva. E, em segundo, os dois conceitos que são a parte principal da constituição do homem moderno... as idéias de personalidade livre e de vida como sacrifício..."[1]

Lendo essas palavras, membros de uma tradição não-cristã talvez fiquem surpresos por um russo ortodoxo acreditar que só Jesus pode ser julgado responsável pela existência de bondade e altruísmo no mundo. Não obstante, os Evangelhos nos apresentam a uma série ampla de tipos humanos diferentes, a quem Jesus dá meios para tornarem autênticos. Um rabi importante procura-o na calada da noite – Nicodemos. É bem verdade que temos aí a metáfora do Quarto Evangelho sobre a velha ordem do judaísmo procurando Jesus num estado de ignorância em que se encontra, mas isso não significa que tal encontro não tenha ocorrido. Jesus disse a Nicodemos que ele precisava renascer, sacudir de si todos os antigos valores e começar a ver o mundo com novos olhos, tal como uma criança recém-nascida. Compreensivelmente, Nicodemos ficou confuso,[2] mas ele foi, de fato, uma pessoa real. Nas obras de Josefo podemos encontrar referências a ele. E é nos encontros com essas pessoas reais que podemos começar a formar uma impressão de como era Jesus.

[1] Boris Pasternak: *Doutor Jivago* (ET, 1958), 19.

[2] João, 3:1-10.

Os Evangelhos transbordam de personagens. Em muitos casos, os evangelistas resolveram transformá-los em símbolos adaptados aos seus objetivos teológicos. O servo do sumo sacerdote torna-se Malko, o rei. Não é acidente, no Evangelho de Marcos, para o qual a vida dos patriarcas servia como uma espécie de padrão para medir a vida de Jesus, que este tivesse sido entregue por Judas a homens violentos, da mesma forma que foi Judá, o irmão de José no Gênese, que traiu o sonhador, vendendo-o como escravo.

Subjacente a essas interpretações sobre quem eram eles, contudo, permanece o fato de que esses indivíduos provavelmente existiram. E é sobretudo por meio dos contatos de Jesus com tais pessoas que podemos começar a vislumbrar o tipo de homem que ele era. É reveladora a reação delas a Jesus. Atribuem-lhe a autoridade de exorcista e curandeiro. No capítulo 5 de Marcos, encontramos pessoas muito diferentes, todas procurando Jesus em suas horas de necessidade.

Em primeiro lugar, temos o endemoniado que vive entre sepulcros na montanha, na terra dos gadarenos, na praia oriental do mar da Galiléia. Trata-se de uma figura assustadora. Tentaram prendê-lo com cadeias, mas tal era a força de sua fúria que sempre se soltava. Vagueava por essa inóspita zona montanhosa, clamando por entre os sepulcros e cortando-se com pedras. Jesus encontrou-o e os "demônios" que estavam no louco gritaram que Jesus os atormentava. Jesus perguntou ao homem o seu nome. "Meu nome é legião, porque somos muitos", respondeu ele.[3]

É uma troca de palavras que possui todos os elementos de veracidade e que poderia ter ocorrido em qualquer tempo e lugar entre um homem de personalidade dissociada e um homem normal. Jesus, o exorcista e curandeiro, ordena aos demônios que saiam do homem e "os envia" para que entrem em uma manada de porcos que por ali pastava. Presumivelmente, os gritos do pobre homem foram suficientes para assustar os porcos, e os animais precipitaram-se despenhadeiro abaixo e mar adentro, onde se afogaram. Os fazendeiros locais, muito compreensivelmente, rogaram a Jesus que prosseguisse em seu caminho. Uma coisa era

[3] Marcos, 5:9.

visitantes judeus se absterem de comer porcos, mas outra muito diferente era invadirem as fazendas dos gentios e lhes destruírem os meios de sustento.

Tal como todas as histórias de Marcos, essa foi adaptada de modo que o pregador pudesse usá-la para contar à Igreja antiga uma verdade, como a entendia, sobre Jesus. No seu tempo, Jesus possuía um grande poder de cura. Jesus poderia, ensina-nos Marcos, curar nossos conflitos e dissociações interiores se o procurássemos. Esse é o aspecto evangélico da história. O endemoniado da caverna, no entanto, parece muito real. Mais real, curiosamente, do que Jesus.

Em seguida, conhecemos Jairo, um homem muito diferente. Era o sumo sacerdote da sinagoga de Cafarnaum, provavelmente a mesma sinagoga cujas fundações foram descobertas nos últimos vinte anos. Está em desespero por causa da filha, que se encontra à morte. Jesus dirige-se à casa e, a caminho, encontra outro infeliz: uma mulher que há 12 anos sofria de hemorragia – "um fluxo de sangue". Acreditava ela que se apenas tocasse as vestes de Jesus, ficaria curada. Aproximou-se dele por trás e Jesus, virando-se no meio da multidão, perguntou: "Quem me tocou as vestes?" Os discípulos ficaram espantados, uma vez que ele fora tocado e apertado por tantas pessoas. Naquele momento, diz a história, Jesus tornou-se consciente de que o poder curador que nele existia estava sendo usado. E a mulher ficou curada. Depois dessa cura, Jesus chegou à casa de Jairo e encontrou em andamento toda a cerimônia dos funerais, com carpideiras de aluguel chorando e a família em estado de choque. Quando disse que a moça não estava morta, riram, zombando dele. Sem ligar a tais reações, mandou que todos saíssem e dirigiu-se para o lado da cama da jovem. "*Talitha cumi!*" "Menina, eu te ordeno, levanta-te." Quando a moça abriu os olhos, Jesus imaginou que ela devia estar com fome. Disse à família que mantivesse a cura em segredo e que dessem de comer a ela.[4]

As palavras de Jesus à filha de Jairo foram adotadas como grito de guerra pelas feministas do século XIX. "Menina, levanta-te!" foram palavras inscritas nos brasões de colégios e escolas que, pela primeira vez na História, haviam sido

[4] Marcos, 5:35-43.

criadas com o objetivo específico de educar mulheres. Mas essa não era uma novidade total. Em contraste com São Paulo e cristãos antigos, Jesus nem temia as mulheres nem as tratava como se fossem uma subespécie. Parece que estava disposto a desafiar as convenções nesse particular e ser amigo das mulheres em um tempo e lugar em que ninguém esperava que os sexos confraternizassem socialmente em igualdade de condições. Alguns de seus discípulos mais chegados foram mulheres.

Perto de Cafarnaum, a cidade de Magdala, que é hoje apenas uma pequena aldeia, abrigava, na época de Jesus, trinta mil ou quarenta mil almas. A mulher conhecida na História como Maria Madalena era natural dessa cidade. O Evangelho de Lucas diz que ele expulsou "sete demônios" dessa mulher. Presumivelmente, isso significa que ela sofria de crises epilépticas. Maria tornou-se uma de suas discípulas e estaria com ele em Jerusalém, na hora da sua morte.

Em uma injustiça à memória dessa mulher, ela foi identificada na Igreja antiga como sendo a prostituta que, no capítulo 7 de Lucas, ungiu os pés de Jesus na casa de Simão, o fariseu.[5] Foi ainda identificada com outra Maria, que era natural da aldeia de Betânia, perto de Jerusalém.[6] Não há no Novo Testamento nenhuma prova de que Maria Madalena fosse prostituta ou pecadora. E menos ainda que ela e Jesus fossem amantes, ou se tivessem casado, como alegaram por vários círculos absurdos. Tampouco há qualquer prova da lenda do século IX, de que ela emigrou para a França e foi sepultada em Aix-en-Provence. Ainda assim, sua presença nos Evangelhos, e importância como suposta testemunha da ressurreição de Jesus, soa evidências de que era pessoa muito chegada a Cristo. O fato de haver tantas mulheres entre seus seguidores constitui indicação de que Jesus não estava planejando fundar um movimento paramilitar com a missão de derrubar os romanos. Se tal fosse sua intenção, teria escolhido apenas seguidores masculinos.

Se Maria Madalena não foi "pecadora", os Evangelhos nos dizem que Jesus não desprezava a companhia das que o eram. Sabemos do relato a que já aludimos,

[5] Lucas, 7:37.

[6] Veja o próximo capítulo.

da mulher que aparece na casa de Simão, o fariseu. Trata-se de uma história inteiramente compatível com as parábolas de Jesus e não é de espantar que tenha tocado tão profundamente todas as gerações de cristãos desde que foi escrito o Evangelho de Lucas. "E eis que uma mulher da cidade, pecadora, sabendo que ele estava à mesa na casa do fariseu, levou um vaso de alabastro com ungüento; e, estando por detrás, aos seus pés, chorando, regava-os com suas lágrimas e os enxugava com os próprios cabelos; e beijava-lhe os pés e os ungia com o ungüento." O fariseu protestou e disse que, se Jesus fosse na verdade um profeta, teria sabido que tipo de mulher ela era. E Jesus replicou: "Simão, uma coisa tenho a dizer-te. Ele respondeu: Dize-a, Mestre... Jesus disse: Vês esta mulher? Entrei em tua casa e não me deste água para os pés; esta, porém, regou os meus pés com lágrimas e os enxugou com os seus cabelos. Não me deste ósculo; ela, entretanto, desde que entrei, não cessa de me beijar os pés... Por isso te digo: Perdoados lhe são os seus muitos pecados, porque ela muito amou."[7]

Um fragmento comparável foi preservado em alguns dos manuscritos do Quarto Evangelho, embora saibamos que não fazem parte do texto original. (Todos eles exibem sinais de pertencerem à tradição de Lucas.) Lemos em João, nos capítulos 7:53 a 8:11, a história da mulher, surpreendida em adultério, e levada pelos fariseus a Jesus para julgá-lo. Lembram-lhe eles que, na lei de Moisés, está escrito que a adúltera deve ser apedrejada. "Mas Jesus, inclinando-se, escrevia na terra com o dedo. Como insistissem na pergunta, Jesus levantou-se e lhes disse: Aquele que dentre vós estiver sem pecado, seja o primeiro que lhe atire pedra. E tornando a inclinar-se, continuou a escrever no chão." Esse é um dos detalhes mais notavelmente naturalistas de todos os Evangelhos, esse de um homem silencioso, pensativo, olhando para a terra, escrevendo com o dedo no chão. Acusados pela própria consciência, um por um os fariseus retiraram-se, ficando só Jesus e a mulher no lugar onde estavam. Pergunta ele a mulher: "Ninguém te condenou? Respondeu-lhe ela: Ninguém, Senhor. Então lhe disse Jesus: Nem eu tampouco te condeno; vai, e não peques mais."[8] Se essa história é tão

[7] Lucas, 7:37-38, 44, 45, 47.

[8] João, 8:10, 11.

diferente do restante do Quarto Evangelho em estilo e vocabulário que os estudiosos podem discernir imediatamente que se trata de uma interpolação, ela nem por isso se choca inteiramente com as idéias e a teologia do Quarto Evangelho. No capítulo 4 desse livro, lemos sobre o encontro realmente espantoso que Jesus teve com a samaritana no poço de Jacó, em Sichar (a moderna Nablus, palavra derivada de Neapolis, ou Nova Cidade, conhecida em hebraico como Shechem).

O estilo em que essa história foi contada é típico da maneira como o Quarto Evangelho extrai significado místico das experiências mais simples da vida diária. Jesus está com sede. É meio-dia. Os discípulos foram fazer compras e deixaram-no sozinho. Aproxima-se uma mulher. Jesus pede-lhe água. Ela manifesta surpresa por um judeu falar com uma samaritana, pois judeus e samaritanos não se davam uns com os outros. Jesus diz que se ela soubesse "quem é o que te pede", seria ela a pedir, e Jesus lhe daria água que seria nela uma fonte de vida eterna e ela nunca mais sentiria sede. Ela pede essa água. "Vai, chama teu marido e vem cá", responde Jesus. "Não tenho marido." "Bem disseste, não tenho marido, porque cinco maridos já tiveste, e esse que agora tens não é teu marido." Segue-se então a sublime discussão entre a mulher e Jesus sobre as alegações religiosas rivais de samaritanos e judeus – se Deus deve ser adorado no Monte do Templo, em Jerusalém, ou no Templo Samaritano do Monte, em Gerizim. A maneira como foi estruturada a cena é típica do supremo gênio literário e teológico do autor do Quarto Evangelho. Por trás da história, há o Lecionário da Sinagoga, o que explica as coincidências talvez surpreendentes: a conversa sobre água e sua significação religiosa; a conversa sobre adoração e montanhas; e os detalhes aparentemente bisbilhoteiros sobre a vida emocional *mouvementé* da mulher. Somos levados mais tarde nesse capítulo à época do ano em que se passa a cena – quatro meses antes da colheita. Por esse estalão, o Lecionário da Sinagoga seria a história de Rebeca, que vai buscar água para o servo de Abraão (Gênese, 24), e a história de Moisés, que, fugindo do faraó, recebeu ajuda das sete filhas de Midiã, quando se sentou cansado junto a um poço. A história de Ezequiel 16 diz que essa mulher teve muitos amantes. Além disso, se supusermos que a história da mulher no poço deve corresponder às leituras do segundo sábado do Shebat, então, no terceiro ano desse ciclo trienal, a Lição seria a do capítulo 27 do Deuteronômio: as instruções de Deus a Moisés sobre a maneira como quer ser adorado quando os hebreus entrarem em Canaã. "E Moisés deu ordem naquele dia ao povo, dizendo: Quando houveres passado o Jordão, estarão sobre o monte Gerizim, para abençoarem o povo, estes:" e dá os nomes das tribos.[9] E é o monte Gerizim que se alteia sobre Jesus e a mulher quando se encontram no poço de Jacó. Em outras palavras, o Quarto Evangelho, com extraordinária complexidade e referências veladas, instila nesse incidente "comum" ecos escriturais, bem como prenúncios de seu drama intrínseco. É a sexta hora e Jesus diz que está com sede. Chegará outra ocasião, na sexta hora, em que ele voltará a sentir sede.

Central a todo o diálogo posto nos lábios da mulher e de Jesus pelo Quarto Evangelho é a idéia de que a observância do ritual judaico – na verdade, por implicação, toda observância ritual e organização religiosa – será substituída no futuro por adoração autêntica e espiritual. Diz a mulher: "Nossos pais adoravam neste monte; vós, entretanto, dizeis que em Jerusalém é o lugar onde se deve adorar. Disse-lhe Jesus: Mulher, podes crer-me que a hora vem, quando nem neste monte, nem em Jerusalém adorareis o Pai... os verdadeiros adoradores adorarão o Pai em espírito e em verdade... Deus é espírito; e importa que os seus adoradores o adorem em espírito e em verdade..."[10]

O capítulo 4 de João é um dos exemplos supremos do modo como o Quarto Evangelho consegue ministrar imediatamente toda a pregação que contém. Um homem, num dia quente, pede um pouco de água a uma mulher e, nessa curta narrativa, ouvimos ecos (para os samaritanos e judeus, que foram os primeiros a ler esse Evangelho, imediatamente reconhecíveis) do Lecionário da Sinagoga; temos um prenúncio da sexta hora em que Jesus sente sede na sua Sagrada Paixão. Encontramos também no Quarto Evangelho a clássica postura antiinstitucional, anti-ritualística da verdadeira adoração, e temos o glorioso simbolismo do poço, a fonte que vai jorrar dentro de nós eternamente, para que nunca mais

[9] Deut., 27:11-12.

[10] João, 4:20, 23, 24.

tenhamos sede. Ainda assim, no fundo de tudo isso, permanece essa história de Jesus e a mulher. Obviamente, tendo dito tanto sobre o artifício da técnica narrativa desse relato, seria paradoxal de minha parte alegar que se trata de uma história realista, mas é isso o que parece. Esse é o grande paradoxo de João. Quanto mais ele empilha artifício sobre artifício, tropo sobre tropo, mais real se torna o quadro que pinta, até o ponto em que fica quase impossível não acreditar que um diálogo como esse, com uma samaritana, deve ter acontecido. Contudo, sem forçar a historicidade desse episódio, ou qualquer outro evento nos Evangelhos, podemos observar uma coisa: os Evangelhos apresentam Jesus como amigo de pecadores. Em suas parábolas, e parece que também em sua vida, pregou o perdão dos pecadores. Afigura-se, a vista de seus ensinamentos, que Jesus os receberia no reino do céu. E podemos ter razoável confiança em que esse é o ensinamento autêntico de Jesus, desde que não foi o ensinamento da Igreja antiga.

Quando ouviu dizer que um coríntio casara com a madrasta, Paulo declarou que toda a comunidade cristã devia ficar de luto. O homem precisava ser afastado da companhia dos crentes e tratado como se fosse um pária.[11] É bem verdade que, posteriormente, Paulo ficou mais brando em relação ao culpado, mas é impossível pensar no Jesus dos Evangelhos reagindo dessa maneira a um homem cuja condição matrimonial desaprovava. De idêntica maneira, os Atos dos Apóstolos deixam meridianamente claro que pecadores não eram bem-vindos nas igrejas. Ananias e Safira tiveram motivos para lamentar a decisão de se batizarem, visto que foram fulminados por São Pedro pelo pecado de dar uma mera metade de seus bens terrenos à Igreja. São Pedro queria tudo.[12]

Poucos trechos são mais extraordinários nos Evangelhos do que a Transfiguração, a ocasião em que três amigos de Jesus viram-no transfigurar-se diante deles, e seu rosto resplandecer como o sol, suas vestes tornaram-se brancas como a luz e compreenderam que ele era um dos Iluminados, como Moisés e Elias. Nos Evangelhos Sinópticos, esse é um dos momentos culminantes na história de

[11] I Cor., 5:1-5.

[12] Atos, 5:1-11.

Jesus, no mesmo nível do milagre da multiplicação dos pães. Tais momentos revestem-se de grande importância porque contribuíram para definir Jesus aos olhos das demais pessoas. Podemos começar imaginando não só como essas histórias se encaixam nos Evangelhos, mas como lhes explicam a composição – e, antes disso, como determinaram o curso da vida de Jesus.

É interessante notar que a Transfiguração não ocorre no Quarto Evangelho pela razão muito simples de que não era necessário, de acordo com a teologia do livro, esse momento ser incluído na história. Para o quarto evangelista, a glória de Jesus, e a glória de Deus nos sinais de Jesus, haviam sido reveladas já numerosas vezes. Nesse livro não havia necessidade de um momento de ilustração numa encosta de montanha.

Mateus, Marcos e Lucas, no entanto, contam que Jesus levou três discípulos ao alto da montanha. Foram eles Pedro, Tiago e João. À vista deles, Jesus é transfigurado. "E seu rosto resplandecia como o sol, e as suas vestes tornaram-se brancas como a luz."[13] Os três homens, segundo essa visão, viram Jesus em companhia de Moisés e Elias, isto é, o doador da Lei e o maior dos profetas. Passada a experiência visionária, quando "levantaram os olhos, a ninguém viram senão só a Jesus".[14]

Trata-se de um momento de extraordinária intensidade, que os próprios evangelistas parecem achar impossível descrever adequadamente. Momento comparável aconteceu na vida do Buda, quando encontrou na estrada um mendigo que lhe disse: "Os sentidos dos demais são irrequietos como cavalos, mas domaste os teus. Outros seres são apaixonados, mas tuas paixões cessaram. Teu corpo brilha como a lua no céu noturno e pareces renovado pelo sabor doce de uma sabedoria recém-adquirida. Tuas feições se iluminaram com poder intelectual, tu te tornaste senhor de teus sentidos e tens os olhos de um touro poderoso."[15] De todos os encontros pessoais que Jesus teve com amigos e conhecidos, o da Transfiguração foi o mais notável. Alguns comentaristas tentaram convencer-nos de

[13] Mateus, 17:2.

[14] Marcos, 9:7.

[15] Escrituras budistas, nova tradução de Edward Conze (Harmondsworth, 1959), 53.

que o incidente está mal colocado na tradição sinóptica e que essa visão de Jesus deve, na realidade, ter acontecido após a sua morte, ocasião em que os discípulos estavam emocionados com a fé na ressurreição. Uma das razões do argumento dos comentaristas é que se Pedro, Tiago e João tivessem experimentado essa visão de Jesus enquanto ele vivia, certamente não poderiam abandoná-lo no fim. Mas essa é uma das coisas humanamente plausíveis nos Evangelhos. Mesmo aqueles que haviam "contemplado a glória", na frase do Quarto Evangelho, foram capazes da mais completa deslealdade.

Não tenho a menor dificuldade em acreditar que a história da Transfiguração refere-se a alguma coisa que realmente aconteceu durante a vida terrena de Jesus. Seria tolice tentar explicá-la. Com toda certeza, a experiência não levou ninguém presente na ocasião a proclamar que Jesus era divino, ou um deus, ou ainda a Segunda Pessoa da Santíssima Trindade. O importante é que tinham experimentado através dele a Revelação, e não que ele mesmo fosse uma divindade. Se esse evento tivesse ocorrido em outra cultura ou em outra ocasião, seria descrito de formas diferentes. Se Jesus tivesse sido um índio, seus seguidores poderiam tê-lo visto como um avatar ou encarnação divina. Parecia natural no mundo helenizado, à medida que os convertidos cristãos aprendiam a conviver com o mistério do monoteísmo e a abandonar as lendas politeístas que haviam sustentado as velhas religiões, transformar Jesus também em uma encarnação. Parece altamente improvável que uma linguagem simbólica desse tipo fosse possível no contexto imaginativo do monoteísmo puro. Faz sentido, no entanto, supor que Jesus transmitiu àqueles com quem entrava em contato a impressão de estar extraordinariamente próximo do Pai Celestial. Neste particular, as curas e ensinamentos andam de mãos dadas. Pessoas procuravam-no em grandes números não só porque ele realmente as curava, mas porque acreditavam que, no âmbito da experiência de cura, haviam aprendido a compreender o amor por elas do Criador. Esse é o motivo por que Jesus, em comum com outros curandeiros, dizia que lhes haviam sido perdoados os pecados. Fariseus objetaram a isso em mais de uma ocasião e aqueles que se apegam à crença de que Jesus era a Segunda Pessoa da Trindade ou à idéia macabra de que o pecado humano só podia ser perdoado pela morte de Jesus na cruz, não compreendem bem o argumento dessas histórias do Evangelho. O Pai Celestial *as havia perdoado*. Essa era a essência dos ensinamentos de Jesus e o que causava escândalos entre àqueles que, como os fariseus ou essênios, acreditavam que perdão só podia ser concedido aos puros. Paralelamente, ele mesmo teria alcançado um alto nível de pureza e iluminação. A doutrina cristã da ausência de pecado em Jesus, tal como a idéia de ele ser uma divindade encarnada, é daquelas que ameaça privar a figura central dos Evangelhos de sua seriedade moral. Um jovem correu certa vez para Jesus e lhe perguntou o que deveria fazer para alcançar a vida eterna. "Bom Mestre, que farei para herdar a vida eterna?" Jesus corrigiu-o: "Ninguém é bom, senão um só, que é Deus."[16] Mesmo nos Evangelhos, lemos sobre Jesus perdendo a calma, brigando com a família, cometendo erros e arrependendo-se depois. Ele é mostrado como um ser humano completo. Mas era na riqueza dessa humanidade que aqueles que o conheciam sentiam-no perto do céu.

Chegamos ao clímax do trabalho de Jesus na Galiléia: aquele episódio que o Evangelho de Marcos chama de a Multiplicação dos Pães (não o milagre dos pães, apenas a Multiplicação dos Pães). O Quarto Evangelho faz uma distinção entre o incidente e os sinais de Jesus. "Vós me procurais não porque vistes sinais, mas porque comestes dos pães e vos fartastes."[17]

Os Evangelhos registram a decepção de Jesus quando nem mesmo os discípulos mais chegados compreenderam o episódio da Multiplicação dos Pães. Será possível que possamos compreendê-lo – distanciados como estamos do incidente não só pelo tempo, mas por gerações do Midrash cristão sobre essa história? Não podemos ter certeza de coisa alguma, claro, mas um livro sobre Jesus que evite interpretar a Multiplicação dos Pães corre o perigo óbvio de interpretar mal o nosso personagem, desde que está registrado que ele atribuiu um valor supremo e simbólico ao fato. Mas refresquemos a memória sobre o incidente.[18] Uma

[16] Marcos, 10:18.

[17] João, 6:26.

[18] Marcos menciona dois desses incidentes, o primeiro em que Jesus alimenta uma multidão de cinco mil pessoas (Marcos, 6:30-44) e outro quando faz o mesmo com quatro mil (Marcos, 8:1-10). Alguns comentaristas argumentam que houve apenas uma multiplicação de pães, mas que sobre-

vez que o simbolismo cristão é muito mais evidente ao olho moderno na versão do Quarto Evangelho, citá-la-ei em sua totalidade:

> Depois destas coisas atravessou Jesus o mar da Galiléia, que é o de Tiberíades. Seguia-o numerosa multidão, porque tinham visto os sinais que ele fazia na cura dos enfermos. Então subiu Jesus ao monte e assentou-se ali com os seus discípulos. Ora, a Páscoa, festa dos judeus, estava próxima. Então Jesus, erguendo os olhos e vendo que grande multidão vinha ter com ele, disse a Felipe: Onde compraremos pães para lhes dar a comer? Mas dizia isto apenas para experimentar; porque ele bem sabia o que estava para fazer. Respondeu-lhe Felipe: Não lhes bastariam duzentos denários de pão, para receber cada um o seu pedaço. Um de seus discípulos, chamado André, irmão de Simão Pedro, informou a Jesus: Está aí um rapaz que tem cinco pães de cevada e dois peixinhos; mas isto que é para tanta gente? Disse Jesus: Fazei o povo assentar-se; pois havia naquele lugar muita relva. Assentaram-se, pois, os homens em número de quase cinco mil. Então Jesus tomou os pães e, tendo dado graças, distribui-os entre eles; e também igualmente os peixes, quanto queriam. E quando já estavam fartos, disse Jesus aos seus discípulos: Recolhei os pedaços que sobraram, para que nada se perca. Assim, pois, o fizeram e encheram 12 cestos de pedaços dos cinco pães de cevada, que sobraram aos que haviam comido.

A versão de Marcos é mais enxuta, embora seja essencialmente a mesma. Na de Marcos, a multidão simplesmente recebe o pão. Em João, ela ganha pães de cevada, porque ele quer que seus leitores lembrem-se do profeta Elias que,

vivem duas histórias sobre ela. Outros chamam a atenção para o significado simbólico das multiplicações e consideram a primeira (com seus 12 cestos de pedaços de pão e peixe, correspondentes às 12 tribos de Israel) como a missão de Jesus junto aos judeus e a segunda (com sete cestos de pedaços) correspondentes aos não-judeus, uma vez que essa multiplicação acontece em Decápolis, as "Dez Cidades". Ao limitar minha discussão à multiplicação que ocorre em Marcos e no Quarto Evangelho, não estou sugerindo que tivesse havido apenas uma dessas demonstrações por parte de Jesus, mas apenas tentando concentrar-me em sua significação.

milagrosamente, alimentou cem esfomeados profetas no Segundo Livro dos Reis.[19] Marcos não menciona pelo nome os discípulos que discutiram com Jesus a questão dos alimentos para a multidão. João nos diz que foi Felipe quem duvidou e que André mostrou o caminho. (Nesse Evangelho, Felipe e André são, desde o primeiro capítulo, os que levam os demais a seguir Jesus.) Além disso, João acrescenta o detalhe muito "simbólico" de que a alimentação do povo ocorreu perto da Páscoa. Isso teria acontecido especificamente em abril (a Páscoa é celebrada no período de 15 a 22 de Nissan, no calendário judaico), no ano 29 EC. E há também o pequeno detalhe do peixe, o fato de que o Quarto Evangelho usa a "palavras do ofício", *opsarion*.[20]

Considero sem propósito "desmitologizar" esse incidente, mas é certamente legítimo para o exegeta perguntar por que, nas versões de Marcos e João, Jesus fica decepcionado com a incapacidade dos discípulos e da multidão para compreender a importância da Multiplicação dos Pães.

O milagre, ou sinal, está na alimentação da multidão, não na multiplicação dos pães. Na verdade, é notável que na versão de Marcos ninguém manifeste o menor espanto com o incidente. Quando Jesus purifica um leproso ou cura um cego, o fato é em geral suficiente para "espantar" ou "assombrar" a todos que ouvem falar nesses casos. Não há espanto nenhum em Marcos. Em João, lemos que, quando o povo "viu o sinal", proclamou que Jesus era "o profeta que tinha vindo ao mundo". Além do mais, o que é altamente revelador, diz o Quarto Evangelho que depois disso, quando tentaram fazê-lo rei, Jesus foi obrigado a fugir e esconder-se. Presumivelmente, se lermos a história de uma perspectiva naturalista, a falta de espanto por parte da multidão pode ser explicada pelo fato de que ninguém soube que a multiplicação acontecera. Todos simplesmente pensaram que estavam sendo alimentados de uma maneira que nada tinha de milagrosa. João e os autores dos Sinópticos querem que pensemos nos seguidores de Jesus como uma Nova Israel, de modo que eles, como os seguidores de

[19] II Reis, 4:42-44.

[20] *Vide supra*, capítulo 3.

Moisés no deserto, foram alimentados por Deus – exatamente como os antigos israelitas foram alimentados com maná, o misterioso pão semelhante a uma hóstia que baixou do céu. Assim, para os evangelistas, era natural transformar essa "alimentação" em um evento sobrenatural e supor que o próprio Jesus multiplicara os pães e peixes. Comentaristas modernos, tentando decifrar dessa história "o que realmente aconteceu", imaginaram que a multidão foi alimentada porque aprendeu com Jesus a compartilhar o que tinha. Ele pegou os cinco pães e os dois peixes e dividiu-os com alguém. Por sua vez, os homens sentados na grama examinaram em seus embornais e mochilas e descobriram que tinham um pouco de comida, que podiam dividir com seus vizinhos. Daí a "multiplicação".

Essa "explicação" do milagre, ou incidente, dos pães contribui muito pouco para lhe compreendermos a significação. O Quarto Evangelho acrescenta um comentário enorme à história, na qual Jesus expõe o mistério de si mesmo como sendo o pão, ou maná, enviado pelos céus. Há mesmo um trecho que eruditos cristãos interpretam como referência à Eucaristia cristã, no qual Jesus diz: "Quem comer a minha carne e beber o meu sangue, permanece em mim e eu nele."[21]

Parece muito improvável que o trecho tivesse sido parte do Quarto Evangelho em sua forma mais antiga, uma vez que esse livro não menciona a instituição da Eucaristia e, na verdade, seu autor evidentemente não acreditava que Jesus a tivesse instituído. É bem possível que quando da primeira versão de João não houvesse ainda conhecimento da prática, inventada por Paulo, de comer a carne e beber o sangue de Cristo. Um revisor posterior, embaraçado com a lacuna, acrescentou os parágrafos sobre comer e beber o próprio Cristo. Se o Quarto Evangelho desejasse que a alimentação dos cinco mil fosse uma prefiguração da Eucaristia, não seria necessário que a Eucaristia cristã consistisse de pão e peixe, em vez de pão e vinho?

A pista para a significação do incidente encontra-se na história original, transcrita acima, não no comentário rebuscado que mais tarde adicionou um revisor. "Fazei o povo assentar-se." Uma tradução mais fiel seria: "Fazei os homens se assentarem."

[21] João, 6:54-55.

Fazei os homens se assentarem! Fazei os essênios se assentarem! Fazei os fariseus se assentarem! Fazei Iscariote assentar-se, com sua adaga, e fazei Simão, o Zelote, assentar-se, com seu bando de guerrilheiros terroristas! Assentai-vos, ó homens de Israel!

Jesus muito fizera para as mulheres se levantarem e nisso foi extravagante, para não dizer revolucionário. ("Menina, eu te mando, levanta-te!" "Homens, assentai-vos!") Conforme já observamos, guerra e luta física são atividades tipicamente masculinas. Quando pensamos nas batalhas da História mundial, vemos campos cheios de *homens* matando-se uns aos outros. Não poderíamos imaginar Waterloo ou o Somme repletos de mulheres. Por uma razão ou outra, as mulheres, se servissem nesses exércitos, simplesmente não teriam continuado com o morticínio. Jesus disse: Fazei os homens se assentarem.

Poderíamos, se quiséssemos, interpretar essa história, e interpretá-la legitimamente, como um profundo ensinamento espiritual e psicológico. Suprimiríamos, se possível, o *yang* e exaltaríamos o *yin*! Reprimiríamos a ânsia de dominar, de marcar pontos, de triunfar, de lutar, e exaltaríamos a ânsia de conciliar, compreender, valorizar. "Não ferirei nem destruirei em minha montanha sagrada."

Grande parte dessa interpretação pode ser inferida da história. Nela está presente. Em termos de Jesus e de seus contemporâneos, contudo, trata-se de um princípio com aplicação prática óbvia. Os guerreiros de Israel devem sentar-se. As seitas divergentes, os adversários, os sectários devem sentar-se. Não é inaceitável pensar que Jesus estivesse conscientemente assumindo o modelo dos grandes profetas hebreus das Escrituras. Lucas nos diz que Jesus pregou pela primeira vez baseando-se no capítulo 61 de Isaías. Essas palavras poderiam ser simplesmente a maneira de o evangelista nos dizer que Jesus parecia uma realização daquela profecia. Mas podia acontecer também que o próprio Jesus simplesmente considerasse o texto, e muitos outros trechos semelhantes nas Escrituras, um sinal do modo que Israel devia viver naquele tempo. "O Espírito do Senhor está sobre mim, pelo que me ungiu para evangelizar aos pobres; enviou-me para proclamar libertação aos cativos e restauração da vista aos cegos, para libertar os oprimidos..."

Acredito ser essa a missão de que Jesus se julgava encarregado de desempenhar junto ao povo. Tal como os fariseus, os essênios e tantos outros, Jesus acreditava que Israel devia voltar ao Senhor, em espírito de penitência e júbilo. Mas, ao contrário de muitos desses sectários, considerava que qualquer judeu podia voltar ao Senhor e que isso não exigiria grande habilidade intelectual ou energia espiritual. Bastava uma confiança simples em Deus. Amor a Deus e ao próximo. Nisso, ensinava Jesus, estava o cumprimento de toda a Torá. Acreditava que a História de seu povo dependia do fracasso ou sucesso em observar essas leis e deixar-se orientar por elas.

Foi simplesmente essa a finalidade do episódio da Multiplicação dos Pães. Jesus reuniu uma grande multidão num lugar deserto e fez com que todos se sentassem. Muitos daqueles indivíduos eram provavelmente zelotes, ou outros patriotas, esperando ser esse o momento em que outro levante militar contra os romanos seria anunciado ou planejado. Ele os obrigou a enterrar suas divergências. Fez com que compartilhassem o pão juntos e repartissem uma refeição simples. Não importa acreditarmos ou não se havia realmente cinco mil homens ou se esse número foi apenas simbólico, sugestivo de todo o povo de Israel.

A profunda importância dessa cena só se desenrolaria no último ano da vida de Jesus. Se o Quarto Evangelho está certo, e se a reunião no deserto aconteceu à época da Páscoa, então a Jesus só restava um ano de vida. Na reunião podiam ser vistos todos os fatores destinados a destruí-lo. Ali estava a multidão volúvel, ansiosa pela liderança, ansiosa pela refeição, ansiosa pelo alimento espiritual – as palavras e as curas – que Jesus tinha para oferecer. Não era uma multidão unida. Não era uma multidão inteligente. Havia nela homens – os *sicarii*, representados por Judas Iscariote, os zelotes, representados por Simão – que ficariam muito felizes se o entusiasmo da multidão por Jesus culminasse em um levante contra os romanos. Eram guerreiros esses cinco mil homens, perigosamente viciados em sectarismo e violência. Jesus sabia disso e tentaria pacificá-los e adverti-los dos perigos terríveis que a religião e a raça judaica correriam se persistissem sendo sectários e violentos.

Ainda assim, não lhes dá as costas, até que a implacabilidade daquela gente se torne clara para ele. Percebe, então, que "estavam para vir com o intuito de arrebatá-lo para o proclamarem rei".[22] Enquanto lhes pregava um reino que não era deste mundo, os ouvintes, impressionados com seus carismáticos poderes de eloqüência e cura, consideravam-no seu líder natural, seu líder militar, contra os romanos. Alguns dos mais inflamados acreditaram, quase com certeza, que ele era, ou poderia ser, o prometido Messias, e que alimentar a multidão fora uma prelibação do banquete messiânico. Jesus estava destinado a desagradar esses homens violentos insistindo em que seu reino era de amor, e que ao usar a palavra "reino" falava do indestrutível reino interior, ao qual pertencem todos os seguidores da Torá. Pregava a união de Israel, sua comunhão mística e indissolúvel, e insistia em que os sectários renunciassem às divergências. Essas palavras teriam de irritar alguns desses sectários e, muito mais grave, provocar uma desconfiança razoável nas autoridades romanas, de que um levante populista judaico era o objetivo principal daquele homem.

Não pela última vez na história dos judeus, a hostilidade de inimigos e divergências internas ameaçavam-nos de destruição. A Multiplicação dos Pães é o maior de todos os milagres de Jesus. Fazei com que os homens se assentem! Jesus não era o Messias e não ensinou que o era. Ensinou que a prometida era de bem-aventurança não raiaria até Israel compreender seu verdadeiro destino, que era o de comportar-se como se o advento do reino fosse iminente. Isso significava que deviam viver juntos e em paz e aceitar a unidade de todos como filhos e filhas do Criador.

Se, na verdade, a Multiplicação dos Pães no deserto ocorreu durante o tempo da Páscoa, Jesus estaria naturalmente pensando nos que viajaram a Jerusalém para a festa, cantando, ao se aproximarem da cidade sagrada, a Oração pela Paz de Jerusalém:

Ora pela paz de Jerusalém!
Sejam prósperos os que te amam.
Reine paz dentro de teus muros,

[22] João, 6:15.

E prosperidade nos teus palácios.
Por amor dos meus irmãos e amigos,
Eu peço: Haja paz em ti.
Por amor da casa do Senhor, nosso Deus,
Buscarei o teu bem.[23]

Na Galiléia, Jesus cresceu e produziu seu impacto. Em Jerusalém, sua visão idealista passou pela prova, com conseqüências de enorme importância para ele, para o povo judeu e, em última análise, para a história da raça humana.

[23] Salmo 121:6-9.

Capítulo 8

O homem montado num jumento

Jesus, o grande profeta apocalíptico, o mestre visionário, o curandeiro e exorcista imensamente popular, estava destinado a ter uma morte humilhante em Jerusalém às mãos dos romanos. Tal fato, mais do que qualquer outro, paira sobre os Evangelhos e lhes explica a forma. Esses livros não são biografias equilibradas, nas quais um volume igual de espaço é dedicado à educação de Jesus, às influências que lhe moldaram os pensamentos iniciais, ao círculo de amigos, às ambições, às relações com a família, à vida pública em expansão. São todas, na verdade, narrativas da Paixão e se poderia dizer que as descrições da vida e ensinamentos de Jesus não passam de prelúdios para o relato de sua última semana, com o julgamento, morte e Ressurreição.

A maneira como os evangelistas organizaram e reescreveram o material torna extraordinariamente difícil saber até que ponto ele pode ser útil ao historiador. Conforme vimos repetidas vezes nestas páginas, os Evangelhos saíram da pena de indivíduos que foram, por falta de melhor palavra, cristãos – embora se possa dizer que eles provavelmente não teriam aceito as crenças da Igreja posterior, tal como o Credo de Nicéia, do ano 325 EC. Com toda probabilidade, acreditavam que Jesus estava prestes a voltar à terra no topo de uma nuvem, a reunir os discípulos e levá-los para o céu, embora o Evangelho de Lucas, com seu volume auxiliar, os Atos, pareça ter aceito o fato de que esse esperado evento, por alguma razão, fora adiado. Os livros foram escritos com a convicção de que Jesus ressuscitara dos mortos, deixando como prova um sepulcro vazio em Jerusalém, e que aparecera, de várias formas misteriosas, a alguns dos discípulos.

O historiador é obrigado a tentar uma explicação para a maneira como os primeiros cristãos chegaram às suas crenças. Mas, ao mesmo tempo, é impedido de assim proceder pela natureza complicada da prova do Evangelho. No caso dos evangelistas, toda a prova histórica de que Jesus era o profeta anunciado nas Escrituras, ou o Messias, é desmentida pela história narrada. Sabiam que – não importa o que acontecesse no futuro, à sua volta – a história real da vida de Jesus na terra fora terrivelmente triste. Ele nada realizou do que parece ter-se proposto. Quanto aos conflitos que teve dentro da estrutura do judaísmo, é hoje quase impossível reconstruir o que poderia ter sido – e aparentemente nenhum dos lados saiu vitorioso. Os romanos mataram-no, da mesma maneira que, quarenta anos depois, destruiriam a grande corporificação ritual do judaísmo, o próprio Templo.

O fato de a vida de Jesus ter sido um completo fracasso, e de sua missão, qualquer que fosse o objetivo original a que se propôs, ter acabado na cruz, levaram os evangelistas a tomar duas direções opostas. Por um lado, com uma vivacidade que torna as narrativas da Paixão sem rival em pungência, descrevem Jesus como uma figura vulnerável e vítima inerme da situação. Foi traído por um de seus melhores amigos e abandonado pelos demais. Implorou ao Todo-Poderoso que o salvasse daquele destino e, no fim, até mesmo o Pai Celestial ignorou-o. Só ficou a família para descer o seu cadáver da cruz. Nem foi jamais explicado, em termos realistas, por que tudo isso teve de acontecer a Jesus. As terras de Israel e da Judéia fervilharam de homens que alimentavam idéias muito radicais sobre o destino religioso do povo judeu. Houve muitos falsos Messias, como nos diz o Novo Testamento, que não foram necessariamente executados, e ainda menos crucificados, que era a morte reservada aos que ofendiam os romanos. Esse fato é embaraçoso demais para os evangelistas, que escreviam visando os gentios e um mundo onde os judeus começavam a ser perseguidos pelos romanos, uma retaliação pelo comportamento recalcitrante que demonstravam como povo colonizado. Os evangelistas, por conseguinte, escreveram com um olho no público do Império Romano mais amplo (e, nas fases finais de redação, esse fato inclui todos os quatro evangelhos, quaisquer que tenham sido as suas origens), mostrando-se tão interessados quanto possível em sugerir que Jesus morrera às mãos dos judeus – os famosos criadores de casos. O fato de ele ter sido inegavelmente morto pelos romanos, que na ocasião deviam tê-lo considerado uma ameaça, os evangelistas achavam difícil engolir.

Era um fato embaraçoso, do ponto de vista político. Do ponto de vista doutrinário, se acreditavam que Jesus era o grande profeta escolhido por Deus para dar uma nova religião ao mundo, ficava embaraçoso supor que a morte dele, ceifando-o no auge da idade, tivesse sido de qualquer maneira um revés. Diante disso, sentiram-se obrigados a nos dizer, e repetir, que Jesus previu sua morte e a Ressurreição três dias depois. Se tivesse realmente feito isso, claro, o terror que sentiu no momento da prisão, e as gotas de suor que derramou em Getsêmani, teriam sido puro teatro. Por que deveria um ser divino, absolutamente certo de que voltaria à vida após três dias, demonstrar o mínimo pavor diante da morte?

O historiador, portanto, enfrenta um problema duplo: o de descobrir o que, extraído dos Evangelhos, pode ser considerado histórico, e o de explicar, desde logo, a fé que os produziu. Não estou subscrevendo aqui o surrado argumento "Pentecostes", que pergunta como um conjunto de indivíduos pobres, assustados, cujo mestre fora crucificado, poderia ter-se transformado em um grupo de homens e mulheres tão eloqüentes, dispostos a morrer, se preciso, para anunciar ao mundo sua fé no Evangelho (chamada às vezes, nesses argumentos, de a "experiência da Ressurreição"). A esterilidade desse argumento é o fato de pressupor que sabemos o que "os discípulos" realmente eram antes de passarem pela "experiência da Ressurreição". A História é rica em indivíduos que se mostraram dispostos a sofrer perseguições por acreditarem em alguma coisa. A Ressurreição é importante não por causa da mudança que ocasionou nos discípulos, mas da mudança que parece ter provocado no próprio Jesus, se nos basearmos na Igreja antiga como modelo do que ensinou o Cristo ressuscitado.

Correndo o risco de estragar o suspense da minha narrativa, é melhor dizer logo o que *penso* ter acontecido na última semana da vida de Jesus, enfatizando sempre não ser mais do que a minha suposição, e que posso estar errado, como muitos outros erraram antes de mim. Gostaria de destacar também, de início, que, não importa o que possamos escrever sobre esse assunto, persistirá sempre em seu núcleo uma grande área de mistério.

Sabemos que Jesus brigou com a família e também que, muito estranho, ela esteve presente ao seu fim. A família sempre se opusera a ele, e vice-versa. "Mulher, que tenho eu contigo?"[1] Disse a família: "Ele está fora de si..."[2] E Jesus lhes respondeu: "Quem é minha mãe e meus irmãos?"[3] Foram eles, contudo, que lideraram os movimentos associados ao nome de Jesus. Foram eles, devemos supor, que lhe providenciaram o enterro. Jesus, admito, brigou com a família por não se conformar com a idéia dela sobre o que um grande profeta devia ser. Talvez a família houvesse alimentado a esperança de que ele era realmente o Messias. Se assim foi, ele a desapontou profundamente, sobretudo por sua doutrina de que pecadores podiam entrar no reino do céu, e pela disposição em com eles conviver. Por um lado, essa disposição resultou em cenas que pareciam chocantes aos costumes da época – uma prostituta banhando com lágrimas os pés de Jesus; bêbados balbuciando seu arrependimento à mesa do jantar, em vez de praticarem os atos rituais de abnegação diante dos sacerdotes; demônios voando fora da boca de malucos para invadirem porcos intocáveis; coletores de impostos, a categoria mais odiada da sociedade judaica, sendo admitidos no seu círculo mais íntimo. Como se essa visível anarquia moral não fosse suficiente, Jesus parecia estar também assumindo os mais absurdos riscos políticos ou sendo ingênuo ou temerário demais com a própria segurança para compreender o que estava fazendo. Vivia ele em um país em que bandidos, terroristas políticos, fanáticos religiosos, rebeldes e insurretos andavam por toda parte, brigando entre si e conspirando para depor a autoridade.

Atividades dessa ordem provocavam o perigo das mais rigorosas retaliações, afetando não só os próprios rebeldes, mas também as suas famílias. Jesus, até o momento e incluindo o milagre da Multiplicação dos Pães, parecia inteiramente disposto a permitir que sua popularidade junto às multidões encorajasse a agitação dos zelotes e dos *sicarii*, um dos quais era Judas. Depois desse milagre e quando, como nos diz o Quarto Evangelho, as multidões quiseram fazê-lo rei, Jesus compreendeu que abrira uma caixa de Pandora. O reino que queria instituir não era deste mundo, mas a própria palavra "reino", *basileia*, significa simplesmente

[1] João, 2:4.
[2] Marcos, 3:21.
[3] Marcos, 3:33.

império. Se o leitor fosse comandante de uma fortaleza romana ou procurador de uma província e ouvisse dizer que um líder carismático, com milhares de fiéis, decidira instituir um novo império, ficaria tranqüilo, sobretudo se isso acontecesse na terra dos judeus, que não se distinguiam absolutamente por sua submissão aos romanos? Havia, no entanto, várias lições que Jesus, como profeta, desejava ensinar aos judeus. Não importa realmente se isso aconteceu em sua última semana de vida, como sugerem os Evangelhos Sinópticos, ou em um período mais longo de tempo e durante várias visitas a Jerusalém. Mas não força a credulidade imaginar que Jesus, de fato, derrubou as mesas dos cambistas no pátio externo do Templo, em Jerusalém; que chorou mesmo por causa da cidade e pensou que, se os judeus não se emendassem, os romanos os destruiriam e ao Templo. É difícil crer nos evangelistas quando dizem que Jesus previu sua prisão e morte. Contudo, é fácil acreditar que após a prisão os discípulos o abandonaram. Foi condenado e crucificado pelos romanos. A seguir, enterrado em um sepulcro. Três dias depois, descobriu-se que o sepulcro estava vazio. Em algumas versões, jovens ou anjos informam às sofredoras amigas de Jesus que ele partira para a Galiléia. Em outras versões, pelo menos uma das mulheres ali permanece por tempo suficiente para ver um homem que, inicialmente, pensa ser um jardineiro, mas em quem depois reconhece o próprio Jesus. Seguem-se várias ocasiões em que os discípulos vêem um estranho, que não reconhecem desde logo, mas chegam à conclusão de que "era" Jesus. A emoção e exaltação dos discípulos foi tremenda, igual às de Herodes, que, ao ver Jesus, pensou que João Batista ressuscitara dos mortos. Minha idéia é que os seguidores de Jesus – Maria no jardim, os dois discípulos na estrada para Emaús, os pescadores à beira do lago na Galiléia – viram realmente Tiago, ou outro irmão do Senhor. Os anjos ou jovens que disseram às mulheres que "ele partira antes delas para a Galiléia" eram membros da família de Jesus, que haviam vindo ao sepulcro no jardim para retirar o corpo e enterrá-lo mais perto de casa, em Nazaré. Tiago e os outros irmãos de Jesus assumiram a liderança do grupo, ensinando a todos um "Evangelho" mais austero, mas que também se ajustava mais à corrente principal do judaísmo. O pequeno grupo, muito longe de querer romper com o judaísmo, ou aceitar o ingresso de gentios, "estava sempre no Templo, louvando a Deus".[4] Não sabemos exatamente por que louvavam a Deus, mas, evidentemente, com Tiago, o grupo recuperou a sensação de ter um líder, capaz de lhes transmitir a confiança para esperar pela volta do reino que, a despeito do terrível desapontamento da crucificação, ainda esperava. Dessa maneira, após um momento em que pareceu que as idéias anárquicas de Jesus poderiam ganhar alguma popularidade, os discípulos acomodaram-se em uma rotina de austeridade que faria perfeito sentido para essênios, fariseus e outros grupos com os quais, de certa maneira, se pareciam. Quatorze anos depois, com grande alarme e surpresa, descobriram uma nova "religião" lançando raízes nas sinagogas da Diáspora. Um judeu chamado Paulo, que nenhum deles conhecia, estivera pregando uma doutrina esotérica, mística, inteiramente contrária à Igreja de Tiago – a doutrina da Morte de Cristo como Expiação, da Justificação apenas pela fé, e, pior ainda, a doutrina de que, nessa nova Igreja, fundada por Paulo e Jesus Ressuscitado, não haveria distinção entre judeus e gentios. Todas as leis sobre alimentos foram revogadas. A circuncisão deixou de ser praticada. E não era nem mesmo claro se as próprias Escrituras divinas seriam lidas e compreendidas pelos seguidores pagãos semi-analfabetos de Paulo. Temerosos de que se pensasse ser esse lamentável fato ligado a eles de alguma maneira, os amigos e parentes de Jesus convocaram Paulo para uma reunião em Jerusalém.

É isso o que acredito ter acontecido. Embora não possa documentá-lo, acho que poderia demonstrar ser esta uma versão dos fatos mais provável do que aquela descrita no Novo Testamento. Feita a minha confissão, continuarei com a narrativa.

Jerusalém é uma cidade situada em zona montanhosa da Judéia, a cerca de 115 quilômetros ao sul de Nazaré. No tempo de Jesus, era a capital de uma província independente, a Judéia. Além de ser o centro de culto da fé judaica, contava também com uma guarnição romana, e um galileu que a visitasse pela primeira vez ficaria impressionando com a sofisticação de alguns aspectos da sua arquitetura e a presença maciça da soldadesca romana. O visitante moderno,

[4] Lucas, 24:53.

tentando evocar o que era a cidade naqueles tempos, precisa compreender que ela ocupava aproximadamente a área que hoje corresponde à Cidade Velha – embora as muralhas ora existentes formem um perímetro diferente, pois são de origem medieval. Talvez o prédio mais impressionante ainda de pé seja o Domo da Rocha, construído após a conquista muçulmana da cidade no ano 638 EC para comemorar o lugar sagrado onde Abraão teria oferecido o filho Isaque em sacrifício a Deus e de onde o santo profeta Maomé subiu aos céus. Seis anos antes da vinda ao mundo do santo profeta, contudo, o grande monumento de Jerusalém era o Templo. Podemos compor uma forte impressão do que o prédio era naqueles dias por causa das longas descrições deixadas por Josefo, que se encontrava na Palestina à época da sua destruição, e que sentia pelo Templo verdadeira obsessão. O tamanho e extravagância do Templo de Herodes espantavam os que o viam pela primeira vez. Conquistadores romanos e judeus da Diáspora, que haviam conhecido as maravilhas arquitetônicas do mundo, ficavam igualmente atônitos com o prédio. O santuário interior, que continha o Sanctum Sanctorum, era tudo o que restava do velho Templo de Salomão, construído no ano 986 AEC. Em volta dele, Herodes erguera um vasto complexo de pátios grandiosos. Nos pátios do Templo inferior, as pedras mediam 18 metros de comprimento. As colunatas duplas tinham pilares de quase 12 metros de altura. Essa área externa cobria um circuito de 1.200 metros. O visitante passava em seguida a um segundo pátio, atravessando uma balaustrada de pedra que se elevava por 1,35 metro de altura. A intervalos, lajes com inscrições em grego e latim lembravam aos visitantes as leis de purificação ritual a que deviam submeter-se, se quisessem ir mais adiante. Esse era o Precinto Sagrado e nenhum gentio aí podia penetrar. Sobrevive até hoje uma inscrição, que diz: "Nenhum estrangeiro pode transpor a barreira e o terrapleno. Quem for surpreendido fazendo isso será responsável pela própria morte." Basta isso para comentar a fantasiosa idéia posta implausivelmente por Marcos na boca de Jesus, de que o Templo devia tornar-se a casa de oração de todas as nações.[5] Tão seriamente achavam os judeus que a presença de gentios profanaria seus lugares sagrados que até os operários empregados

[5] Marcos, 11:17.

na construção do Templo tiveram de ser especialmente consagrados sacerdotes.[6] Os operários de Herodes completaram a construção do Templo principal em 18 meses de trabalho, no ano 20-19 AEC. O complexo total de pátios e prédios especiais, no entanto, só foi terminado no ano 64 EC, isto é, apenas seis anos antes de tudo ser inteiramente destruído. No tempo de Jesus, portanto, cabe imaginar que haveria ainda andaimes, canteiros e pedreiros trabalhando, enquanto visitantes entravam e saíam através dos numerosos pátios. Nove portões tinham de ser transpostos desde o pátio externo ao Sancta Sanctorum. No interior do pátio externo ficava o Pátio das Mulheres, o mais perto que elas podiam chegar do santuário. Além dele, estendia-se o Altar das Oferendas Ardentes, onde um sacerdote era designado, com revezamento diário, para abater e queimar as oferendas, e levar o holocausto até o santuário interno, onde eram encontrados o pão da proposição e o incenso. Imediatamente a oeste do Local Sagrado, ficava o mais santo dos lugares, o Sanctum Sanctorum, separado do altar de incenso por uma grande cortina ou véu, e só o sumo sacerdote podia ali entrar e apenas uma vez por ano, no Dia da Expiação.

Dispensa dizer que um centro de culto tão vasto requeria um grande "quadro" de pessoal religioso para que tudo corresse em ordem. Mas já no tempo de Jesus havia judeus que se desencantavam com a predominância dos sacrifícios para adoração no Templo. Isso não era motivado por consideração sentimental pelo número de aves e animais que deviam ser abatidos. Os judeus achavam que os sacerdotes eram corruptos e que era ofensiva à pureza ritual a maneira como se realizavam os sacrifícios. Em épocas de festa, quando cada peregrino desejava sacrificar um cordeiro ou um pombo, devia ter alcançado a casa dos milhares o número de animais abatidos. O mau cheiro de sangue e carne queimada dificilmente podia ser disfarçado pela fumaça do incenso, nem os berros dos vendedores ou as altas vozes de sacerdotes e peregrinos em oração teriam abafado as vozes dos animais que tinham as gargantas cortadas e seu sangue espalhado da maneira consagrada pelo tempo. Claro, para conseguir o pombo, a pessoa tinha de comprá-lo

[6] Floyd V. Filson: *A New Testament History*, 41.

e, para não profanar o Templo trazendo moeda estrangeira, eventualmente com a efígie do César idólatra, era necessário trocá-la pelos sagrados meios siclos que constituíam a moeda do Templo. Desse sistema dependia o judaísmo e, se não houvesse cambistas, não seria possível cumprir as rotinas rituais.

Era a esse Templo que Jesus, juntamente com os demais judeus praticantes, deveria comparecer durante toda a vida. No lendário relato de Lucas, lemos que Jesus foi para ali levado depois da circuncisão, à idade de oito dias. Os pais fizeram então a oferenda obrigatória de um casal de pombos e ali o velho e sábio Simeão, que talvez fosse um sacerdote do Templo, teria profetizado que Jesus seria "a causa, tanto para a ruína como para o levantamento, de muitos em Israel".[7] Nesse lugar, ainda menino, Jesus teria discutido com os doutores da lei.[8] Ali, se o Quarto Evangelho está certo, ele fez visitas regulares durante toda a vida adulta para guardar os feriados judaicos – a Páscoa e o Pão Ázimo, celebrados na primavera (março ou abril); a comemoração do Êxodo do povo hebreu do Egito, no tempo de Moisés; a Festa das Semanas, ou Pentecostes, cinqüenta dias depois, que assinalava o fim da colheita de cereais; e em seguida, bem mais tarde no decorrer do ano, a data da Colheita de Uvas – a festa das barracas ou Tabernáculos, quando os peregrinos dormiam sob tendas ou cabanas improvisadas; e no primeiro dia desse feriado, o Templo ficava feericamente iluminado. O Quarto Evangelho, que descreve essas festas com tantos detalhes, põe na boca de Jesus palavras apropriadas a cada uma delas. No Dia das Luzes, quando o Templo era iluminado, por exemplo, o Evangelho lhe atribui as palavras "Eu sou a luz do mundo".

O Quarto Evangelho mostra Jesus indo e vindo de Jerusalém, e suas altercações com judeus e fariseus já haviam atingido o ponto de ruptura, de acordo com essa versão, meses antes da confrontação final. Além disso, enfatizando a idéia de que Jesus viera para derrubar o judaísmo e substituí-lo por uma nova religião, o Quarto Evangelho coloca bem no início da história o incidente em que ele

7 Lucas, 2:34.

8 Lucas, 2:41-52.

derruba as mesas dos cambistas. Os demais evangelhos deixam esse detalhe para o fim. Para eles, só há uma viagem a Jerusalém, a viagem para o Calvário e a Cruz. Os conflitos em que Jesus se envolveu com o mundo oficial judaico, sobre assuntos tais como purificação ritual ou observância do sábado, ocorreram na Galiléia; mas mesmo ali as brigas chegaram a tal ponto de acrimônia que escribas e fariseus pensaram até em maneiras de matá-lo. Todos os Evangelhos parecem inteiramente convencidos, ou procuram convencer-nos disso, de que Jesus foi condenado à morte pelas autoridades religiosas, embora nenhuma prova ofereçam desse fato, parecendo muito difícil isso ser verdade. O importante é que, para os Evangelhos Sinópticos, a jornada a Jerusalém teve caráter simbólico; uma jornada em que o próprio Jesus se transforma no sacrifício e na oblação. Os seus autores, por conseguinte, não se deram o trabalho de nos sobrecarregar com informações de natureza topográfica, como, por exemplo, onde Jesus se hospedava habitualmente quando ia a Jerusalém, ou biográfica, como quem eram seus amigos, quanto a ele conhecia a cidade e, também, até que ponto os membros galileus de seu grupo conheciam isso. Não obstante, temos um conjunto de narrativas que mostram, todas elas, Jesus e seus discípulos dirigindo-se para Jerusalém, provavelmente em fins de março do ano 30 EC, onde iam para participar da Festa da Páscoa.

Uma vez que cada Evangelho conta uma história algo diferente sobre os fatos que ocorreram naquela Páscoa, seremos obrigados, em várias ocasiões, a passar de um texto para outro. No interesse da simplicidade, porém, vou concentrar-me primeiro na versão de Marcos, muito direta, circunstancial (ela nos diz, por exemplo, a hora do dia em que aconteceram os vários fatos) e detalhada. Em parte alguma, contudo, o famoso "segredo messiânico" do Evangelho de Marcos é mais ciosamente guardado do que nos capítulos 11-14, que parecem um romance policial de caráter singular: um mistério em que o segredo é conhecido de alguns dos personagens, não todos, e onde as explicações de algumas das pistas mais importantes foram ocultadas ao próprio autor – um detalhe paradoxal, mas que deve ter impressionado todos os leitores atentos de Marcos. Inevitavelmente, esse fato deu origem a algumas teorias interessantes.

Não podemos jamais ter a esperança de reconstruir os motivos de Jesus para ter-se comportado como o fez na última semana de vida, mas podemos formular algumas suposições inteligentes sobre o que então acontecia, sempre levando em conta que são apenas especulações, passíveis de estarem erradas.

Na versão de Marcos, parecia muito claro que Jesus sabia de alguma coisa que seus discípulos desconheciam. Marcos apresenta Jesus como um galileu estranho na capital judaica, mas, ainda assim, em duas ocasiões – a entrada triunfal na cidade e a Última Ceia – descobrimos que Jesus havia programado previamente a situação.

Ele e os discípulos chegam da Galiléia no domingo da semana anterior à Páscoa do ano 30 EC. Jesus permaneceu na aldeia de Betânia, que se situa a 4,5 quilômetros da cidade propriamente dita. Informou aos discípulos que, se fossem até o fim da aldeia, encontrariam uma cria de jumento. Deviam trazer o animal para ele. Se alguém tentasse detê-los, tinham de dizer: "O Senhor precisa dele." Os discípulos seguem as suas instruções e o jumento lhes é entregue pelo dono ou por vigias. Essa é a única ocasião nos Evangelhos em que sabemos ter Jesus montado um animal, em vez de andar a pé; para os evangelistas, o episódio é fértil em significado. Tão cheio de significado era para Mateus que ele até duplica o número de animais envolvidos. Jesus estava realizando a profecia de Zacarias: "Dizei à filha de Sião: Eis aí te vem o teu Rei, justo e salvador, montado em jumento, num jumentinho, cria de jumenta."[9] As palavras originais do profeta empregam um típico paralelismo hebraico, "montado em jumento, num jumentinho, cria de jumenta". Mateus, que está muito interessado em que Jesus cumpra ao pé da letra as profecias, imagina que há dois jumentos. Em seguida, tendo introduzido o segundo animal na história, tem de lhe arranjar uma função. Jesus monta no jumento e eles colocam as vestes sobre o jumentinho.

O ponto que não pode ser ignorado é que o Rei está chegando a Sião. Não vinha para instituir um reino de poder, como seria o caso se tivesse vindo montado num corcel de guerra, mas um reino de humildade e paz. Entretanto, da

[9] Zacarias, 9:8-9, citado por Mateus, 21:4, 5.

maneira como Marcos conta a história, surge um enigma. Os discípulos foram evidentemente mantidos na ignorância sobre essa demonstração. Evidentemente, na versão de Marcos, Jesus fizera arranjos prévios com os donos do jumento, arranjos esses desconhecidos dos discípulos. Parecia que alguma coisa estava se desenvolvendo, da qual os discípulos, que foram buscar o jumento, não sabiam. A ligação com o trecho de Zacarias sugere que o reinado messiânico estava prestes a ser revelado ao povo. Esse fato me sugere que havia, na verdade, alguma coisa como uma conspiração em andamento. Houve certo número de sugestões extraordinariamente engenhosas sobre o que teria sido essa trama, mas o fato é que não possuímos indicações suficientes para mais do que um palpite inteligente. Não sabemos com qualquer certeza, afinal de contas, quantos detalhes do Evangelho guardam alguma relação com a realidade histórica. Por confissão de seus próprios autores, esses relatos foram escritos de acordo com fontes que se basearam em evidência oral de amigos de Jesus, que o abandonaram quando foi preso e que, de modo nenhum, poderiam ter sido testemunhas dos fatos cruciais de seu julgamento. Nenhuma dessas provas faz muito sentido. Mas pelo menos uma explicação do motivo dessa falta de sentido ser que, nessa fase crítica da sua carreira, *o próprio Jesus não fazia sentido.* A profecia, ou mensagem, que tinha para Israel começara a ser questão de alto interesse público desde a Multiplicação dos Pães no deserto. Nessa ocasião, ele insistira simbolicamente com todo o povo de Israel para que esquecesse suas divergências, abandonasse o caminho do terrorismo político e se submetesse a Deus: Fazei com que os homens se assentem. E fora depois disso, conta o Quarto Evangelho, que a multidão tentara transformá-lo em rei. Evidentemente, ela continuou a pensar que Jesus ia ser o rei, até a última semana da vida dele.

Não está exatamente claro o papel dos Doze Apóstolos em tudo isso. Alguns deles, presumivelmente, estavam mais "por dentro" da situação do que outros. Na Última Ceia, Jesus faz sinais a Judas Iscariote que não são compreendidos pelos outros. Mais tarde, foram interpretados como significando que Jesus sabia da sua prisão iminente. Segundo o Quarto Evangelho, disse Jesus a Judas: "O que pretendes fazer, faze-o depressa. Nenhum, porém, dos que estavam à mesa, percebe a que fim lhe dissera isso..."[10] Mateus conta a história, em muitos aspectos altamente improvável, de que Judas foi procurar "os principais sacerdotes" e que lhes propôs trair Jesus por certa soma de dinheiro.[11] O que todas essas histórias confusas conservam é a tradição de que poucos dos discípulos mais chegados de Jesus sabiam o que acontecia na última semana da sua vida e que poucos, mais tarde, conseguiram interpretar-lhe os atos. À parte as interpretações teológicas que puderam atribuir aos últimos atos, ao sofrimento e à morte, os discípulos de Jesus devem ter ficado confusos com as circunstâncias da sua prisão e julgamento. Podemos dizer isso com alguma confiança porque não há outra razão para esses detalhes enigmáticos terem sido mantidos nas obras teológicas em que se transformaram as narrativas da Paixão. Existe um notável consenso entre o Quarto Evangelho e os Sinópticos sobre o seguinte: em Jerusalém, Jesus manteve contato com outras pessoas, além dos 12 apóstolos; planejava alguma coisa que eles não compreendiam muito bem; e envolveu-se numa série de atos nos quais sua morte era vista como inevitável.

Além desse ponto, o historiador não pôde seguir. Uma mistura de proposições históricas inteligentes, com uma cautelosa leitura comparativa de outros textos semíticos, podem ajudar-nos a traçar um quadro que provavelmente não se afasta muito da verdade. Um dos métodos para reconstituir a possível autenticidade das palavras de Jesus consiste em compreender como podem ser traduzidas do grego, língua em que foram escritas, para o aramaico, em que devem ter sido pronunciadas. Em Lucas, 17:24, por exemplo, lemos que Jesus disse: "Porque assim como o relâmpago, fuzilando, brilha de uma a outra extremidade do céu, assim será no seu dia o Filho do Homem." Esse não é o tipo de frase que possa ser transposto para um aramaico compreensível, e por isso, pode ser rejeitado, com certeza, como uma coisa que Jesus não disse. Pelo menos três das frases, contudo, em que Jesus profetizou a própria morte[12] podem ser traduzidas para o aramaico: são palavras nas quais Jesus prediz que o Filho do Homem morrerá como resgate

[10] João, 13:27, 28.
[11] Mateus, 26:14-16.
[12] Marcos, 14:21, 8:31, 10:45.

por seu povo e que ressuscitará. Testes semelhantes de autenticidade das palavras de Jesus tornam inteiramente possível que ele tivesse feito essas predições sobre si mesmo. Usou metáforas como a de beber até o fim a taça da amargura, preparar-se para um batismo, e completar uma grande obra, quando falou de sua consumação final. Também não parece haver razão para duvidar de que Jesus disse aos discípulos, como registra Lucas, "porque não se espera que um profeta morra fora de Jerusalém".[13]

Não seria absurdo, então, supor que Jesus previu sua morte e que, de certa forma, ele a desejou. Nesse momento, viera a considerar-se um "rei", um homem que poderia unificar Israel e instituir o novo "reino dos santos". Opiniões podem diferir sobre se isso significaria que o próprio Jesus se considerava o Messias. O importante é que, de acordo com seus testemunhos proféticos, iniciados na Galiléia e completados em Jerusalém, ele acreditou que iniciaria a nova era. Depois de morrer, ressuscitaria; por decorrência, não só ele, mas todo o resto da Israel redimida iria ressuscitar. Começaria o governo dos santos. Jesus, entrando na cidade montado num jumento, acreditava que um processo como aquele estava prestes a começar. Sabemos que entre seus amigos havia zelotes cuja opinião era que esse governo dos santos não poderia começar até eles terem liderado outra rebelião contra os romanos; sabemos que os *sicarii*, aos quais Judas provavelmente pertencia, pensavam que o governo dos santos seria auxiliado por algumas punhaladas ao acaso em meio às multidões durante o tempo da festa.

Jesus fora sem dúvida objeto de atenção pública suficiente para despertar também a atenção das autoridades, religiosas e civis. É concebível que elas temessem um levante durante a Páscoa e que houvesse razão para isso. Mesmo que o próprio Jesus não estivesse envolvido numa conspiração paramilitar, sabemos o suficiente sobre ele para deduzir que alguns de seus amigos estavam. Se Jesus acreditava, o que é mais provável do que absurdo, que ia iniciar uma nova era no dia 15 de Nissan do ano 30, e se os principais sacerdotes tivessem ouvido falar nisso, não há dúvida de que teriam entrado em pânico. Tal iniciativa teria com

[13] Lucas, 13:33.

certeza provocado agitação civil e, possivelmente, grande distúrbio na cidade numa ocasião em que dezenas de milhares de peregrinos se espremiam nas ruas estreitas. Os romanos certamente desencadeariam represálias. Era preciso isolar Jesus e pôr um ponto final no problema, antes que se agravasse. A pressa com que, nos Evangelhos, as autoridades desejaram julgar Jesus, e a necessidade de se livrarem dele antes da festa, sugerem que tinham conhecimento de alguma conspiração sincronizada para eclodir durante os festejos.

O palco estava armado, portanto, para um drama extraordinariamente confuso. Soubesse ou não Jesus o que ia acontecer, eis o que nunca saberemos, mas se nosso cauteloso trabalho de conjectura está mais ou menos correto, é possível que ele soubesse da "informação" passada às autoridades e tivesse decidido transformar sua prisão, e possivelmente morte, numa demonstração do poder do Altíssimo para iniciar a Era Messiânica. Vejamos a cena: Ali havia zelotes, ou grupos políticos e militares semelhantes, planejando uma insurreição e proporcionando a Jesus os acessórios para a produção da peça. Na opinião deles, Jesus era o melhor líder que podiam encontrar para uma pátria judaica revitalizada, apelando a todas as classes e seitas para se unirem contra os romanos. Havia também os saduceus, a alta classe sacerdotal encastelada no Templo, que estaria plenamente resolvida a esmagar no nascedouro outro levante insano da comunidade judaica, sobretudo porque seria herético (Jesus admitia a entrada de pecadores no reino do céu) e, o que equivalia à mesma coisa, galileu. Havia ainda os romanos, eternamente temerosos com a possibilidade de que os judeus acabassem por tornar-se ingovernáveis – como acabou acontecendo –, precisando ser esmagados com a mais terrível demonstração de força – o que aconteceria quarenta anos depois. Havia igualmente o pequeno círculo de iniciados, próximo a Jesus, que presumivelmente pensava saber o que estava acontecendo. E havia os Doze, alguns dos quais, como Judas, sabiam de tudo, e outros que parecem ter estado na mais completa ignorância quando o rei montou em seu jumento naquela tarde de domingo e entrou em Jerusalém.

No segundo século AEC – o incidente está consignado no Livro dos Macabeus – um grande reformador asmoneu chamado Simão Macabeu entrara em Jerusalém e "purgara a cidade de suas poluições. E entrou nela... com louvores e folhas de palmeiras, com harpas e címbalos, com violas e com hinos e canções".[14] Talvez Jesus estivesse deliberadamente imitando Simão quando montou no jumento. Se o relato de Marcos da entrada de Jesus na cidade guarda alguma relação com os fatos reais, precisamos supor que as multidões haviam sido preparadas para ela. É bem verdade que, em época de festas, os piedosos deviam fazer a pé a jornada para o centro da cidade santa; portanto, ao resolver vir montado, Jesus decidira destacar-se, pois, sem aviso prévio da demonstração, é difícil entender por que as multidões correram atrás dele, gritando: "Bendito o reino que vem, o reino de nosso pai Davi."[15] No primeiro dia da demonstração, segundo o relato de Marcos, Jesus limitou-se a entrar na cidade. Se acreditarmos que ele fez isso, e ele o fez, então o motivo do seu comportamento teria sido mostrar-se ao público. Embora figura popular na Galiléia, Jesus era praticamente desconhecido em Jerusalém. Poucos teriam sabido como ele era e, em meio àquela densa multidão, seria difícil reconhecer um homem isolado. Após a "entrada triunfal" na cidade, Jesus, tarde do dia, voltou a Betânia, onde estava hospedado com amigos.

Como todos os Evangelhos concordam que Jesus passou a última semana da sua vida em Betânia, é ainda mais surpreendente que os Evangelhos Sinópticos nenhuma menção façam do seu milagre mais espetacular. Nem mesmo falam do amigo de Jesus, Lázaro, que ele ressuscitou dos mortos. O Quarto Evangelho diz que a notícia da morte de Lázaro chegou a Jesus e seus discípulos quando eles ainda se encontravam no norte, a caminho de Jerusalém. Os discípulos insistem com ele para não voltar à Judéia, onde temem que entre em choque com "os judeus". Jesus, porém, não consegue conter-se. "Nosso amigo Lázaro adormeceu, mas vou para despertá-lo." Não há história mais dramática do que essa no Novo Testamento. Ao chegar a Betânia, Jesus descobre que Lázaro já está no sepulcro há quatro dias. O enterro acabou, mas as carpideiras continuam em seu choro e Jesus sucumbe às emoções da ocasião. "Jesus chorou. Então disseram os judeus: Vêde quanto o amava!" Jesus encaminhou-se para a boca da "caverna"

[14] I Mac., 13:50, 51.
[15] Marcos, 11:10.

onde Lázaro fora sepultado e pediu para retirarem a pedra que tapava a entrada. Marta, uma das irmãs de Lázaro, protestou, dizendo que já devia ter começado a decomposição do corpo, cheirando mal. Em voz alta e autoritária, ele disse: "Lázaro, vem para fora." E o morto saiu, ainda vestido com a mortalha.

Essa história constitui o primeiro grande clímax do Evangelho de João. É a culminação dos milagres de Jesus. A segunda metade do Evangelho será dedicada às prédicas e, em seguida, ao "sinal" de sua própria morte e do triunfo sobre a morte, que a ressurreição de Lázaro prenuncia. Voltaremos novamente a uma narrativa em que há um sepulcro e uma pedra fechando a porta. Por razões que não se pode compreender facilmente, é a ressurreição de Lázaro que convence os fariseus de que Jesus tenta usurpar-lhes a autoridade religiosa junto aos romanos. "Os romanos virão e tomarão nosso lugar e nossa nação." E é nessa ocasião que Caifás, o sumo sacerdote, faz seu profético anúncio, "de que vos convém que morra um só homem pelo povo, e que não venha a perecer toda a nação".[16] Esse incidente aparece envolto na teologia e nas ironias literárias joaninas que deveríamos esperar de tal fonte. O incrédulo sumo sacerdote judeu fala com mais verdade do que pode imaginar sobre o verdadeiro sumo sacerdote, Jesus, cuja morte – tal como a serpente que Moisés levantou no deserto – atrairá para si todos os verdadeiros crentes e lhes dará a oferenda da vida eterna.

Será que alguma coisa se esconde por trás dessa história, ou será ela apenas uma lenda religiosa? Como acontece com tantas perguntas sobre o Quarto Evangelho, a resposta terá de ser ambivalente. Só em 1958 é que o professor Morton Smith, da Universidade de Columbia, em Nova York, decifrou a carta do século XVIII, rabiscada na última folha de uma edição do século XVII das obras de Santo Inácio de Antióquia. Essa carta era a transcrição de outra supostamente escrita por Clemente de Alexandria no século II EC e dirigida a um homem chamado Teodoro. Referia-se ela a um Evangelho Secreto de Marcos – evidentemente, uma versão gnóstica – destinado "àqueles que estavam sendo aperfeiçoados" ou "iniciados nos maiores mistérios". Muitas reservas devem ser opostas à

[16] João, 11:50. A história completa da ressurreição de Lázaro é encontrada em João, 11.

teoria de Morton Smith, que culminou, como já notamos, na conclusão de que Jesus era um mago. *Se* a carta do século XVIII é realmente a transcrição de uma carta escrita 1.600 anos antes, *se* o "Evangelho Secreto de Marcos" constitui na verdade uma autêntica tradição marquiana, em vez de ser simplesmente uma versão gnóstica deturpada da história do Quarto Evangelho...

Esses dois *se* são muito importantes. E não precisamos necessariamente concluir que narrativas tão excêntricas e com uma história textual tão tênue nos levem obrigatoriamente para mais perto do Jesus histórico. Feita essa ressalva, cabe dizer que as teorias de Morton Smith não devem ser sumariamente ignoradas como destituídas de valor. Somos informados de que Jesus não batizava com água, mas com o espírito. Os Evangelhos dizem que ele exercia um efeito profundo sobre o povo, como exorcista carismático. É imaginável que uma figura dessas tenha tomado parte nos rituais bizarros descritos por Morton Smith: ritos de iniciação, nos quais o recém-admitido catecúmeno vestiria mortalha e, em seguida, seria chamado a uma "nova vida" no Espírito. Se esse foi o caso, então a descrição do Quarto Evangelho sobre a "ressurreição" de Lázaro começa a assumir um aspecto diferente. Suponhamos que o Evangelho Perdido de Marcos tenha vindo primeiro, e o Quarto Evangelho em seguida. Nesse caso, temos primeiro a descrição do ritual. Em seguida, mudando a cena, temos uma narrativa na qual o significado secreto do ritual é transformado em um evento, em um "sinal". O catecúmeno, usando mortalha, torna-se cadáver autêntico vestido com mortalha, saindo da sepultura para ser iniciado no batismo do espírito, no batismo da vida eterna. Mas antes de terminar a história, conhecemos outra figura que também usa mortalha – um jovem estranho que aparece duas vezes perto do fim do Evangelho de Marcos, a primeira vez no Jardim de Getsêmani e a outra na sepultura do próprio Jesus.

Até que surja o momento em nossa narrativa em que seja apropriado fazer algumas perguntas sobre esse jovem, voltemos a seguir Jesus na Betânia. Há uma pequena conversa incompreensível ao fim do Quarto Evangelho, que diz que Pedro perguntou a Jesus, depois de ele ter ressuscitado dos mortos: "O que fará esse homem?", referindo-se ao "discípulo que Jesus amava". "Respondeu-lhe

Jesus: Se eu quero que ele permaneça até que eu venha, que te importa? Quanto a ti, segue-me. Então se tornou corrente entre os irmãos o dito de que aquele discípulo não morreria. Ora, Jesus não dissera que tal discípulo não morreria, mas: Se eu quero que ele permaneça até que eu venha, que te importa? Este é o discípulo que dá testemunho a respeito destas coisas e que as escreveu; e sabemos que seu testemunho é verdadeiro."[17]

Poderia haver muitas razões por que os irmãos disseram que o Discípulo Amado não morreria, mas uma delas poderia ser que acreditavam ter ele já ressuscitado dos mortos. Isto é, ele poderia ser Lázaro. Muito compreensivelmente, os Evangelhos Sinópticos louvaram-se em tradições contrárias, que categoricamente rejeitaram a alegação de que Lázaro literalmente ressuscitara dos mortos. É interessante que falem sobre a amizade de Jesus com a família de Betânia, embora omitam toda menção a Lázaro. Marcos diz simplesmente que ele se hospedou em Betânia e que visitou um fariseu chamado Simão. Lucas conta a história de Marta e Maria e de Jesus repreendendo Marta porque "andas inquieta e te preocupas com muitas coisas", em vez de participar da conversa, como a irmã mais preguiçosa. Tanto a tradição de Marcos quanto a do Quarto Evangelho tornam a cena em que os pés de Jesus são ungidos pela mulher (em Marcos, por uma prostituta, em João, por Maria, a irmã de Lázaro) um prenúncio de sua morte e sepultamento. Esse fato está implícito na história joanina, ao passo que, em Marcos, Jesus diz claramente: "Ela fez o que pôde: antecipou-se a ungir-me para a sepultura."[18] Se Morton Smith tem razão, e se o simbolismo da mortalha e da ressurreição para uma nova vida podia ser representado pelos *vivos* em seus ritos de batismo, podemos provavelmente localizar aqui um ponto em que talvez surgisse confusão entre os eventos reais e o desempenho ritual. Marcos escreve do ponto de vista de que Jesus libertou-se da morte e que foi ressuscitado por Deus no terceiro dia. Acredita ainda que essa ressurreição é possível a todos os crentes. Mas, também, e é aqui que surge a confusão, ele, no seu Evangelho

[17] João, 21:21-24.

[18] Marcos, 14:8.

Secreto, deliberada ou inadvertidamente preserva uma tradição na qual pessoas vivas participavam de uma representação ritual da morte e da ressurreição.

Este é um campo em que podem medrar fino simbolismo e sentimentos religiosos. É muito mais difícil encontrar, em meio a esse crescimento luxuriante, qualquer coisa que possa ser isolada como fato histórico. Tudo o que Jesus disse ou fez, da forma como aparece nos Evangelhos, é fértil em significado celestial e isso é duplamente verdadeiro nas descrições dos evangelistas do que lhe aconteceu desse momento em diante. Um exemplo é encontrado na cena em que Marcos marca o dia após a entrada triunfal de Jesus na cidade: a cena do Templo, quando Jesus derruba as mesas dos cambistas. No Quarto Evangelho, esse ato é puramente simbólico. Esse Evangelho situa o incidente bem no início da história, no capítulo 2. Como sempre nesse Evangelho, a um sinal na Galiléia corresponde outro sinal em Jerusalém, ambos transmitindo a mesma mensagem. Na Galiléia, Jesus transformou a água das talhas (segundo a maneira de purificação dos judeus) em embriagante vinho novo; em Jerusalém, expulsou os cambistas do Templo e disse: "Destruí este santuário, e em três dias o reconstruirei."[19] Em outras palavras, Jesus está divulgando uma nova maneira de aproximar-se o homem de Deus, na qual as observâncias rituais da fé judaica – a purificação ritual das talhas d'água, os sacrifícios rituais do Templo – serão substituídas pela adoração espontânea do coração. Ou, como disse ele à muitas vezes casada samaritana no poço de Jacó, "mas vem a hora, e já chegou, quando os verdadeiros adoradores adorarão o Pai em espírito e em verdade".[20] Mas basta do simbolismo do Quarto Evangelho, que, por mais antigas sejam algumas das tradições em que se baseia, passou provavelmente por uma redação final após a destruição do Templo de Jerusalém e a separação do Cristianismo primitivo do Judaísmo.

Marcos descreve várias visitas de Jesus ao Templo em sua última semana de vida. Em uma delas, derruba as mesas dos cambistas e apresenta o argumento específico de que estava escrito que o Templo era uma casa de oração para todas

[19] João, 2:19.
[20] João, 4:23.

as nações, "mas que a tendes transformado em covil de salteadores".[21] Os principais sacerdotes ficam atônitos com essas palavras e chegam à conclusão de que precisam destruir Jesus pelo que ele disse. Somos ainda informados que, andando pelo Templo, Jesus teve uma discussão sobre João Batista com as autoridades religiosas. Perguntaram-lhe elas com que direito ele falava e agia. Jesus replicou que lhes responderia à pergunta se lhe respondessem se ou não João Batista "era do céu ou dos homens". Como não haviam aceito João enquanto ele vivera, temiam dizer que o batismo por ele oficiado fora celestial. Mas temiam também a reação da turba se dissessem que João não fora divinamente inspirado. Outro incidente nessa semana no Templo ocorreu quando os discípulos e Jesus observavam peregrinos atirarem moedas no imenso tesouro. Vindo, porém, uma viúva pobre, depositou duas pequenas moedas correspondentes a um quadrante. "Em verdade vos digo que essa pobre viúva", disse Jesus, "depositou no gazofilácio mais do que o fizeram todos os ofertantes. Porque todos eles ofertaram do que lhes sobrava; ela, porém, da sua pobreza deu tudo quanto possuía, todo o seu sustento".

Mais tarde, ao saírem do Templo, olhando para as imensas pedras da prodigalidade arquitetônica de Herodes, disse Jesus: "Vês estas grandes construções? Não ficará pedra sobre pedra, que não seja derrubada."[22] Surge então a questão de se podemos ou não determinar, como historiadores, a atitude do Jesus real em relação ao Templo histórico real, se é provável que ele lhe tenha previsto a destruição ou se esse fator por si mesmo teria sido suficiente para levar as autoridades religiosas de Jerusalém a querer-lhe a morte.

Os Evangelhos, em sua forma final, são produtos de comunidades cristãs. Chegaram-nos das mãos de grupos religiosos que se separaram do judaísmo, com pouca ou nenhuma recordação real do que fora o Templo. O simbolismo do Templo, tanto o de Salomão nas Escrituras judaicas quanto o segundo, que Jesus teria conhecido, torna-se por conseguinte de importância suprema para seus autores. Escreveram com o conhecimento de que o Templo fora destruído e viram nesse cataclismo a justificação final de seus próprios pontos de vista: isto é,

[21] Marcos, 11:17.

[22] Marcos, 13:2.

o judaísmo, em sua forma visível, estava acabado, e a Nova Israel, fundada por Deus em Cristo, era a Igreja. É com base nesse *Sitz im Leben* que podemos imaginar Jesus dizendo que derrubaria o Templo e o reconstruiria em três dias. ("Ele, porém, se referia ao santuário de seu corpo."[23])

Se a "purificação do Templo" realmente aconteceu, qual foi o seu significado? Jesus deve ter desejado que fosse uma demonstração. Uma vez que os evangelhos descrevem não só a demonstração de purificação, mas contêm todas as palavras de Jesus sobre formalismo religioso em geral, é tentador interpretar esse gesto irado como sugerindo a destruição do judaísmo. Uma divergência entre a versão de Marcos e a do Quarto Evangelho, porém, deve pôr-nos em guarda contra essa interpretação. No Quarto Evangelho, Jesus diz aos judeus: "Destruí este santuário e em três dias o reconstruirei."[24] Em Marcos, ele diz: "Vês estas grandes construções? Não ficará pedra sobre pedra, que não seja derrubada", palavras que são distorcidas por uma falsa testemunha no julgamento como "Nós o ouvimos declarar: Eu destruirei este santuário edificado por mãos humanas e em três dias construirei outro, não por mãos humanas".[25] De modo que, em nenhuma versão o próprio Jesus é citado como dizendo que destruiria ele mesmo o Templo, seja no sentido físico, seja espiritual. Pode ter acontecido que em suas observações anti-ritualistas ele tenha inquietado alguns líderes religiosos ao ponto de erguerem as mãos para o alto e exclamarem – por exemplo, quanto à sua atitude tolerante sobre a pureza ritual – "Esta é a última palha – ele está destruindo tudo – e a próxima coisa será a destruição do Templo!" Mas isso dificilmente é a mesma coisa que ele dizer que o destruiria ou que desejava destruí-lo. Nem há nos Evangelhos qualquer palavra que possa ser a ele plausivelmente atribuída sugerindo que queria iniciar uma nova religião para os gentios e ainda menos pôr à disposição deles o Templo para que ali orassem. Assim, quando entrou no precinto do Templo e derrubou as mesas dos cambistas, é impossível acreditar, como acreditou Marcos, que promovia uma demonstração contra a exclusão dos gentios daquele local sagrado.

[23] João, 2:21.

[24] João, 2:19.

[25] Marcos, 13:1, e Marcos, 14:58.

No Quarto Evangelho, ele diz *Lusate ton naon touton*, destrua-se este santuário – e serei eu quem o reconstruirá! Argumentou-se convincentemente[26] que o significado da ação profética de Jesus não era tanto de ameaça, como de advertência. Jesus, de acordo com o professor Sanders, está prevendo a vinda do reino. Ao virar as mesas dos cambistas, ele não expressava horror ante a idéia de sacrifício de animais (que fazia parte integral do costume judeu de adoração, do qual ele mesmo participava) nem expressava desconfiança do próprio Templo (seus discípulos, após a Ressurreição iam continuamente ao Templo, como nos dizem os textos); ele previa um tempo em que Deus derrubaria a ordem presente e ressuscitaria Jesus, juntamente com seus discípulos, em três dias. Aceito a idéia do professor Sanders de ignorar esses eruditos que consideram a derrubada das mesas dos cambistas um protesto – contra a corrupção dos próprios cambistas ou contra a religião do Templo. Tradicionalmente, os profetas judeus praticavam gestos dramáticos para dar substância a seus ensinamentos. Entrar em Jerusalém montado num jumento foi uma demonstração desse tipo. Mas acho menos difícil do que pareceu ao professor Sanders acreditar que Jesus pudesse ter realmente previsto, quarenta anos antes do fato, que a raça judaica sofreria a mais terrível das derrubadas nas mãos dos romanos. *Lusate ton naon touton!* Estão provocando a própria destruição! Essa, acho, foi a mensagem de Jesus. E é a mesma mensagem da Multiplicação dos Pães no deserto: *Fazei com que os homens se assentem.* Jesus compartilhava com todos os entusiastas religiosos da comunidade judaica do século I o senso de que o reino não viria até que Israel houvesse se reformado e adotado uma atitude de filiação leal a Deus. Diferia de muitos de seus contemporâneos, no entanto, ao ver esse ideal como unificador, e não sectário. Sonhava com um judaísmo simples, livre dos pecados permanentes do moralismo e do sectarismo. Os ascetas de Qumran e os fariseus acreditavam que o reino viria porque eles não eram iguais aos demais homens. Jesus ensinava que não viria até eles reconhecerem que eram iguais a todos os homens. O reino só

[26] E. P. Sanders: *Jesus and Judaism*, 61-76.

poderia vir quando pudessem ser tão sensíveis a Deus como crianças, e tão indiferentes quanto possível à presença blasfema dos romanos entre eles.

A purificação do Templo em Marcos é, por conseguinte, do mesmo tipo que a questão capciosa que lhe foi proposta por fariseus e herodianos: "Mestre, sabemos que és verdadeiro e que ensinas o caminho de Deus, de acordo com a verdade, sem te importares com quem quer que seja, porque não olhas a aparência dos homens." (E não há razão para supor que se tratasse de uma questão irônica ou sarcástica. Acreditavam que era verdadeira. Mas, se fosse, como conciliar essa opinião com a existência do odiado imposto pago aos romanos, que seus amigos zelotes acreditavam ser não apenas um ônus econômico, mas também uma blasfêmia?) "Dize-nos, pois, que te parece? É lícito pagar tributo a César, ou não?" Jesus pediu que alguém lhe trouxesse uma moeda romana. Sua resposta lapidar é tão destrutivamente desinteressada quanto o gesto de derrubar as mesas dos cambistas: "Daí, pois, a César o que é de César, e a Deus o que é de Deus."[27] Os judeus acreditavam que Deus estabeleceria Seu reino na terra. Jesus provavelmente também acreditava nisso, mas compreendia que qualquer tentativa de ajudar a vinda do Reino pela rebelião armada ou por qualquer manifestação de desobediência civil produziria resultado calamitoso. Insistiu com sua gente para que se distanciasse do sonho macabeu. Se isso é verdade, então a derrubada das mesas dos cambistas torna-se muito específica em seu simbolismo. A menos que abandonassem a atitude recalcitrante com os romanos, a cidade, e o próprio Templo, seriam derrubados. Não era covardia o motivo por que deviam estar preparados para engolir o orgulho. A razão era que, por causa das dissensões internas e da obsessão em expulsar os romanos, estavam esquecendo, para começar, a razão por que fora construído o Templo. A prece de Salomão, ao inaugurar o Primeiro Templo, reconhecera que, embora o monoteísmo fosse exaltado pela arquitetura, não a requeria: "Eis que os céus, e até o céu dos céus, não te podem conter, quanto menos esta casa que eu edifiquei."[28]

[27] Marcos, 12:13, 14, 17.

[28] I Reis, 8:27.

Essas palavras combinam perfeitamente com o Jesus do Quarto Evangelho, que diz à samaritana que o pai não deve ser adorado nem em sua montanha sagrada, nem em Jerusalém, mas em espírito e verdade. E foi para recuperar esse princípio simples e essencial que Jesus falou com toda franqueza e pelo qual, fosse essa ou não sua intenção, estava destinado a morrer.

Capítulo 9

O homem do cântaro e o jovem nu

Aproximava-se a Festa do Pão Ázimo e Jesus, seus discípulos e os cem mil peregrinos que congestionavam a cidade preparavam-se para a Páscoa. A população normal de Jerusalém oscilava entre 25 mil e trinta mil almas e por isso eram compactas as multidões. O Cordeiro Pascal tinha de ser comido pelos peregrinos dentro dos limites da cidade. Betânia, a aldeia onde estava Jesus, ficava fora da "zona de congregação". O judeu que tentasse comer o Cordeiro Pascal fora dos limites sagrados podia ser punido com quarenta açoites pela polícia religiosa.[1] Os cem mil peregrinos, por isso, entravam em grandes levas na cidade para fazer a refeição. A despeito do frio extremo nessa época do ano,[2] numerosos peregrinos tiveram de fazer a refeição ao ar livre, à porta de tendas, apertados no alto de telhados ou mesmo no pátio do próprio Templo, perto do lugar onde os cordeiros eram sacrificados. Diz Marcos que já nessa fase as autoridades religiosas de Jerusalém conspiravam para tirar a vida de Jesus, embora não dê absolutamente razão nenhuma para essa trama. Há sempre mais coisas por trás da narrativa de Marcos do que nós – ou, quem sabe, ele mesmo – podemos compreender. Indivíduos não identificados, como os homens que tinham os jumentos preparados para a Entrada Triunfal, entram e saem da narrativa sem apresentação ou esclarecimento. Outra dessas figuras é o homem que leva um cântaro de água.

Conta Marcos que, no primeiro dia do Pão Ázimo, os discípulos perguntaram onde deviam fazer a refeição pascal. Como não haviam feito preparativos, pensavam que, talvez, tivessem de comer ao ar livre, tal como os peregrinos mais pobres ou mais displicentes que não haviam tomado providências de antemão. Jesus lhes disse que fossem à cidade, onde veriam um homem carregando um

[1] Marcos, 3:3. Ver Joachim Jeremias: *The Eucharistic Words of Jesus*, 16.

[2] Marcos, 13:24, 25.

cântaro. Deveriam segui-lo e, quando ele entrasse numa casa, indagar: "O Mestre pergunta: Onde é o meu aposento no qual hei de comer a Páscoa com os meus discípulos? E ele vos mostrará um espaçoso cenáculo mobiliado e pronto; ali fazei os preparativos."[3]

Nunca saberemos quem foi o homem do cântaro de água. Astrólogos identificaram-no como Aquário. Outros, mais prosaicamente, observaram que carregar água era função de mulher, de modo que o homem que levava o cântaro teria dado muito na vista. E isso era preciso, já que os discípulos deviam localizá-lo em meio às densas multidões e em ruas estreitas. Não somos informados quem entrou com o dinheiro para reservar o grande cenáculo, embora se sugira que Judas cuidava do dinheiro de Jesus e talvez fora o encarregado dos preparativos para reservar o cenáculo.[4] E foi para esse aposento que os amigos de Jesus se dirigiram naquela noite fria e escura (de 14 de Nissan ou 7 de abril do ano 30 EC?). É fácil imaginar o barulho e o mau cheiro por toda parte em Jerusalém, onde se preparava um churrasco sagrado para cem mil pessoas. Todas as refeições eram iguais, da forma determinada pelo Livro do Êxodo: "O cordeiro será sem defeito, macho de um ano; podereis tomar um cordeiro ou um cabrito; e o guardareis até o décimo quarto dia deste mês; e todo o ajuntamento da congregação de Israel o imolará no crepúsculo da tarde. Tomarão o sangue e o porão em ambas as ombreiras, e na verga da porta, nas casas em que o comerem. Naquela noite comerão a carne assada no fogo; com pães ázimos e ervas amargas a comerão. Não comereis dele nada cru, nem cozido em água, porém assado ao fogo: a cabeça, as pernas e a fressura. Nada deixareis dele até pela manhã; o que, porém, ficar até pela manhã, queimá-lo-eis no fogo. Desta maneira o comereis: lombos cingidos, sandálias nos pés e cajado na mão; comê-lo-eis à pressa: é a Páscoa do Senhor. Porque naquela noite passarei pela terra do Egito, e ferirei na terra do Egito todos os primogênitos, desde os homens até os animais; executarei juízo sobre todos os deuses do Egito."[5]

3 Marcos, 14:14, 15.
4 João, 12:6, João, 13:29.
5 Êxodo, 12:5-12.

A significação de tudo isso para alguns dos contemporâneos judeus de Jesus deve ter sido óbvia. Por "Egito" entenda-se "Roma". Iria o Todo-Poderoso repetir para Seu povo o milagre praticado na primeira Páscoa, quando um pequeno bando de judeus havia se livrado da escravidão a um poderoso império?

Conta Marcos que nessa semana Jesus pronunciou um grande e apocalíptico sermão aos discípulos, inspirando-se suas imagens na descrição do advento do Senhor, no livro de Daniel: "Então, os que estão na Judéia que fujam para as montanhas e os que estão nos telhados das casas não desçam nem entrem... O sol escurecerá, a lua não dará a sua claridade, as estrelas cairão do firmamento e os poderes dos céus serão abalados."[6] É por certo concebível que Jesus acreditasse que o Dia do Senhor estava para raiar, e naquela mesma Páscoa. Era igualmente possível que, a despeito da tentativa de unir as várias facções do judaísmo em seu reino, os que o ouviam lhe interpretassem de maneira muito diferente as palavras. Alguns de seus amigos eram zelotes e assassinos e Jerusalém, nos grandes feriados, sempre atraía tais malfeitores. Entre seus amigos incluíam-se ainda fariseus. Somos informados que, na última semana de vida, ele fez uma refeição na casa de um fariseu e que mantinha amizade com membros do Sinédrio, tais como Nicodemos e José de Arimatéia. Da forma como é contada a história, parece que Jesus atribuía grande importância a essa celebração particular da Páscoa, como se a Era Messiânica estivesse, de fato, para começar, com sinais e portentos nos céus – entre os quais não é impossível que Aquário, com seu cântaro de água, fosse um deles. (Os ascetas de Qumran, em comum com a maioria dos contemporâneos, acreditavam em astrologia, e Jesus provavelmente não era exceção.)

Em um estado de suspense inusitado, os Doze se reuniram no cenáculo. Numa representação simbólica de como desejava que os discípulos considerassem seus semelhantes, Jesus tirou as vestes externas e envolveu-se em uma toalha. Em seguida, começou, como se fosse um escravo comum, a lavar os pés dos convidados. Simão Pedro protestou contra esse ato. Ele não começara ainda a

[6] Marcos, 13:24-25.

absorver a extraordinária inversão de hierarquias de Jesus, a proclamação de que no novo reino os últimos seriam os primeiros e, o menor do reino, o maior. Pedro não estava pronto naquela noite para o reino de Deus. Nem seus amigos. Jesus parecia um homem inteiramente solitário. Os companheiros não o compreendiam. Fora informado nessa altura do plano para prendê-lo, mas quando disse aos amigos que um deles o trairia, ficaram todos atônitos e sem entender o que ele quisera dizer.

Começou a refeição e Jesus provavelmente lhes leu ou recitou a versão do Êxodo: "Quando teu filho amanhã te perguntar: Que é isso? Responder-lhe-ás: O Senhor com mão forte nos tirou da casa da servidão."[7]

A refeição que ocorreu no cenáculo foi um acontecimento ritualizado, mas incomum sob outros aspectos. Em primeiro lugar, cabe registrar o fato notável de que era uma ocasião em que só estavam presentes homens. Jesus excluíra as mulheres. Deve ter desconfiado de que a noite ia acabar em algum tipo de violência e não queria que a mãe, junto com as demais discípulas, estivessem presentes. Na refeição da Páscoa, era comum os judeus demonstrarem sua liberdade como filhos do Senhor deitando-se, e não sentando-se, à mesa. E assim Jesus e seus companheiros se refestelaram comodamente. "Enquanto os escravos comem em pé na Páscoa, os homens devem recostar-se quando comem, a fim de mostrar que passaram da servidão para a liberdade", como explicaria um autor judeu do ano 300 EC.[8]

Outro elemento ritualizado da refeição foi o consumo de vinho. Embora Jesus tivesse reputação de ser bom copo,[9] era muito improvável que bebesse vinho em todas as refeições. De acordo com as normas rituais do dia, todos tinham de tomar, na ceia da Páscoa, quatro cálices de vinho "mesmo que seja em uma refeição pobre". Era costume que esmolas fossem dadas no tempo da Páscoa para permitir aos mais pobres dos pobres ingerir seus quatro cálices rituais. Quando, quase no fim da ceia, Jesus mandou Judas Iscariote sair, os discípulos pensaram que ele iria providenciar essas esmolas para os pobres.

[7] Êxodo, 13:14.
[8] Jeremias, op. cit., 36.
[9] Mateus, 11:19.

Na verdade, Judas saía para entregar o mestre, como diz a tradição, às autoridades. Houve um bom número de explicações sentimentais e fantasiosas do motivo que o levou a assim agir. Variam elas da explicação do Evangelho – que foi subornado pelos sacerdotes principais – a idéias de que ele, por razões políticas, ficara decepcionado com Jesus. Nenhuma dessas explicações ajusta-se aos fatos. Se estava esperando que Jesus liderasse uma grande rebelião armada contra os romanos, nesse momento em que compreendeu que nenhuma delas era planejada, dificilmente Judas teria ganho alguma coisa entregando-o às autoridades. Não podia saber que Jesus, mesmo sob tortura, não revelaria o nome de seus companheiros de conspiração. Se, como disse Jesus quando foi preso, ele se tornara uma figura conhecida em Jerusalém na semana anterior, é estranho que as autoridades tenham precisado do auxílio de Judas para identificá-lo – embora seja verdade que a prisão ocorreu à noite e que Jesus provavelmente levava a cabeça coberta. O único sentido plausível em que Judas poderia ter ajudado as autoridades seria indicando a elas o paradeiro de Jesus na cidade congestionada de gente naquela mais negra das noites.

Toda a história está envolvida em mistério. A explicação mais provável para o que então acontecia era que as autoridades tivessem sido informadas sobre alguma rebelião planejada pouco antes da Festa da Páscoa. Talvez Judas tenha sido descoberto pelas autoridades e, em vez de trair o verdadeiro segredo do levante, resolveu trair Jesus. Talvez as palavras de Jesus sobre o reino de Deus, suas profecias apocalípticas, sua entrada triunfal na cidade e a derrubada das mesas dos cambistas tivessem levado as autoridades a temer que ele fosse o chefe de um levante desse tipo e resolveram prendê-lo à noite, quando a maioria dos peregrinos ainda fazia a refeição, em vez de se arriscarem a protestos públicos com a prisão em dia claro, quando ele falava às multidões ou andava pelos pátios do Templo. De modo que Judas deixou a mesa da ceia e todos os amigos ali reunidos pensaram que ele saíra para distribuir esmolas aos pobres. Na verdade, ia revelar às autoridades o paradeiro de Jesus após a ceia. O Quarto Evangelho diz que Satanás entrara no coração de Judas, e, quando o miserável sai para cumprir sua missão, o Evangelho acrescenta uma daquelas frases curtas cheias de significado que o tornam livro tão memorável. *E era noite.* Em grego, as palavras são igualmente memoráveis e ainda mais curtas: *en de nux.* É um desses momentos em que, na prosa fortemente enxuta desse evangelista, simbolismo e realismo se unem. Trevas, na verdade. E nesse momento as Forças das Trevas se mobilizam contra o Senhor da Luz.

Curiosamente, é nesse ponto que o Quarto Evangelho e os Sinópticos divergem sobre o que aconteceu depois que Judas deixou o cenáculo. De acordo com o Quarto Evangelho, Jesus fez nesse momento uma longa prédica aos discípulos, culminando com aquela oração muito longa, implorando ao Pai para que ele, e o Pai, e a Igreja, possam ser um só. Esses capítulos (João, 14-17) contêm trechos de alta sublimidade – "Eu sou o caminho, e a verdade, e a vida",[10] "No mundo, passais por aflições; mas tende bom ânimo, eu venci o mundo"[11] – mas eles são obviamente pura criação literária. Não têm semelhança alguma com a maneira como se supõe nos Evangelhos Sinópticos que Jesus tenha falado nem se parecem muito com a maneira como ele fala na primeira parte do próprio Quarto Evangelho. Dizem respeito à Igreja e a uma visão coletiva dos cristãos que parece estranha ao Jesus individualista que falou com Nicodemos e a samaritana em encontros a sós e lhes disse que o caminho para chegar ao Pai era por meio do renascimento individual, e não da afiliação à Igreja. ("Eu sou a videira, vós os ramos."[12]) Esses capítulos do Quarto Evangelho, que falam de cristãos sendo expulsos de sinagogas pelo que pensam de Jesus, e sua relação com o Pai por meio da crença em Jesus, apresentam todos os sinais de serem interpolações acrescentadas ao Quarto Evangelho. É impossível acreditar que uma prédica desse tipo tenha saído dos lábios de Jesus durante a Ceia.

De qualquer maneira, para o quarto evangelista, a Ceia não foi uma refeição de Páscoa, mas uma refeição preparatória. Pode ser que ele acreditasse, como fato histórico, que tivesse sido isso mesmo, mas o simbolismo é óbvio e poderia ser o exemplo supremo do arranjo que deu ao material com o propósito de transmitir

[10] João, 14:6.
[11] João, 16:33.
[12] João, 15:5.

um argumento teológico. O Jesus do evangelista é o verdadeiro Cordeiro Pascal, que morre um dia antes do Jesus sinóptico. Demonstra sua verdadeira natureza aos crentes ao ser pregado na cruz na mesma hora em que os cordeiros pascais devem ser sacrificados no Templo. Uma das explicações[13] do silêncio de João sobre o assunto da Eucaristia pode ser que ele não queria que a fórmula eucarística caísse em mãos erradas. Manteve o ritual secreto de maneira como os maçons de hoje escondem do resto do mundo seus rituais e as palavras que os acompanham. Sabemos que, desde os tempos mais antigos, cristãos se reuniam para partir o pão e abençoar o vinho e também que isso não era considerado uma refeição comum. Apenas um quarto de século após a morte de Jesus, Paulo escrevia a seus conversos em Corinto, citando algo que era claramente lembrado como uma parte do ritual, um mantra. "Porque eu recebi do Senhor o que também vos entreguei: que o senhor Jesus, na noite em que foi traído, tomou o pão; e, tendo dado graças, o partiu e disse: Isto é o meu corpo, que é dado por vós; fazei isto em memória de mim. Por semelhante modo, depois de haver ceado, tomou também o cálice, dizendo: Este cálice é a nova aliança no meu sangue; fazei isto, todas as vezes que o beberdes, em memória de mim. Porque todas as vezes que comerdes este pão e beberdes o cálice, anunciais a morte do senhor, até que ele venha."[14]

Como em tantos casos na história da religião, é impossível dizer o que surgiu primeiro – o culto ou a história que explica a origem do culto. Sem dúvida, os antigos cristãos reuniam-se para partir o pão. Supõe-se em geral que isso faziam uma vez por semana e que houve uma repetição contínua desse ato místico desde o tempo da Última Ceia até os dias atuais. Muitos trechos candentes da prosa devocional e muitos gloriosos hinos, sobretudo os de Santo Tomás de Aquino, foram escritos com base nessa suposição. No caso de cristãos que acreditam que Cristo vive na hóstia sagrada que até hoje consomem, é axiomático que Jesus deve ter criado um rito que é um símbolo de sua presença eterna no mundo. É o que deveriam esperar de alguém que fundou uma nova religião com a intenção

[13] Jeremias, op. cit., 73.
[14] I Cor., 11:23-26.

de que se espalhasse muito além dos confins da comunidade judaica e cobrisse todo o mundo gentio. Uma vez que se reconheça como de todo improvável que Jesus tenha fundado uma Igreja, ou julgasse que lhe cabia alguma missão junto aos gentios vizinhos na Palestina, e ainda menos junto aos italianos, aos britânicos antigos, aos hotentotes, então as origens da Eucaristia parecem ainda mais confusas. Outra explicação do motivo por que o Quarto Evangelho não atribui a Jesus o ato de abençoar o pão e o vinho e dizer aos discípulos que fizessem o mesmo em sua memória é que ele, de fato, não fez nada disso na Última Ceia. Que tomou uma refeição com os amigos, podemos acreditar. Que um desses amigos – talvez João; quem sabe, Lázaro – fosse especialmente amado por ele e tivesse posto a cabeça em seu peito durante a ceia é uma história religiosa que talvez seja verdadeira.[15] Mas é difícil imaginar as circunstâncias que poderiam tê-lo levado a "instituir a Eucaristia".

Todos os autores do Novo Testamento apresentaram Jesus, sobretudo nos últimos dias, como o cumprimento, ou realização, das histórias e profecias do Velho Testamento. Ele mesmo se torna a oblação do pecado, o Cordeiro Pascal. A própria cerimônia do pão e do vinho transforma-se em sacrifício, uma oferta do cordeiro. O poder do rito para tocar a imaginação e emocionar, e o fato de ser até hoje o centro da vida religiosa de tantas pessoas, podem cegar-nos para a improbabilidade de que Jesus jamais tenha instituído a Eucaristia. O que teria ele pretendido ao fazer isso? O ato só faz sentido se acreditamos que ele fundou uma Igreja para gentios, com toda sua coorte de bispos, sacerdotes, diáconos, sacramentos, e assim por diante. Para que a improbabilidade se torne manifesta, temos apenas de imaginar a figura de Jesus voltando hoje à terra e comparecendo, digamos, à missa solene na igreja de São Pedro, em Roma. Imaginemo-nos tentando explicar-lhe o que estava acontecendo. Ou diríamos que o sacerdote está transformando o pão no corpo real de Jesus ou diríamos que, de alguma maneira difícil de transmitir em palavras, está invocando a presença mística de Jesus. Não há divergência fundamental entre os ensinamentos católicos de São

[15] João, 13:23.

Paulo sobre a Eucaristia e os costumes rituais e crenças dos cristãos modernos. Mas parece haver um abismo intransponível entre os cristãos modernos e Jesus. Se, como acreditam alguns cristãos, a Última Ceia foi a Primeira Missa, de que modo a presença de Jesus no pão e vinho pode ter tido realidade maior do que sua presença corporal, deitado ao lado da mesa? Se, como cristãos mais ortodoxos, não acreditamos nisso, se acreditamos que a Primeira Missa foi o Calvário, quando Cristo foi oferecido ao Pai, então a Última Ceia passa a ser simplesmente, por assim dizer, um ensaio para celebrações futuras da Eucaristia. Teríamos de imaginar que Jesus previu a teologia católica de São Paulo. E isso é historicamente inimaginável. Jesus, afinal de contas, encontrava-se num estado de grande agitação. Estava prestes a acontecer uma coisa que nenhum dos discípulos sabia o que era ou compreendia. Jesus esperava ou que o Dia do Senhor estivesse prestes a raiar ou que ele estivesse prestes a ser preso. Em qualquer uma dessas circunstâncias, é difícil entender por que teria se dado o trabalho de ensinar um novo rito aos discípulos. Se estava correto em suas profecias, não haveria tempo para outros ritos. Talvez seja esse o significado das estranhas palavras de Mateus nesse ponto: "E digo-vos que desta hora em diante não beberei deste fruto da videira, até aquele dia em que o hei de beber, novo, convosco, no reino de meu Pai."[16]

Tão importante é para os cristãos o culto do Pão e do Vinho que, para eles, toda a significação da Ceia no cenáculo é encontrada nesse ato. Marcos, Lucas e Mateus, todos eles, repetem o mantra conhecido de (inventado por?) São Paulo. Na verdade, a instituição de um novo rito nessa altura é uma intrusão na narrativa. O Quarto Evangelho faz mais sentido nessa fase: Jesus falou aos discípulos durante a Ceia e, quando terminou de falar, saiu juntamente com eles para o outro lado do ribeiro Cedron, onde ficava o Jardim de Getsêmani.[17]

A narrativa de Marcos diz que os discípulos cantaram um hino antes de se dirigirem para o monte das Oliveiras. Esse hino teria sido o Hallel, cantado como ação de graças nessas ocasiões, e extraído dos Salmos 114 a 118. Esses

[16] Mateus, 26:29.
[17] João, 18:1.

salmos falam da libertação dos judeus do jugo dos egípcios e de uma Providência misericordiosa: "Amo o senhor porque ele ouve a minha voz e as minhas súplicas... Laços de morte me cercaram e angústias do inferno se apoderaram de mim: caí em tribulação e tristeza. Então invoquei o nome do senhor."

As palavras que eram tradicionalmente cantadas nessa ocasião sugeriram aos evangelistas a narrativa que se seguiria. Jesus corre, na verdade, perigo de vida enquanto se dirige para o monte das Oliveiras, um lugar que Lucas nos diz (estranhamente, uma vez que o Jesus de Lucas raramente visitou Jerusalém na vida adulta) ser um de seus favoritos. Deve, na verdade, ter sido um lugar de encontros, um lugar conhecido por Judas. É difícil saber exatamente o que Jesus pensou que ia acontecer quando chegou a Getsêmani. Trata-se de um local que ainda podemos ver hoje, ainda plantado com oliveiras antigas, algumas das quais podem concebivelmente ter feito parte do jardim quando Jesus lá esteve. Até o moderno governo de Israel construir um hotel no alto do monte, todo aquele lado da cidade deve ter mudado muito pouco desde os tempos de Jesus. Os demais "lugares sagrados" em Jerusalém foram, na maior parte, inventados pela imperatriz Helena, que chegou a Jerusalém trezentos anos após a morte de Jesus e resolveu, mais ou menos arbitrariamente, onde, por exemplo, o local do Calvário ou o Santo Sepulcro deviam se situar. De idêntica maneira, os passos exatos de Jesus enquanto carregava a cruz pelas ruas de Jerusalém foram inventados para peregrinos cristãos ao longo da Via Dolorosa. Getsêmani é diferente desses locais. É um lugar real, que, sabemos pelos Evangelhos, esteve ligado a Jesus. Ele esteve ali na última noite de sua vida. Lugares têm memória, e árvores, também. Quase todos os que visitam Getsêmani são tocados por sua atmosfera, que é de intensa tristeza e solenidade. Jesus preparava-se para o fim – mas para o fim do quê? Todos os autores dos Evangelhos supõem, com olhar retrospectivo, que Jesus esperava morte certa e que por esse motivo sentiu medo e tristeza no jardim. Se foi assim, então Jesus devia ter cometido algum crime capital, do qual nada sabemos, e estava convencido de que resultaria na execução imediata da pena de morte. Como não existe registro de ter ele cometido tal crime, não podemos imaginar o que pode ter sido.

Parece provável, ou pelo menos possível, que Jesus tenha pensado que o apocalipse estava prestes a acontecer no Jardim de Getsêmani. Avisara aos discípulos que o Dia do Senhor ia acontecer e que seria terrível. Acharemos difícil, talvez, conciliar as imagens violentas do Livro de Daniel, com as quais se diz que Jesus temperou suas profecias apocalípticas, com a ironia, o humor e bondade de alguns de outros apotegmas seus. Mas Jesus não era teólogo nem filósofo. Não elaborara um sistema. Era um visionário, que via dentro da vida das coisas e acreditava sinceramente que os últimos dias estavam prestes a começar. Disse aos discípulos que nem mesmo mulheres e crianças de peito seriam poupadas quando chegasse o dia terrível. Essas palavras podem ser interpretadas como o evangelista descrevendo simplesmente o cerco e a destruição de Jerusalém, após o fato. Foi assim que quase todos os comentaristas protestantes liberais do Novo Testamento o interpretaram. Mas não há razão por que Jesus não tenha previsto a destruição da cidade. Por outro lado, seria errôneo pensar que ele fazia previsões ou declarações puramente políticas sobre estratégia militar quando previu as calamidades que aguardavam os judeus. Ele considerava essas calamidades como castigo do Juiz Todo-Poderoso. Sem dúvida alguma, acreditava no inferno e em castigo futuro e foi talvez nisso que pensou no jardim. Há outra possibilidade e é a de que alguns dos seguidores mais beligerantes de Jesus tivessem ouvido que o Dia do Juízo estava marcado para ocorrer naquela noite e resolveram que o ajudariam a concretizar-se iniciando um levante armado contra Roma. Jesus pode muito bem ter sabido da existência de tal conspiração e sua atitude teria sido, com a maior probabilidade, de profunda desaprovação. Os discípulos não sabiam, e ainda menos sabemos nós, por que Jesus mandou Judas sair cedo da Ceia. A teoria da tradição dos discípulos não foi provada. Um número enorme de coisas poderia ter acontecido a Judas entre a hora em que deixou o cenáculo e sua chegada a Getsêmani. Ele poderia ter sido enviado por Jesus aos zelotes, ou a quem quer que estivesse planejando o levante, pedindo-lhes que viessem ao Getsêmani e que, pela última vez, ouvissem a voz da razão. Jesus podia mesmo ter pedido a Judas que procurasse as autoridades religiosas e lhes contasse confidencialmente o planejado levante. A informação pode ter-se perdido. Os principais sacerdotes poderiam ter entrado em pânico e insistido em que Judas os levasse, acompanhados por soldados, a Getsêmani, onde ele iria identificar Jesus, e "trazê-lo para interrogatório". Ou Jesus poderia ter enviado uma palavra aos seus outros seguidores – os zelotes e os homens violentos –, no sentido de que *deviam* pensar em um possível levante na cidade naquela noite. Judas poderia ter sido interceptado por espiões e forçado a vir ao jardim. O historiador nada pode fazer, senão arriscar palpites frustrados e infrutíferos.

Já para o crente cristão, a Agonia no Jardim de Getsêmani é um dos momentos mais solenes da Paixão. É o ponto em que Jesus, em sua natureza humana, deseja que o cálice de sofrimento lhe seja tomado, embora, em sua natureza divina, saiba que ele, e só ele, pode assumir a morte expiatória que livrará o mundo do pecado. Esses pensamentos não poderiam ter passado pela mente do Jesus histórico, embora um relato do que realmente aconteceu no Jardim de Getsêmani fosse provavelmente incapaz de penetrar, como fazem os relatos do Evangelho, no próprio coração do sofrimento, de modo a que cada ouvinte da história seja envolvido na agonia. Jesus nunca foi mais representativo da humanidade do que quando orou ao Pai, pedindo que lhe fosse retirada a taça do sofrimento. Nesse momento, acompanhavam-no três dos discípulos, Pedro, Tiago e João, os mesmos três que haviam tido um vislumbre da *shekhinah*, a glória inefável, na encosta da montanha durante a Transfiguração. Nesse momento, são chamados a ver Jesus em seu sofrimento e não conseguem fazer isso. Caem no sono. Não têm forças para enfrentar o puro e cru sofrimento de Jesus nesse ponto – e, por implicação, o de toda a humanidade. Desacostumados à bebida, os discípulos haviam tomado seus quatro cálices rituais durante a Ceia e nesse momento estavam ligeiramente embriagados. De modo que caem no sono e não presenciam a confrontação entre Jesus e seu Pai Celestial. Por definição, desde que os discípulos dormem, e Jesus dificilmente teria sido capaz de escrever o relato de sua noite em Getsêmani antes de ser crucificado no dia seguinte, a oração na hora da agonia é uma criação literária. É uma das mais soberbas de todas as criações literárias, superando a *Ilíada*, Ésquilo e Shakespeare nos seus momentos mais augustos e terríveis.

Somos informados de que "estando em agonia, orava mais intensamente. E aconteceu que o seu suor se tornou como gotas de sangue caindo sobre a terra".[18]

Há uma escola inteira de leitores "legistas" do Novo Testamento, cujo maior prazer consiste em pegar os detalhes mais improváveis dos Evangelhos e procurar para eles paralelos modernos. Geralmente, são originários de escolas de medicina dos Estados Unidos, embora nem sempre. Os que gostam desse tipo de coisa talvez se interessem em saber que há uma doença chamada hematidrose, na qual os vasos sanguíneos se rompem e invadem a glândula sudorípara exócrina, fazendo com que o paciente literalmente sue sangue.[19]

Jesus está nesse momento fora de qualquer esfera imaginável. O conhecido hino é literalmente verdadeiro: "Não podemos saber, não podemos dizer que dores ele tem de suportar." Desse momento em diante, só podemos observar. As gotas de sangue que pingam têm origem em uma agonia inimaginável. Talvez tivessem sido causadas mais por nervosismo do que por medo. Enquanto os discípulos dormem, sabemos que há outras figuras em Getsêmani. Outra das estranhas figuras de Marcos entra logo em seguida na narrativa, mais uma dessas figuras com a qual o narrador não sabe bem o que fazer, tal como o homem com o cântaro de água. É o jovem (*neaniskos*) que usa uma mortalha (*sindon*). Ficamos de sobreaviso porque ele vai reaparecer antes que Marcos conclua o Evangelho. É difícil entender o que Marcos acha dele. O professor Morton Smith, que acha que Jesus foi um mago, pensa que o jovem foi ali, despido, para um rito de iniciação no jardim.

Tenha ele vindo para batismo, ou porque ouvira dizer que o Fim dos Tempos estava marcado para aquela noite, nunca saberemos. É inevitável que estudiosos procurem e voltem a procurar uma explicação. Em última análise, contudo, é um erro querer explicar tudo e não menos errado amarrar um número grande demais de pontas soltas. O local é Getsêmani e é noite. *En de nux*. Estamos na escuridão. O que acontece nas 12 horas seguintes vai nos confundir enquanto

[18] Lucas, 22:44.

[19] Ver Ian Wilson: *Jesus the Evidence*, 120.

continuarmos a ler os Evangelhos. Ficamos ainda mais perplexos ao especular sobre o que Jesus pensava que ia acontecer. Poucos incidentes na História da humanidade foram mais dramatizados, ensaiados, ritualizados, meditados e mitologizados do que as 12 horas finais da vida de Jesus, que os crentes chamam de sua Paixão. Esse fato torna impossível entendê-lo em qualquer outro nível que não o do culto. Mas, da forma como é contada, a história continua a ser a mais extraordinária série de cenas vívidas. Não é de surpreender que tantos quadros tenham sido pintados de Jesus em agonia, Jesus sendo preso, Jesus perante Pilatos, e assim por diante. Os Evangelhos nos dão a impressão mais vívida, no nível emocional. Trata-se de um paradoxo literário, uma vez que sua técnica é o inverso do "realístico" e foi na maior parte construída por um sistema de Midrash, conforme já vimos, de comentários sobre as histórias do Velho Testamento. Assim, Jesus nesse ponto da história é compreendido por referência a José, traído pelos irmãos e vendido como escravo por Judas/Judah, seu irmão. Poderíamos muito bem nos perguntar: se o José do Gênese tivesse sido vendido como escravo por Rúben, os Evangelhos não teriam misteriosamente dado a Jesus um amigo traiçoeiro com esse nome? Já aludimos, aliás, ao fato de que todo o episódio do Getsêmani é também um Midrash sobre as profecias de Zacarias, até o detalhe, ao qual temos de voltar, daquele servo do sumo sacerdote, "Malchus".

Em Getsêmani, Jesus sofreu a agonia da antecipação do que ia acontecer. Era a sua hora decisiva. A religiosidade e a erudição são silenciadas por esse fato. Em autodefesa, seus seguidores caem no sono. Na ceia, haviam-lhe manifestado lealdade, mas ele dissera que um deles o trairia. Pedro protesta, dizendo que mesmo que todos o abandonassem, ele ficaria ao lado do mestre. Jesus respondera que antes de a noite terminar e o galo cantar duas vezes, Pedro o negaria três vezes. Nesse momento, no jardim, enquanto Jesus espera um grande evento, Pedro mal consegue manter-se acordado. É então que, através das oliveiras, vêem a luz de archotes e ouvem os sons metálicos de espadas e armaduras. Um grupo de homens armados avançava sobre eles.

Acontece em seguida um tumulto. Os homens armados, de acordo com os evangelistas, haviam sido enviados pelos sacerdotes principais para prender

Jesus. Judas os acompanhava. Os Evangelhos Sinópticos nos dizem que Judas beijou-o, a fim de identificá-lo para os soldados. Lucas acrescenta o detalhe incomparável de que Jesus disse: "Judas, com um beijo trais o Filho do Homem?"[20] O maior de todos os arquétipos da traição humana é comprimido nessas poucas palavras. Nasce nesse momento outro dos grandes ícones do Evangelho – e tema de incontáveis quadros e obras de arte. Para Dante, Judas, juntamente com Brutus e o próprio Satanás, torna-se o supra-sumo da traição e por isso é confinado ao nível mais baixo do inferno. Mas, como questão de fato histórico, é difícil entender como os discípulos sabem que Judas o traiu. Que ele servisse de instrumento por meio do qual Jesus foi entregue às autoridades (e em grego a palavra trair significa entregar) parece provável, mas ele pode ter sido um instrumento inconsciente ou relutante. Ele mesmo, por exemplo, poderia ter sido preso durante o tempo em que Jesus e seus amigos esperavam no jardim e poderia ter sido forçado a identificá-lo. O fato de ser necessário que alguém o identifique sugere que as acusações pelas quais era preso deviam ser muito vagas – como se houvesse receio de alguma perturbação da ordem pública ou como se Jesus fosse suspeito de ser o líder de algum ultraje ou ato sedicioso. Com toda certeza, se Jesus esperara que os céus se abrissem e o Dia do Senhor estivesse prestes a raiar, deve ter-se sentido horrivelmente desapontado.

Ocorre uma pequena luta. Embora fosse em geral proibido que pessoas portassem armas durante a época da Páscoa, era (e ainda é) permitido aos judeus agir em autodefesa durante a festa. Segundo a tradição, Simão Pedro sacou da espada e feriu a orelha do servo do sumo sacerdote, que viera supervisionar a prisão de Jesus. Em Marcos, a orelha é decepada. Em Lucas, Jesus pega-a no chão e milagrosamente prega-a mais uma vez à cabeça do servo do sumo sacerdote. Só no Quarto Evangelho é que o servo aparece com nome – Malchus, significando rei. Nas páginas iniciais deste livro, discutimos como a prisão de Jesus tornou-se um Midrash baseado na profecia de Zacarias. Foi também dessa profecia que os evangelistas tiraram a idéia de que Judas recebeu trinta peças de prata para trair Jesus.[21] ("Pesaram, pois,

[20] Lucas, 22:48.

[21] Zacarias, 11:4 ss.

por meu salário trinta moedas de prata. Então o Senhor me disse: Arroja isso ao oleiro",[22] que no Evangelho torna-se a história de Judas voltando ao encontro dos principais sacerdotes, jogando-lhes aos pés as trinta peças, com as quais eles compraram um pedaço de terra conhecido como campo do oleiro.)

Mas voltemos ao servo do sumo sacerdote. Concentremo-nos nele por um momento. No capítulo sobre Paulo, comentei o fato de que a obsessão do apóstolo com a cruz e a crucificação de Jesus em parte alguma é explicada. Estudiosos do Novo Testamento repetem, como um axioma, que Paulo e Jesus nunca se encontraram, mas não oferecem explicação de como ele desenvolveu essa obsessão. Se, como suponho, Paulo, ou Saulo, como era então conhecido, teve papel menor mas importante no drama da própria crucificação, não poderia "Malchus" ser o nosso homem? Na Epístola aos Gálatas, que é uma das mais autobiográficas que escreveu, ele diz que tem no corpo "as marcas do Senhor Jesus".[23] Alguns comentaristas chegaram ao ponto de especular se Paulo não recebeu, como São Francisco de Assis e numerosos outros devotos cristãos, as misteriosas marcas dos estigmas, as feridas reais da crucificação nas mãos, pés e flancos. *Ego gar ta estigmata tou Iesou en to somati mou bastazo.*

Na conversão de Paulo, disse-lhe a visão mística de Jesus: "Dura coisa é recalcitrares contra os aguilhões."[24] Na visão, Jesus era simultaneamente o homem que Paulo perseguia e um homem que o apunhalava com um instrumento agudo. Nada pode ser provado, mas uma maneira de interpretar a confissão de Paulo aos gálatas é que disse a verdade literal: tinha no corpo os ferimentos que lhe foram infligidos quando prendeu Jesus. Se tivesse oportunidade de voltar no tempo e conhecer Paulo, eu daria uma boa olhada em suas orelhas.

O leitor poderia dizer que, se uma figura tão importante como Paulo se tornaria na História cristã houvesse estado em Getsêmani, esse fato certamente seria mencionado. Mas não é esse, necessariamente, o caso. Para os ouvintes originais de Marcos (seguidores do culto paulino da cruz), poderia ter acontecido que a

[22] Zacarias, 11:12, 13.

[23] Gálatas, 6:17.

[24] Atos, 26:14.

frase "servo do sumo sacerdote" fosse tão prontamente identificável como o "discípulo amado" foi para a comunidade de crentes no Quarto Evangelho. No que interessa a gerações subseqüentes, essas frases são impenetravelmente obscuras. Ninguém sabe com certeza quem foi o "discípulo amado", embora evidentemente não fosse uma frase usada para ofuscar ou confundir os ouvintes do Evangelho. Na década de 1980, a primeira-ministra era tão famosa que se podia aludir a ela, e ser compreendido, com apelidos ou frases como – "a Dama de Ferro", ou simplesmente "a Dama" ou "a Honorável Membro do Parlamento por Finchley", este último fato indicando que ela representava no Parlamento o subúrbio de Finchley, na zona norte de Londres. Se após alguma calamidade de guerra ou um terremoto Londres fosse destruída e tudo que restasse da História britânica do século XX fossem alguns artigos de jornais, mal escritos e em seguida traduzidos para outra língua, historiadores poderiam ficar confusos com as referências à Dama de Ferro. Alguns alegariam que ela fora obviamente um ser mitológico, ao passo que outros sugeririam que uma pessoa assim poderia concebivelmente ter existido, embora não lhe soubessem o nome. Então, algum dia, arqueólogos poderiam desenterrar uma tabuleta de estação ferroviária com a palavra FINCHLEY e uma parte do quebra-cabeça seria resolvida. Finchley fora, afinal de contas, um lugar real, embora a maioria dos historiadores da "Dama de Ferro" se tivesse convencido de que ela era puramente imaginária.

Meu palpite não é mais do que isso, um palpite e, dirão alguns, um palpite absurdo. Mas, suponhamos que a primeira geração de cristãos, aqueles que eram leais à herança judaica de Jesus, e que talvez não gostasse do que ouviam sobre as atividades missionárias de Paulo; suponhamos ainda que o chamassem de "servo do sumo sacerdote"; suponhamos mesmo que o chamassem de "rei", uma vez que seu nome, Saul (Saulo) era o nome do primeiro dos reis judeus. "O nome do servo era o mesmo que o de um rei/*malcho*: isto é, o nome do servo era Paulo." Se, como sugere o capítulo 15 dos Atos, houve uma cisão fundamental entre Pedro e Paulo e nas suas respectivas interpretações de Jesus e sua mensagem, faria sentido que seus seguidores – os que começavam a compilar a tradição sinóptica – não o tivessem mencionado como desempenhando um papel na queda de Jesus. Em vez disso, prefeririam envilecer Pedro, o homem que negou Jesus na sua hora de maior necessidade.

O que quer que tenha acontecido naquela briga na escuridão, acabou. Os soldados haviam identificado seu homem. Pedro, ou quem quer que tenha atacado "Malchus" com uma espada, fugiu na noite, o que fizeram também todos os demais amigos e seguidores de Jesus. Os soldados prenderam uma outra pessoa. Era um rapaz vestido como catecúmeno que esperava o batismo, usando uma mortalha. Os homens armados agarraram essas vestes, mas o jovem conseguiu soltar-se, desaparecendo – como todos os demais naquela cena, e como todas as explicações eruditas do fato – na escuridão. Ele estava nu. Jesus ficou sozinho com seus captores.

Capítulo 10

O julgamento

Pôncio Pilatos, o prefeito da Judéia de 26 a 36 EC, residia habitualmente na cidade marítima de Cesaréia, onde ruínas de construções romanas podem ser vistas ainda hoje. Em ocasiões de perigo de emergência nacional, tais como festas, ele aparentemente se transferia, acompanhado de soldadesca numerosa, para Jerusalém. Não se hospedava na Torre de Antônia, no canto noroeste da área do Templo, mas no castelo construído por Herodes, o Grande, na colina ocidental de Jerusalém. A notícia de que alguém fora proclamado rei na Galiléia, numa grande reunião no deserto, deve tê-lo alarmado, embora essa província ficasse fora da sua jurisdição imediata. Nesse momento, soube que Jesus, o rei dos judeus, chegara a Jerusalém. Uma demonstração de realeza fora feita quando Jesus entrara na cidade no começo da semana, montado num jumento. Ocorrera um distúrbio no Templo, ocasião em que Jesus derrubara mesas de cambistas. Os relatórios sobre o que Jesus andara fazendo eram, com toda probabilidade, confusos. Alguns de seus espiões lhe teriam dito que Jesus discutira com os escribas e fariseus sobre questões de observância ritual. Se o informaram disso, essas notícias dificilmente eram do seu interesse, pois os judeus sempre brigavam por motivos religiosos que, para um estranho, eram inteiramente incompreensíveis. Outros podem ter-lhe dito que Jesus conquistara grande popularidade como milagreiro, curandeiro e exorcista. Esse fato era mais perturbador, uma vez que nenhum governante militar gosta de multidões. Nos lugares onde multidões se reúnem floresce a insurreição. Outras testemunhas devem ter-lhe soprado no ouvido que, entre os seguidores de Jesus, havia zelotes e *sicarii*. Nesse caso, não teria sido nada surpreendente se o próprio Pilatos tivesse providenciado o seqüestro de Judas. Ele, aliás, já tinha alguns patriotas judeus prontos para morrer crucificados naquele dia. Entre eles, um homem que tinha o mesmo nome do "rei" galileu – Jesus Barrabás, além de dois outros. Desejando evitar qualquer possibilidade de revolta ou mais perturbação, o governante romano não hesitaria em condenar Jesus à morte.

O processo que culminou na prisão de Jesus e que continuou no julgamento – se é que, em sentido rigoroso, ele teve de fato um julgamento – são assuntos que permanecerão para sempre vedados aos historiadores. Os discípulos de Jesus, em cujo testemunho provavelmente baseou-se a antiga tradição que por seu turno floresceu na redação dos Evangelhos, conforme eles mesmos confessaram, esconderam-se desde o momento em que Jesus foi preso, embora um ou dois o seguissem a uma distância prudente. Nenhum membro da família ou dos seguidores esteve presente quando ele foi interrogado e ninguém informou se algum deles lhe falou novamente até o momento em que ele foi crucificado. Daí se segue que todos os Evangelhos devem forçosamente ter inventado as cenas do julgamento e nelas há muito pouco que possa ser tratado como material histórico. O único fato histórico concreto que possuímos é que Jesus foi crucificado – isto é, foi condenado pelos romanos; e esse é um fato que a antiga Igreja Cristã, ela mesma temerosa de perseguição por parte dos romanos, tudo fez para obscurecer. Diante disso, atribuiu aos judeus a culpa da morte de Jesus, inventando a idéia de que ele fora condenado por blasfêmia e por conspirar para destruir o Templo. De acordo com os relatos dos Evangelhos, Pôncio Pilatos não passava de um burocrata, quase boa gente; ele não queria condenar Jesus, mas foi convencido a assim agir pela maldade militante dos principais sacerdotes e outros líderes saduceus. Essa distorção da História não teria sido tão grave se não fosse depois usada como desculpa para dois mil anos de anti-semitismo cristão. Até mesmo uma testemunha tão benevolente como Ernest Renan põe a culpa nos judeus, no seu *La vie de Jésus* – não só pela morte de Jesus, mas por todos os subseqüentes 1.800 anos de perseguições religiosas comandadas pela Igreja Cristã. *"Le christianisme a été intolérant; mais l'intolérance n'est pas un fait essentiellement chrétien. C'est un fait juif."*[1]

[1] E. Renan: *La vie de Jésus*, 342.

Tendo reconhecido que as narrativas dos Evangelhos devem ser tratadas com cautela, seria entretanto insensato de nossa parte ignorá-las inteiramente. Parece haver três correntes na tradição evangélica sobre as últimas horas de Jesus: as do Quarto Evangelho, a de Lucas, e a de Mateus e Marcos. Entre elas, apenas o Quarto Evangelho diz usar material baseado em relatos de testemunhas oculares. Tendo identificado as diferentes tradições, o historiador precisa resolver como podem ser legitimamente usadas. Foi simples o critério que adotei. Quanto poderia plausivelmente qualquer parte dessa prova, e por seus próprios padrões, basear-se em relatos de primeira ou mesmo de segunda mão? Os episódios da Paixão que forem reprovados nesse fácil teste têm de ser imediatamente postos de lado como a-históricos. Por isso mesmo, tabulei os relatos antes de comentá-los. Na tabela do fim deste capítulo,[2] e nas palavras que se seguem, M. significa a tradição de Marcos/Mateus; L. refere-se a Lucas, e J. ao Quarto Evangelho.

O que podemos depreender dessa evidência? Desde o momento em que Pedro nega Jesus no pátio do sumo sacerdote até que o Mestre aparece, depois de torturado pelos soldados romanos, vestido como uma paródia de rei, usando manto púrpura e coroa de espinhos, nada sabemos. É possível deduzir certas possibilidades da escassa prova do que remanesce. Parte dela é negativa. Pedro, Tiago e João não foram presos. Se estivessem implicados de qualquer modo numa conspiração ou levante armado contra os romanos, podemos ter absoluta certeza de que iriam para a prisão e seriam executados. Todos os Evangelhos sugerem que entre os presentes à Ceia havia alguns que não estavam a par de todos os conhecimentos de Jesus em Jerusalém. As fontes que se baseiam os Evangelhos, por exemplo, não sabiam quem eram os homens que tinham fornecido o jumento para a entrada triunfal em Jerusalém. Não sabiam exatamente como, na cidade supercongestionada, ele conseguira obter um grande cenáculo mobiliado para a Ceia. Nem por que acusações fora levado a Pilatos nem também o motivo da condenação à morte. Lendo os Evangelhos, ficamos com a impressão de que Jesus morreu crucificado entre estranhos, mas isso acontece apenas porque os

[2] Ver Apêndice Um.

evangelistas não conheciam, ou resolveram não citar, quem eram os *lestai* entre os quais crucificaram Jesus. *Lestai* eram bandidos, terroristas políticos.

Tendo tabulado os relatos dos Evangelhos e fazendo uma comparação, o que pode o historiador descobrir a partir deles?

Todos os Evangelhos concordam em que, depois de preso, levaram Jesus para a casa do sumo sacerdote. Divergem, no entanto, sobre quem o levou para lá. Podemos ignorar, sob o fundamento de pura improbabilidade, a alegação de L. de que os principais sacerdotes foram pessoalmente prender Jesus no Jardim de Getsêmani. M. é vago a respeito e assegura simplesmente que vários homens o prenderam. Só J. é específico sobre a identidade da própria guarda; era constituída por *huperetai*, ou meirinhos do tribunal, com apoio de um *speira* sob o comando de um *chiliarchos*. Ou seja, soldados romanos, uma coorte, sob o comando de um tribuno, acompanhados pela polícia do Sinédrio. Não há necessidade de supor que uma coorte inteira veio prender Jesus. O uso da palavra *speira* por J. nesse ponto, em especial com o artigo definido ("a coorte"), mais ou menos como londrinos poderiam falar de "a Guarda" (referindo-se ao regimento de soldados em serviço para proteger a rainha em determinados dias), autentica o detalhe. Durante as festas, uma guarnição ficava acantonada na Torre de Antônia. "A multidão habitual se reunira em Jerusalém para a Festa do Pão Ázimo e a coorte romana [*he speira*] tomara posição no telhado do pórtico do Templo, pois um grupo de soldados invariavelmente montava guarda nas festas para impedir desordens em tais ajuntamentos de gente." É isso o que lemos em Josefo.[3] Todas as três tradições do Evangelho contam que Jesus ficou surpreso ao ver os guardas. Perguntou-lhes se pensavam que ele era um dos terroristas políticos, os *lestai*, para chegarem com tal aparato militar. Evidentemente, à vista de um trecho posterior na narrativa, em que se diz que Jesus Barrabás era culpado de assassinato durante o "motim"[4] (que motim?), e também os dois outros *lestai* que foram crucificados ao lado de Jesus de Nazaré, compreendemos que os romanos não tardaram a sair prendendo os judeus suspeitos, como faziam exatamente naquele

[3] *A guerra dos judeus*, 2:224, citado por Robinson, 241.

[4] Marcos, 15:7.

momento, de estarem envolvidos na conspiração. Jesus devia estar implicado, pelo menos na opinião dos romanos, mas eles não poderiam ter chegado a essa conclusão sem a conivência ou informação dos principais sacerdotes.

No trecho sobre o interrogatório de Jesus na casa do sumo sacerdote, é J., mais uma vez, que se mostra específico, ao passo que as duas outras testemunhas são vagas em relação ao assunto. J. nos dá uma razão para isso. "O outro discípulo", uma das testemunhas oculares que contribui para a narrativa, era conhecido do sumo sacerdote.[5] Esse fato é da mais alta importância, porquanto nenhuma das demais testemunhas, nem M. nem L., podem alegar ter estado perto de Jesus nesse período da noite. Enquanto as autoridades judaicas interrogam Jesus, entreouvimos o que se diz numa cena que, à sua maneira simples e pungente, é excepcional na literatura do mundo antigo: a negação de Pedro.[6] Uma multidão se havia reunido no pátio, onde fogueiras eram usadas para combater o frio intenso e Pedro ali se abrigara, tentando aquecer-se. Em Marcos, ele é reconhecido por uma serva. Diz ela: "Tu também estavas com Jesus, o Nazareno. Mas ele o negou, dizendo: Não o conheço, nem compreendo o que dizes. E saiu para o alpendre. (E o galo cantou.) E a criada, vendo-o tornou a dizer aos circunstantes: este é um deles. Mas ele outra vez o negou. E pouco depois os que ali estavam disseram a Pedro: Verdadeiramente és um deles, porque também tu és galileu. Ele, porém, começou a praguejar e a jurar: Não conheço esse homem de quem falais! E logo cantou o galo pela segunda vez. Então Pedro se lembrou da palavra que Jesus lhe dissera: Antes que duas vezes cante o galo, tu me negarás três vezes. E caindo em si, desatou a chorar."[7]

[5] João, 18:15.

[6] Ver E. Auerbach: *Mimesis: The Representation of Reality in Western Literature* (ET 1953). "Uma cena como a negação de Pedro não se enquadra em qualquer gênero antigo. É séria demais para comédia, contemporânea e rotineira demais para tragédia, politicamente insignificante demais para História — e a forma que assumiu foi de tal imediatismo que nada parecido com ela existe na literatura da Antigüidade. Esse fato pode ser julgado por um sintoma que, à primeira vista, pode parecer desprezível: o emprego do discurso direto. ... Não acredito que haja um único trecho num historiador antigo em que o discurso direto seja empregado dessa maneira, num diálogo curto e direto" (citado por Robinson, 245).

[7] Marcos, 14:67-72.

Em J., é talvez significativo que a pessoa que provoca Pedro não é a criada, mas o nosso velho conhecido, "o servo do sumo sacerdote"; contudo, menciono isso apenas de passagem. Este não é o momento de nos entregarmos ao nosso passatempo predileto. Ninguém que leia essa história pode deixar de sentir-se comovido. Sobre o trecho citado acima,[8] um grande historiador literário destaca a excepcionalidade do incidente com o fundamento de que não se enquadra em nenhum dos gêneros existentes: não é rigorosamente trágico nem cômico, nem biográfico, como os antigos teriam entendido essas categorias. E tampouco é teológico. Aqui, a mais esforçada tentativa para transformar cada palavra dos Evangelhos em um Midrash do Velho Testamento teria dificuldade, e uma vez que não acrescentaria coisa nenhuma ao que se poderia esperar que, como leitores conversos dos Evangelhos, acreditássemos sobre Jesus, devemos supor que, numa visão ampla, essa parte da história é verdadeira. Produz ela ainda o poderoso efeito narrativo de nos desviar a atenção do assunto real: o que acontecia entre Jesus e o sumo sacerdote.

M., que nem mesmo alega basear-se em relatos de testemunhas oculares, faz uma narração elaborada do "julgamento" perante o sumo sacerdote. Culmina ele (em Mateus) com o sumo sacerdote rasgando suas vestes ante a "blasfêmia" de Jesus. A blasfêmia parece ter consistido em duas provas fornecidas por uma "falsa testemunha": primeiro, a alegação de Jesus, de que poderia destruir o Templo e reedificá-lo em três dias; e segundo, a identificação de si mesmo com o "Filho do Homem" das profecias de Daniel. Essas idéias – de que Jesus, em algum sentido espiritual, "reedificou o Templo" e que é o "Filho do Homem", destinado a descer no alto de uma nuvem no Dia do Senhor – são, claro, cristãs. Têm origem no mundo de crenças que produziram os Evangelhos de Mateus e Marcos, e pode muito bem ter acontecido que, em alguma sinagoga onde foram pela primeira vez sugeridas, um rabi as denunciasse como blasfemas. Na verdade, no sentido estrito da palavra, é difícil considerá-las ante essa luz. Conforme observamos, não era blasfemo alguém se considerar o Messias, mesmo que as autoridades religiosas não acreditassem nisso, e foram muitos os casos em que o

[8] Auerbach, rodapé 6.

Sinédrio *não* condenou os iludidos falsos Cristos que, inevitavelmente, afloravam de tempos em tempos no mundo turbulento do judaísmo do primeiro século. Assim, mesmo que o "julgamento" diante do sumo sacerdote e do Sinédrio tivesse acontecido, é bem pouco provável que Jesus fosse acusado por blasfêmia. É basicamente improvável que todo o Sinédrio, ou mesmo uma parte significativa de seus membros, fosse convocado durante a noite para uma espécie de "julgamento teatral". Se acreditassem que Jesus cometera um crime sério contra a lei religiosa, forçosamente haveria um longo e exaustivo julgamento. O assunto seria importante demais para ser resolvido às pressas no meio da noite, quando todos estavam cansados. Nem M. nem L. sabiam de coisa alguma do rito processual judaico e debates eruditos modernos sobre a natureza do julgamento perante o Sinédrio ignoram esse ponto muito simples. Para contrastar, em J. nem mesmo há "julgamento" perante o sumo sacerdote. Jesus é simplesmente interrogado por ele, esbofeteado por sua impertinência ante o inquiridor e entregue a Pilatos.

Eis aí algo que podemos com bons motivos acreditar como verdadeiro. É claro, como diz Josefo, que os governantes judeus, e em especial os principais sacerdotes, serviam de mediadores entre os romanos e a população. Eram essas autoridades consideradas pelos romanos responsáveis por qualquer agitação de natureza civil.[9] Se o "rei Jesus" ia de fato iniciar uma rebelião, ou um distúrbio de rua, Pilatos certamente teria procurado os principais sacerdotes para lhes perguntar por que a própria polícia judaica nada soubera sobre o assunto; e se soubera, por que não havia agido, prendendo o líder da revolta e entregando-o às autoridades. Josefo, aliás, transborda de exemplos de gente passando a responsabilidade a outrem. Floro foi insultado por alguém da população judaica e insistiu em que os principais sacerdotes e os judeus poderosos (*dunatoi*) encontrassem o culpado e o levassem à justiça.[10] Os líderes responderam que seria impossível encontrar o culpado. Os romanos, em conseqüência, tomaram represálias. Entraram no mercado, massacraram grande número de populares

[9] Ver Sanders, op. cit., 314-315, que fornece vários exemplos, extraídos de Josefo, de o Sinédrio ser considerado pelos romanos como responsável pela prisão de indivíduos supostamente envolvidos em insurreições políticas.

[10] *A guerra dos judeus*, 11:305.

e arrastaram alguns possíveis culpados para serem crucificados. Depois dessa ação, os sacerdotes imploraram à multidão que nada fizesse para provocar a ira do Procurador.

É nesse contexto assustador que temos de interpretar o "julgamento" de Jesus. A tradição cristã considera-o um grande evento teológico, no qual o Verdadeiro Deus circula entre judeus blasfemos que não lhe conhecem a identidade, mas que ainda assim se destinam a ser eternamente culpados por sua morte, mesmo que essa morte tenha trazido salvação ao mundo. (Que grande número de contradições se reúne aqui! Uma vez que os judeus, evidentemente, não sabiam que Jesus era o Messias, por que deveriam ser culpados por sua ignorância? E desde que a morte de Jesus, em termos cristãos, quitara os pecados do mundo, parece uma crueldade culpar os supostos, ainda que inconscientes, instrumentos de sua morte.) Aos que tomaram parte no interrogatório de Jesus nesse momento, nenhuma dessas questões teria parecido de superior importância. O que teria importado seria se Jesus constituía ou não uma ameaça à segurança e à ordem pública.

Nem mesmo importaria se ele estivesse envolvido em uma conspiração para liderar ou não uma insurreição. O importante era que uma multidão o proclamara rei, ele andara montado pelas ruas de Jerusalém e mais uma vez atraíra as massas. Houvera algum tipo de demonstração no Templo – alguma coisa a ver com os cambistas. Isso era suficiente para desejarem prender Jesus e, se necessário, entregá-lo como bode expiatório aos romanos.

Não pode haver dúvida de que as autoridades o consideravam culpado de crime capital. Não temos meios para saber se resolveram isso antes de prenderem Jesus ou se decidiram a questão depois do interrogatório na casa do sumo sacerdote. Os próprios judeus não tinham o poder, sob o governo romano, de executar seus prisioneiros. De acordo com a lei, nem mesmo os romanos podiam facilmente executar sentenças de morte. Esse poder era reservado aos governadores supremos.[11] Era portanto necessário, se Jesus cometera, ou se pensavam que cometera, um crime capital, que fosse levado a julgamento perante Pôncio Pilatos.

[11] A. N. Sherwin-White: "The Trial of Christ", em D. E. Nineham *et al.*: *Historicity and Chronology in the New Testament* (1965), 108.

É nesse ponto da história que Mateus nos relata a morte de Judas Iscariote. Pode se, sem perigo, ignorar todas as palavras dessa história como lendárias. Nenhum discípulo, como eles mesmo disseram, sabia por que Judas deixara a Ceia e nenhum deles poderia, de maneira alguma, estar presente no momento em que Judas supostamente recebeu o suborno das mãos do sumo sacerdote, voltando depois para arrojar as trinta peças de prata aos pés do mesmo. Essa história procede diretamente das profecias de Zacarias, quando fala do rompimento da fraternidade entre Judas e Israel. "Então o Senhor me disse: arroja isso ao oleiro, esse magnífico preço em que fui avaliado por eles. Tomei as trinta moedas de prata, e as arrojei ao oleiro na casa do Senhor."[12] Em Mateus, os principais sacerdotes usam as trinta peças de prata para comprar o campo do oleiro, que é conhecido "até o dia de hoje" como campo de sangue. O único pequeno detalhe na história que poderia possivelmente ser verdadeiro é o do suicídio de Judas. Mas talvez ele tenha se matado para evitar tortura e crucificação, e não por remorso pela "traição", da qual, ao que tudo indica, ele era inocente.

Chegamos agora ao "julgamento" de Jesus perante Pilatos, que todas as testemunhas concordam ter sido a primeira coisa a acontecer naquela manhã. Mais uma vez, J. é rico em detalhes históricos plausíveis, de que carecem as duas outras correntes de testemunho. Contém o detalhe de que Jesus foi levado ao Pretório, mas que os sacerdotes não quiseram segui-lo, por medo de serem profanados. Pilatos teve de ir ao encontro deles e ouvir-lhes as queixas. Os sacerdotes disseram que se Jesus não fosse criminoso não o estariam entregando. Como acontece em vários casos no trabalho de Josefo, o governador romano tenta passar a responsabilidade adiante. Se é assunto religioso, por que os judeus não tentam resolver o caso entre si? Em L., temos o detalhe possivelmente autêntico de que, quando Pilatos descobriu que Jesus era galileu, tentou entregá-lo para julgamento a Herodes, o tetrarca galileu. Sentimos nessas trocas de palavras o medo profundo e eletrizante que envolve a situação. O que acontecia exatamente – os detalhes precisos do temido levante ou conspiração –, nunca saberemos. Os judeus, porém,

[12] Zacarias, 11:13, 14.

temem as represálias romanas, e assim levam a Pilatos o bode expiatório. O Procurador romano, por seu lado, se assusta. Se lhe pedem que castigue o "rei dos judeus", não significará isso uma petição para suprimir um líder popular? Haverá uma revolta, com todo o conseqüente derramamento de sangue?

Nessa altura, o Quarto Evangelho, fora do Pretório, cria uma daquelas grandiosas conversas dramáticas, tão impressionante que pouco nos importa se é ou não historicamente plausível. O representante do império, na pessoa do Procurador, confronta a vítima maltrapilha em uma situação caótica. Para Pilatos, as infernais dissensões dos judeus devem ter parecido incompreensíveis. Sua única preocupação no momento é traçar aquela delicada linha entre a afirmação de sua autoridade e, se passar da marca, provocar violência pior do que evitou. E diante dele estão os sacerdotes tagarelas e seu prisioneiro. A acusação: que ele se proclamou rei. "És tu o rei dos judeus?", perguntou Pilatos. Ao que respondeu Jesus: "O meu reino não é deste mundo."[13] Se o Jesus histórico pronunciou essas palavras, deve ter querido dizer, pelo menos em parte, que seu reino não era o daquele momento, mas o que viria ainda; que seu reino, o reino messiânico, em que toda Israel desfrutaria o governo dos santos, nada tinha a ver com o presente *saeculum*. Mas, claro, esse é um daqueles momentos supremos do Quarto Evangelho em que a figura central diz algo tão grandiosamente memorável que se desliga inteiramente do seu contexto histórico e se torna um arquétipo. Parece que os representantes dos poderes religioso e secular desse mundo – os sacerdotes e o Procurador – têm esse homem exatamente onde o querem. Mas, na verdade, ele anuncia tranqüilamente que o poder de que gozam é pura ilusão, que para os seus seguidores em espírito e verdade, essas manifestações de autoridade humana parecerão sempre fantásticas e, mesmo, absurdas nas suas manifestações mais terríveis. "*O meu reino não é deste mundo*." Foi com esse texto escrito no coração que Tolstói conseguiu solapar a autoridade imperial dos czares, da mesma forma que o Mahatma Gandhi, alimentado com livros tolstoianos como *O reino de Deus está em vós*, pôde derrubar o poderoso Raj britânico. Em incontáveis

[13] João, 18:36.

maneiras menos dramáticas, a anarquia fundamental de Jesus, da forma como ele é descrito no Quarto Evangelho, foi como um fio frouxo perpassando por toda a História. Basta uns poucos puxões para que as tapeçarias elegantes da cristandade se desatem. Esse ícone, o maltrapilho diante do governador romano, os destrói a todos. Esse texto revela que os impérios, e igrejas, e papados que foram estabelecidos em nome de Cristo são ridículos. Pilatos provavelmente crucificou milhares de homens, e não apenas centenas. Os números de inocentes que compareceram perante procuradores, investigadores, inquisidores desde então deve ter sido de milhões. Jesus estabelece um estranho ícone: não que os poderosos não tenham força. Eles têm o poder de torturar, matar, destruir: mas há outro reino, de cuja existência nada sabem e que, em última análise, é mais forte.

É nesse estágio da história que somos informados do costume – que não é mencionado por nenhum outro historiador ou autor judeu fora do Novo Testamento – de que, durante a Festa da Páscoa, os romanos costumavam conceder uma pequena anistia, devolvendo ao povo um prisioneiro. Em J., devemos imaginar a negociação a esse respeito que ocorre nos degraus do Pretório. Em M., absurdamente, há uma grande multidão, e Pilatos pergunta a cada um a sua opinião sobre o delicado assunto. Uma vez que os romanos eram muito rigorosos em reprimir toda agitação civil, é sobremodo improvável que os principais sacerdotes (como em M.) ou o próprio Pilatos tenham permitido à multidão decidir. Pode muito bem ter acontecido, porém, que essa história sobre a multidão consagre uma verdade particular, isto é, que tanto os sacerdotes como Pilatos *temiam* as massas. Barrabás não era um ladrão, como diz a tradução conhecida da Bíblia, mas terrorista político. Segundo Marcos, ele cometera um assassinato durante "a revolta" – um evento a que esse Evangelho alude casualmente, mas que deve ter sido de suprema importância na época. Se pudessem ser apaziguadas pela libertação de Jesus Barrabás, as massas poderiam talvez ser amedrontadas e tornadas submissas por uma cruel exibição pública do que acontecia com judeus que usavam a palavra "reino", *basileia*, diante do governador romano. Tendo decidido fazer de Jesus um exemplo, Pilatos e os romanos agiram em um estilo cruelmente sadista. Jesus foi açoitado, um castigo muito comum, e em seguida retirado dali para ser torturado pelos soldados.

Parece razoável supor que isso aconteceu no palácio de Herodes, e não na Torre Antônia. Acreditam os arqueólogos que o palácio possuía uma esplanada, uma *lithostrotos*, palavra que Josefo usa para descrever esse pavimento que fica fora da residência e que o Quarto Evangelho nos diz chamar-se *gabbatha* na língua hebraica. E foi nessa esplanada que Pilatos ordenou fosse montado um quadro vivo de horrível selvageria. Estamos tão condicionados por dois mil anos de arte cristã a pensar que os judeus apreciaram de alguma maneira essa exibição que às vezes esquecemos o que deve realmente ter sido ser judeu no ano 30 EC e presenciar a encenação que se seguiu. Os romanos montaram um palco fora do palácio de Herodes, que ficava mais ou menos contíguo ao Templo. Ali Pilatos sentou-se, cercado presumivelmente por um grande número de guardas. Então trouxeram Jesus e o mostraram à multidão. "Disse-lhes então Pilatos: Eis o homem!"[14] Jesus fora torturado e espancado. Os soldados teceram uma coroa de espinhos e cingiram-lhe a cabeça e vestiram-no com um manto púrpura de realeza. Pilatos perguntou em seguida aos judeus se queriam crucificar seu rei. "Responderam os principais sacerdotes: Não temos reis, senão César!"[15] Esse fato é freqüentemente citado como um exemplo de terrível cinismo. Mas, como tantas trocas de palavras nesse capítulo do Quarto Evangelho, há nelas um aspecto arquetípico que ecoa e reverbera pela História. Os medrosos abades e abadessas que não quiseram arriscar-se ao martírio e se prontificaram a assinar um documento de lealdade a Henrique VIII teriam compreendido o dilema dos sacerdotes. Como teriam compreendido também os prefeitos, pequenos funcionários e oficiais do exército na Lituânia, Letônia, Sibéria, se lhes fosse sugerido que deviam levantar-se em defesa de seus interesses locais, em vez de submeter-se a Stálin. "Não temos reis, senão César!" Muitos na França e Bélgica em 1940-1944 repetiram essas palavras. Era melhor que uns poucos tivessem morte horrível nas mãos de César do que milhares serem exterminados em "represálias" por atos de heroísmo nacional.

[14] João, 19:5.
[15] João, 19:15.

Os Evangelhos mostram os sacerdotes e Jesus em lados opostos desse julgamento "teatral", mas logo que Pilatos entrou em cena, o caso mudou de figura. Passou a ser uma história de judeus contra romanos. Querendo salvar a pele, os judeus arranjaram um bode expiatório. Era conveniente que um único homem morresse pelo povo. Por isso, Jesus foi escolhido como "salvador" da sua raça. Pilatos, porém, não se contentou em aceitar o bode expiatório, sem antes divertir-se um pouco à custa dos judeus. "Quem foi que disseram que era vosso rei?" "César, César!" E o que era essa pessoa – essa ruína –, essa figura com as têmporas sangrando e um manto rasgado? O que é? Olhem para ele! Olhem para o homem! Os judeus têm, desde então, olhado muitas figuras como essa. Com trágica ironia, podemos observar que Jesus nunca foi mais autenticamente representativo de sua raça do que quando estava sendo torturado e morto. Esse fato, tanto quanto o fardo de uma consciência concentrada em Deus, tem sido o destino dos judeus na História – serem torturados e mortos por razões que nem eles nem seus perseguidores conseguiam entender.

Não sabemos quem mais foi preso durante a noite, nem exatamente por que os romanos escolheram Jesus como o homem que queriam para servir de escarmento. De acordo com os Evangelhos, nem os romanos sabiam. Simplesmente pareceu-lhes ser uma boa idéia. Tradicionalistas cristãos dizem que nenhum dos seguidores de Jesus foi preso e que isso prova, além de qualquer dúvida, que ele não era culpado de qualquer envolvimento em assuntos políticos. Se os Doze tivessem sido realmente uma organização política terrorista, os romanos não sentiriam escrúpulos em prender a todos e crucificá-los um após outro. Embora esse fato seja inegável, a verdade é que não sabemos, e nem parece que os evangelistas sabiam, exatamente quem eram os amigos de Jesus nem exatamente o que ele pensava estar fazendo na última Páscoa da sua vida. Marcos e Mateus desconheciam quem fornecera o jumento. O homem do cântaro é personagem tão obscuro como o rapaz nu. Sabemos que ambos estiveram em cena, mas nada se diz a respeito deles, provavelmente porque a tradição dos Evangelhos *nada sabia* sobre eles.

Conforme já dissemos, a explicação tradicional da morte de Judas não é necessariamente a correta. Talvez estivesse implicado na traição a Jesus, mas é igualmente provável que se tenha enforcado para evitar um destino pior nas mãos dos romanos. Os evangelistas não conheciam todos os que participaram dessa história. Ou, se tivessem conhecido, dificilmente seria do interesse cristão mencionar o fato. Os cristãos sentiam-se apavorados com a perseguição romana. Se houve um corpo de tradição oral sugerindo que Jesus convivia com terroristas, ele foi excluído das versões escritas. Não sabemos com certeza se os *lestai*, terroristas políticos crucificados ao lado de Jesus, eram estranhos. Pelo que nos consta, poderiam ter sido tão íntimos dele como Pedro, Tiago e João. Depois do horrível espetáculo no Pretório, Jesus fazendo o papel de falso rei, os Evangelhos nos dizem que ele foi obrigado a carregar a cruz até o local da execução.

M. e L. afirmam que foi ajudado nisso por Simão, o pai de Rufo e Alexandre (M.), evidentemente duas pessoas da Igreja de M., pelo menos de reputação. Possivelmente, Rufo é o mesmo membro da Igreja Romana a quem Paulo alude em sua epístola a essa comunidade.[16] Só J. é específico sobre o nome hebraico do local – Gólgota, o lugar da caveira. (Hebraico *Gulgoleth*, aramaico *Gulguta*.)

Não sabemos exatamente onde, em Jerusalém, se situava esse local. Eusébio, o historiador eclesiástico do século IV, esteve presente, ainda rapaz, no ano 336 EC, quando o Santo Sepulcro e o local do Gólgota foram "descobertos" pelo bispo Macário, de Jerusalém. Ficava por baixo do Templo de Vênus, que fora construído pelos romanos após a profanação da cidade no ano 70 EC. Embaixo desse templo havia um sepulcro, ou caverna sagrada, e, quando a imperatriz Helena soube disso, não perdeu tempo, com a ajuda de seus companheiros cristãos, de descobrir a Verdadeira Cruz, a Coroa de Espinhos e a lança com que fora trespassado o flanco de Jesus. Do ano 336 EC em diante, aqueles que veneram o Cristo Crucificado o fazem no local onde Macário encontrou o seu Calvário. Macário, porém, não era arqueólogo e não há absolutamente razão para associar o atual local da Igreja do Santo Sepulcro àquele onde Jesus morreu. Sabemos que Jesus foi crucificado fora das muralhas da cidade. As escavações de Kathleen Kenyon na década de 1950 revelaram que a atual Igreja do Santo Sepulcro,

[16] Romanos, 16:13.

antigo Templo de Afrodite, ficava, de fato, fora das muralhas da cidade nos tempos de Jesus. Essa informação não era conhecida há cem anos. O Calvário encontrado pelo bispo Macário está hoje visivelmente dentro das muralhas (medievais) da cidade, o que levou arqueólogos e românticos do século XIX a procurar em outros Calvários. O mais impressionante deles até agora, e o preferido pelo general Gordon, o herói de Kartum, fica próximo ao lado exterior da Porta de Damasco na atual Cidade Velha. Se nos postarmos na estação de ônibus que ali existe, poderemos ver um morro chamado (ou estariam os árabes sendo sabidos para, depois do fato, impressionarem os turistas?) Local da Caveira. É um pequeno morro rochoso, onde os orifícios na pedra nua parecem uma caveira bem delineada – duas cavidades para os olhos, etc. Além do mais, bem perto, há um jardim, no qual arqueólogos encontraram um sepulcro do século I que, mesmo se não for o sepulcro onde esteve depositado o corpo de Jesus após a crucificação, deve parecer-se com ele. O Calvário de Gordon e o sepulcro nos atraem porque parecem adequados, isto é, assemelham-se às ilustrações do século XIX, em aquarela, das histórias da Bíblia.

Em 1968, no curso das escavações do Giv'at ha-Mivtar, encontrou-se em um dos ossuários o esqueleto de um homem que fora crucificado. Teria uns 25 anos de idade, e descobriu-se que ele tinha uma fenda palatina. Os ossos do calcanhar haviam sido perfurados e presos por um único cravo de 17 centímetros de comprimento. Seu nome fora Jehohanan. A fim de prender o corpo à parte superior da cruz, sem que o peso lhe rasgasse as mãos ou causasse asfixia por pressão sobre os pulmões, ambos os pulsos haviam sido pregados a cada extremidade da viga transversal. Parece que, para o martirizado permanecer vivo na cruz (e sabe-se que algumas vítimas sobreviveram até por três dias) era preciso deixar que o peso do corpo descansasse sobre as pernas. Assim que as pernas se partiam, a morte se seguia quase automaticamente. Jehohanan tivera as pernas brutalmente esmagadas. Supõe-se que tenha sido uma concessão dos romanos ao costume ritual judaico, pois era contrário à lei local um corpo permanecer moribundo na cruz após o anoitecer.

A descoberta de 1968 deu razão adicional a que se supusesse que J., de fato, contém um grande conjunto de material histórico plausível. Nada há de diferente entre a descrição que ele nos dá da crucificação de Jesus e as especulações dos arqueólogos sobre a crucificação de Jehohanan. Sobre a cruz de Jesus, Pilatos mandou que se afixasse a *causa poenae*. Era uma parte comum do castigo romano que o criminoso fosse obrigado a exibir um registro do motivo da condenação.[17] Diz J. que os principais sacerdotes queixaram-se a Pilatos do texto dessa inscrição trilíngüe. Em três línguas – latim, grego e hebraico, Pilatos mandou escrever no alto da cruz: JESUS DE NAZARÉ, REI DOS JUDEUS. Tentando manter a dignidade em uma situação obviamente manipulada por Pilatos para humilhá-los, procuraram o romano e lhe disseram que a inscrição correta deveria ser "Este homem afirmou ser o rei dos judeus". A curta e insultuosa resposta de Pilatos – "O que escrevi, escrevi"[18] – está repleta de ironia joanina. "Nós" sabemos que o que Pilatos mandou escrever é verdade, mesmo que nem ele nem os "judeus" soubessem disso. Jesus é em verdade o Rei da Nova Israel. Na História, em contraste com a teologia, parece muito mais provável que essa *causa poenae* tenha sido um insulto rotineiro aos judeus. "Que isso sirva de aviso a todo judeu que pense iniciar uma *basileia* que não seja deste mundo ou um reino independente do Império Romano." A estupidez da inscrição é algo que nem mesmo J., a despeito de todo o seu senso de ironia, explora devidamente.

Todos os Evangelhos dizem que os soldados romanos jogaram dados para disputar as vestes de Jesus depois que o pregaram na cruz. Esse fato é uma referência ao Salmo 22 (versículo 18), um dos poemas mais tristes da Bíblia, e um dos quais os evangelistas usaram para transmitir a absoluta degradação e horror da cena. "Repartem entre si as minhas vestes, sobre a minha túnica deitam sortes." J. entra em mais detalhes sobre isso do que M. ou L., e nos diz[19] que Jesus usara uma túnica inconsútil, tecida em uma única peça, do pescoço à barra. Essa estranha

[17] Suetônio: *Caligula* XXXII:2; *Domiciano* X:1; Dio Cassius: *Histories* 54:3-7, citados em Harvey: *Jews and the Constraints of History*, 13.

[18] João, 19:22.

[19] João, 19:24.

peça de informação sugere que Jesus estivera usando vestes de certo valor. Combinada com as escavações arqueológicas em Cafarnaum, de uma vila luxuosa onde Jesus residira, e a importância do homem que apareceu após a morte para sepultar seu corpo, pode-se supor que ele estava muito longe de ser um mendigo, o que acrescenta um toque bastante patético ao fato de que o submeteram à morte de um escravo rebelde.

A devoção cristã à vulnerável figura de Jesus na cruz só começou mil anos após a crucificação. Anselmo, o arcebispo da Cantuária de 1093 a 1109, foi o primeiro dos autores devocionais a escrever longamente sobre o patético da cena. Os crucifixos, isto é, representações de um jovem vulnerável e moribundo na cruz, são de origem medieval. A maneira bizantina de transmitir o significado do Calvário era mostrar Cristo em triunfo, usando manto e coroa na cruz como se fosse um sumo sacerdote.

A realidade da cena deve ter sido de indizível crueza, não menos horrível pelo fato de ser uma imagem tão comum no Império Romano. Costumam os autores de vidas de Jesus apostrofarem-no nesse momento terrível. Mesmo sendo não-cristãos ou ex-cristãos, foram tão programados a cantar hinos ao crucifixo que não podem resistir a recitar alguma coisa florida sobre esse terrível espetáculo, seja dando caráter sensacionalista aos seus aspectos mais sangrentos, seja sentimentalizando ou suavizando a figura de Jesus em seu sofrimento.[20] É revigorante voltar à eloqüência controlada dos Evangelhos, que estão inteiramente isentos dessa vulgaridade.

L. não dá nome às testemunhas, mas apresenta-nos a figura do bom ladrão, crucificado ao lado de Jesus. É o último dos penitentes de Lucas e sua oração – "Jesus, lembra-te de mim quando vieres no teu reino"[21] – tornou-se compreensivelmente uma das maiores orações da cristandade, interminavelmente repetida na liturgia da Igreja Ortodoxa. M. menciona as testemunhas da cena – Maria Madalena, Maria, a mãe de Tiago e de José, e a mulher de Zebedeu. Notamos que

[20] Ver Renan: *"Sa tête s'inclina sur sa poitrine, et il expira. Repose maintenant dans ta gloire, noble initiateur. Ton oeuvre est achevée"* etc., etc., 351.

[21] João, 19:28.

a família de Jesus reapareceu, depois de uma ausência que perdurou durante todo o seu "ministério". J., que insiste em estar escrevendo um relato de testemunha ocular da cena, reproduz duas tocantes trocas de palavras entre Jesus e aqueles que estão ao pé da cruz. Na primeira, em um Midrash do Salmo 22:15 e um eco deliberado da cena entre Jesus e a samaritana no poço de Jacó, ele diz: "Tenho sede."[22] Embeberam uma esponja com vinagre e levaram-na aos seus lábios na ponta de uma longa vara. J. descreve também a cena em que Jesus fala com a mãe e a confia ao "discípulo amado". Nunca saberemos quanto essas "palavras ditas na cruz" constituem memórias históricas e quanto são apenas lendas piedosas. Pareceria que Jesus, que fora repudiado pela família no início dos Evangelhos, reconciliava-se com ela no fim. Esse fato, no entanto, teria pouco interesse para as Igrejas que geraram as tradições de M. e L., provavelmente muito distantes, em tempo e lugar, de qualquer membro da família imediata de Jesus na "Igreja" de Jerusalém. Em L., ele morre com a pia oração nos lábios ouvida no Salmo 31 – "Nas tuas mãos entrego meu espírito." Mas é em Mateus que o comentário ao Salmo 22 continua até o fim, gritando Jesus o versículo inicial do salmo – "Eli, Eli, lama sabachtani" – "Meu Deus, Deus meu, por que me desamparaste?" Essa é a versão mais dramática da morte de Jesus e por essa razão a mais inesquecível. Disse Schweitzer que Jesus foi crucificado por causa de suas parábolas. Queria ele dizer com isso que as autoridades religiosas judaicas irritavam-se com a liberalidade da visão de Deus de Jesus e o desrespeito implícito à Torá que é mostrado em histórias como as do Filho Pródigo e do Publicano e o Fariseu orando no Templo. Schweitzer não podia ter literalmente acreditado que Jesus foi crucificado por causa das parábolas. Mas outro Midrash que se poderia tecer por meio do uso por Mateus do salmo desolador como últimas palavras de Jesus, levaria a uma direção ainda mais devastadora. Poderíamos dizer que Jesus, em sua passividade, desafiou não só Pilatos e os principais sacerdotes, mas o próprio Deus. Viera ao mundo e dissera aos judeus que Deus era um Pai Celestial que amava seus filhos como ele amava as crianças. Jesus as abençoara em seus braços. Ha-

[22] João, 19:28.

via-as curado de doenças e parecia mesmo que as ressuscitara dos mortos – devolvendo à mãe viúva o jovem de Nain e a menina ao sofredor Jairo. Curara os cegos e os aleijados, os surdos e os mentalmente doentes. Previra a vinda do reino do amor, que seria instituído com uma fanfarra apocalíptica, ocasião em que mostraria sua verdadeira natureza, que era amor. Nesse momento, cada lágrima seria enxugada e o leão deitaria ao lado do cordeiro e Israel recuperaria a paz e a unidade. Até essa ocasião, seria legítimo, temos de concluir logicamente, supor que havia alguma coisa de errado no mundo. Uma vez que Jesus nada sabia sobre a doutrina de São Paulo sobre o Pecado Original, não teria achado muito convincente que a única coisa errada fosse a maldade do coração humano. Especificamente, refutara a idéia de que um homem nascia cego por causa de seus próprios pecados ou dos pecados dos pais. Só um único seria considerado responsável pela crueldade total e infelicidade do universo e ele seria, se tal ser existisse, seu criador. A vida e morte de Jesus podem ser consideradas a declaração final da fé monoteísta, isto é, da fé não apenas em um Deus que criou o mundo, mas que o sustenta e ama. Os rabis, nos campos de concentração, puseram Deus em julgamento e o consideraram culpado, pois a maldade humana por si mesma não era suficiente para justificar ou explicar o horror do Holocausto. Jesus depositara sua confiança em Deus e supusera que o Dia do Senhor chegaria, trazendo justiça aos pobres e curando o sofrimento inocente. Colocara-se na posição do mais pobre dos pobres, tornando-se escravo de todos, naquele último gesto ritual na Ceia com os amigos, ao envolver-se numa toalha e lavar os pés dos discípulos. Sua recompensa fora a prisão, a tortura e a humilhação pública. Orara para que o reino viesse, e não viera. Se não pronunciou o primeiro versículo do Salmo 22 quando preso na cruz, com toda justificação poderia tê-lo feito. *"Meu Deus, Deus meu, por que me desamparaste?"*

Jesus permaneceu vivo na cruz até a hora nona, isto é, até 3h da tarde. M. e L. dizem que, da sexta até a hora nona, trevas caíram sobre a terra e de modo geral se supõe que Jesus só resistiu durante três horas antes de morrer. Se assim foi, nada havia de surpreendente. Se os relatos do Evangelho dão uma versão mesmo vagamente precisa de seus últimos dias, ele devia ter estado próximo da exaustão e do colapso mesmo antes da prisão. Fora transformado no chefe nominal de um grande movimento popular e fizera tudo que lhe fora possível para escapar das multidões na Galiléia. Em Jerusalém, elas tinham voltado e ele fizera sua viagem triunfal montado em um jumento. Talvez não tivesse dormido durante toda aquela semana. Em Getsêmani, segundo os Evangelhos, suou sangue e, após essa experiência, foi levado para uma noite de interrogatório e tortura. Embora houvesse casos de crucificação que chegaram a durar três dias, muitas das vítimas devem ter morrido mais cedo. Bastaria um ligamento rompido no ângulo em que o grande cravo fora fincado para produzir o colapso de todo o corpo e a morte por asfixia. Alguns autores especularam que o vinagre na esponja continha alguma droga. E talvez seja dispensável mencionar sugestões de que continha não um narcótico mortal, mas alguma substância que meramente punha o corpo para dormir antes da "ressurreição". Dessas especulações são feitas as histórias de detetive, mas a explicação mais provável é, sem dúvida, que Jesus morreu na cruz depois de um curto espaço de tempo. O Evangelho de J. contém o detalhe autêntico (exatamente o que deveríamos esperar depois da escavação do esqueleto de Jehohanan) de que, aproximando-se a noite, os soldados vieram até as cruzes, pensando em quebrar as pernas dos crucificados, de modo que pudessem ser enterrados antes do anoitecer, de acordo com o costume judaico. E somos informados de que, quando chegaram a Jesus, já o encontraram morto. Em vez de lhe quebrarem as pernas, o soldado abriu-lhe o flanco com uma lança e dele saiu o que pareceu uma combinação de sangue e água.

Após a morte de Jesus, diz M. ter ocorrido uma série de fenômenos paranormais em Jerusalém. O véu do Templo, que separa o Sanctum Interior, o Sanctum Sanctorum, do restante da congregação de Israel, foi rasgado, simbolizando a destruição do judaísmo e a abertura de um acesso entre o homem e Deus com a morte expiatória de Jesus. Antecipando seu próximo triunfo sobre a morte, várias sepulturas se abriram e os mortos andaram pelas ruas de Jerusalém, da mesma forma que "cadáveres amortalhados gritaram agudamente e falaram nas ruas romanas" na véspera do assassinato de Júlio César. É interessante que esses fenômenos fascinantes não tenham sido descritos por nenhum outro historiador do período e que L. e J. não os mencionassem.

É desejável, segundo a lei judaica, que os mortos sejam enterrados antes do anoitecer. Talvez constituísse mais um motivo de sofrimento para a mãe de Jesus e seus irmãos que ele não pudesse ser sepultado na Galiléia, mas havia ajuda próxima quando iniciaram o trabalho horrível de baixar o cadáver da cruz. Diz J. que esse trabalho foi realizado por um rico membro do Sinédrio que viera ver Jesus à noite "por medo dos judeus" – Nicodemos – e seu amigo José de Arimatéia, que a tradição afirma ser primo de Jesus. L. e M. seguem a tradição de que foi José de Arimatéia quem enterrou Jesus. Em M., José procura Pilatos, pedindo permissão para enterrar Jesus e "Pilatos admirou-se que ele já tivesse morrido".

É claro, à vista dessa ligação no fim do drama com José de Arimatéia, Nicodemos e outros como eles, que Jesus tinha conhecidos, talvez até amigos íntimos, em Jerusalém, que não estavam necessariamente muito ligados aos seus pescadores-amigos galileus. José que, segundo os Evangelhos, era um homem rico, mandou talhar na rocha uma sepultura onde nenhum corpo fora ainda depositado. Diz J. que essa sepultura ficava num jardim não muito distante do local onde Jesus foi crucificado. É um fato estranho que, embora o cristianismo popular descreva Jesus como sendo caçado até a morte pelos "judeus" e perseguido pela sua oposição à hierarquia religiosa da época, ele fosse de fato enterrado e ungido por dois dos principais membros do Sinédrio – pessoas exatamente iguais a Tiago, irmão de Jesus, e aos antigos "cristãos" de Jerusalém, que "visitavam continuamente o Templo" após a morte de Jesus. Em J., eles tomaram o corpo de Jesus e o envolveram em lençóis perfumados com mirra e aloés e o colocaram na sepultura, aberta na rocha. Em M. e L., as mulheres ungem o corpo com ungüento e, apenas em M. rola-se uma pedra que fecha de um lado a outro da entrada da sepultura.

Recapitulando em breves palavras: nenhuma prova concreta pode ser encontrada sobre a prisão e execução de Jesus. Afigura-se impossível que ele tenha sido julgado por blasfêmia e é quase certo que não o foi pelo Sinédrio. Os principais sacerdotes podem muito bem ter sido os responsáveis por sua entrega a Pilatos, como um potencial criador de casos. Pilatos poderia (L.) ou não (M.) ter desejado entregar esse galileu a Herodes Antipas para julgamento (pois a Galiléia se situava na jurisdição do rei). Uma vez que Jesus chamara certa vez Herodes de raposa velha, poderíamos talvez formular a hipótese de que, se esse estágio do "julgamento" de fato ocorreu, as possibilidades de absolvição de Jesus seriam muito reduzidas. A família dele voltou à cena. Não a encontrávamos desde suas antigas contendas na Galiléia. Presenciou-lhe a morte e talvez o homem que cuidou do sepultamento, José de Arimatéia, tivesse alguma relação familiar com Jesus. Foi sepultado de acordo com a tradição judaica. E isso aconteceu na noite ou na véspera da Páscoa.

O leitor que seguiu até aqui esta história forçosamente deve compreender como é difícil joeirar a prova oferecida pelos Evangelhos sobre a vida e morte de Jesus. Como vimos numerosas vezes, os evangelistas não tentaram escrever uma *reportagem* imparcial (se é que existe tal coisa) e a morte de Jesus foi, para eles, tão cheia de significação religiosa que inevitavelmente resolveram contá-la por referência às Escrituras judaicas. Escreveram com a certeza de que a morte de Jesus não fora uma morte comum. A experiência que compartilhavam da fé em Jesus e em seus ensinamentos levou-os a pensar que todos os eventos durante aquelas últimas 12 terríveis horas revestiam-se de profundo significado teológico. Nos casos de M. e L., notamos um vívido senso de fraqueza, detalhe patético e agonia no quadro que pintaram. Já no caso de J., o patético foi quase eliminado – a despeito do "Mulher, eis aí o teu filho" e do "Tenho sede". Disseram alguns comentaristas que a história da crucificação no Quarto Evangelho não é mais uma narrativa da Paixão do que *Murder in the Cathedral* é uma história de detetive, tão certo estava o autor de que a crucificação foi um acontecimento redentor, e que "do modo por que Moisés levantou a serpente no deserto, assim importa que o Filho do Homem seja levantado".[23]

A despeito da maneira sobremodo peculiar como os evangelistas resolveram contar a história, porém, devemos dizer que ela é extraordinariamente detalhada e vívida. De quantas outras figuras no mundo antigo, mesmo de imperadores, contou-se tanto sobre suas últimas horas como de Jesus? O paradoxo é que,

[23] João, 3:14.

embora desejando acreditar no nome de Jesus, e encontrar nele a salvação, os evangelistas nos tenham contado tão pouco sobre o próprio Jesus. Sua morte e a Paixão têm o poder de comover e mudar vidas humanas porque, desde o começo, aparentemente se colocam diante do leitor ou ouvinte como arquétipos. A raça humana olha para a cruz de Jesus em busca de salvação. Mas, em parte, a história atrai tanto porque é tão pouco o que sabemos sobre ele. Se os Evangelhos nos tivessem dado relatos abundantemente documentados da natureza exata das crenças apocalípticas de Jesus, ou das exatas desavenças que teve com a hierarquia de Jerusalém (se de fato as teve), nós nos sentiríamos alienados. Cumpre-nos compreender o que pode ter realmente acontecido, que Jesus era um homem do seu tempo, preocupado com assuntos que, na maior parte, pareciam insignificantes e incompreensíveis a personagens de outras épocas ou outras culturas. A figura de um homem inerme e parecendo inocente, enfrentando um julgamento que lhe poderia custar a vida diante do governador romano constitui, contudo, um ícone ao qual todo membro da raça humana pode ser sensível. E é precisamente porque conhecemos tão pouco das coisas triviais de sua história que podemos reagir tão intensamente aos grandes pormenores – aos seus silêncios, ao perdão que aparentemente concedeu aos algozes, à sua solidão e sofrimento. Paulo, não importa quais os motivos que o atraíram para Jesus, percebeu a enorme capacidade das suas ações para galvanizar a imaginação quando disse que "Deus escolheu as coisas fracas do mundo para envergonhar as fortes".[24]

Paulo e os evangelistas descobriram a redenção na morte de Jesus, que acreditavam ter sido uma morte expiatória. Não podemos sequer começar a extrapolar, com base nos escritos que nos deixaram, sobre o *motivo* pelo qual acreditavam nisso. Não há a menor dúvida de que a cruz de Jesus tem sido um foco de consolo e fascínio religioso há dois mil anos. O que o Novo Testamento infelizmente não consegue revelar é a natureza de Jesus, o homem. Podemos discernir, pelas parábolas e pronunciamentos anotados, que ele era um homem inteligente e espirituoso. Também não parece haver motivos para duvidar que ele foi uma pessoa de

[24] I Cor., 1:27.

virtude altruísta, dotada de poderes de cura e de uma visão apocalíptica, talvez messiânica. Os Evangelhos, no entanto, estavam tão interessados em sugerir que Jesus fora o homem por meio do qual se manifestava a vontade de Deus, o homem por meio do qual se revelava sua glória, que não nos oferecem muitos exemplos de virtude possuída por Jesus – virtude, tal como é universal ou tradicionalmente compreendida. Mateus nos informa que Jesus contou uma história sobre o Dia do Juízo. Os justos serão recompensados quando o rei, o Filho do Homem (por implicação, o próprio Jesus), lhes disser que eles herdarão o reino. "Porque tive fome e me destes de comer; tive sede e me destes de beber; era forasteiro e me hospedastes; estava nu e me vestires; enfermo, e me visitastes; preso, e fostes ver-me."[25] É óbvia a lição: ao fazer o bem aos outros, servimos a Deus. A observância religiosa formal não é suficiente. "Muitos, naquele dia, hão de dizer-me: Senhor, Senhor!, porventura não temos nós profetizado em teu nome, e em teu nome não expelimos demônios, e em teu nome não fizemos muitos milagres? Então lhes direi explicitamente: Nunca vos conheci. Apartai-vos de mim, os que praticais a iniqüidade."[26] Jesus trabalhou e ensinou firmemente dentro da tradição dos profetas judaicos, de que Deus só podia ser agradado pela bondade e virtude humanas. O misticismo, o exorcismo, o poder de curar ou expulsar demônios não eram substitutos da justiça e da virtude. Quando se tornou uma religião mundial, o cristianismo assumiu grande parte desse espírito e, na medida em que foi uma força para o bem no mundo, isso aconteceu por causa daqueles de seus membros que foram inspirados por essa corrente nos ensinamentos de Jesus. Seria cínico supor que ele mesmo nunca praticou tais virtudes. Sabemos que convivia com pecadores e lhes transmitiu o perdão de Deus. Lemos que salvou uma adúltera do apedrejamento; que restabeleceu, em trapaceiros e coletores de impostos, o senso correto de seu próprio valor perante Deus, da mesma forma que restabeleceu a saúde de doentes. Mas são tão poucas as provas desses atos de bondade e tão completa a ausência de análise de caráter nas descrições de Jesus nos Evangelhos

[25] Mateus, 25:35, 36.
[26] Mateus, 7:22, 23.

que não há como deixar de ficar espantado que uma figura histórica da qual tão pouco se conhece tenha atraído a reputação que a teologia lhe desejou atribuir. Entre os elementos que inspiraram os autores do Novo Testamento a compor suas crenças deve ter havido a memória de uma criatura extraordinária, mas no que consistiu essa excepcionalidade eles não puderam ou não quiseram nos dizer. Os sentimentos do historiador sobre Jesus devem ser análogos aos seus sentimentos sobre Shakespeare, que conseguiu fama, riqueza e notoriedade na Londres elisabetana, e deixou uma obra literária sem paralelo, mas cuja "personalidade" permanece quase invisível.

APÊNDICE AO CAPÍTULO X

Há três correntes tradicionais relativas às últimas horas de Jesus: a de Marcos/Mateus (aqui designada M.); a de Lucas (L.); e a do Quarto Evangelho (J.). Destas, apenas a de J. alega basear-se em material fornecido por testemunhas oculares.

INCIDENTE	M	L	J
Identidade dos que prenderam Jesus.	Vários homens, incluindo os principais sacerdotes.	Vários homens, incluindo os principais sacerdotes.	Soldados romanos.
Primeiro lugar onde Jesus foi levado após a prisão.	Palácio do Sumo Sacerdote.	A casa do Sumo Sacerdote.	A casa de Anás, sogro do Sumo Sacerdote Caifás.
Negação de Pedro.	A história da negação de Pedro é comum às três tradições.		
Jesus em julgamento. O julgamento perante o Sumo Sacerdote.	Reunião plenária do Sinédrio antes do amanhecer. O Sumo Sacerdote rasga suas vestes ante a "blasfêmia" de Jesus — praticando em si mesmo o ato mencionado por Daniel, 7:3.	Semelhante a M. Julgamento noturno perante o Sinédrio.	O "outro discípulo" é conhecido do Sumo Sacerdote. Nenhum julgamento perante o Sumo Sacerdote. Um "interrogatório", durante o qual os guardas esbofeteiam Jesus. Ele é em seguida enviado para ser julgado por Pilatos.
O julgamento perante Pilatos.	—	—	Sacerdotes se recusam a entrar no Prefácio.
Pilatos pergunta: "És o rei dos judeus?"	Jesus recusa-se a responder às acusações.	Jesus respondeu: "Tu o disseste."	Jesus pergunta: "Vem de ti esta a meu respeito... O meu reino não é deste mundo."

INCIDENTE	M	L	J
—	Pilatos lava as mãos, simbolizando a inocência dos gentios. Em Mateus, diz o Sumo Sacerdote: “Caia sobre nós o seu sangue, e sobre nossos filhos”, implicando isso que só os judeus são responsáveis pela morte de Jesus.	Pilatos tenta passar a responsabilidade a Herodes Antipas, uma vez que Jesus, um galileu, não pertence à jurisdição da Judéia. Pilatos solta um homem detido por distúrbio e assassinato, tendo antes tentado soltar Jesus. Os judeus insistem em que Jesus deve morrer.	Havia o costume de libertar um prisioneiro na Festa da Páscoa. Os judeus escolhem não este homem, mas Barrabás.
Soldados, no Pretório, coroam Jesus com espinhos.	Os soldados coroam Jesus com espinhos.	É omitida a violência dos romanos contra a pessoa de Jesus.	Jesus é coroado “Rei dos Judeus”. Os judeus respondem: “Não temos rei, senão César.”
Carregando a cruz.	Simão de Cirene, pai de Rufo e Alexandre, ajuda a carregar a cruz.	Simão de Cirene ajuda a carregar a cruz.	Jesus leva sozinho a cruz ao Lugar da Caveira — o Gólgota.
—	—	Em sua ida ao Lugar da Caveira, Jesus pára e se dirige às mulheres de Jerusalém: “Não choreis por mim; chorai antes por vós mesmas e por vossos filhos.”	—

INCIDENTE	M	L	J
Crucificação.	Jesus é crucificado ao lado de dois terroristas políticos.	Uma inscrição acima da cabeça de Jesus diz: "Este é o Rei dos Judeus."	A inscrição acima da cruz diz: "Jesus Nazareno — O Rei dos Judeus." A inscrição é em hebraico, latim e grego.
—	Uma inscrição acima da cabeça de Jesus, dizendo: "O Rei dos Judeus."	"Pai, perdoa-lhes porque não sabem o que fazem." Promete ao Bom Ladrão: "Em verdade te digo que hoje estarás comigo no paraíso." Morre com as palavras: "Pai, nas tuas mãos entrego o meu espírito."	Ele confia a mãe aos cuidados do Discípulo Amado: "Eis aí tua mãe." Diz: "Tenho sede." Morre com as palavras "*Consummatum est*" está consumado, isto é, a Redenção do Mundo foi feita, a tarefa foi cumprida.
Palavras de Jesus na cruz.	"*Eli, Eli, lama sabachtami*" (Salmo 22:1): "Meu Deus, meu Deus, por que me desamparaste?" Jesus é crucificado ao lado de dois criminosos.	Jesus é crucificado com duas outras pessoas.	

INCIDENTE	M	L	J
Morte de Jesus.	Quando Jesus morre, o céu escurece, o véu do Templo é rasgado de cima abaixo, sepulturas se abrem e mortos ressuscitam. O centurião diz que Jesus é em verdade o Filho de Deus.	Descem as trevas. O véu do Templo é rasgado. O centurião romano afirma que Jesus era inocente.	Os soldados romanos se aproximam para quebrar as pernas dos crucificados, apressando-lhes a morte e, dessa maneira, permitindo o enterro judaico antes do feriado. Jesus já está morto quando eles chegam para lhe quebrar as pernas. Perfuram-lhe o flanco com uma lança e dele jorra sangue e água.
Testemunhas da crucificação e da morte de Jesus.	A distância, Maria Madalena, Maria, a mãe de Tiago e José, e a mãe dos filhos de Zebedeu. Marcos diz que Salomé esteve presente.	Os amigos e os que o acompanharam desde a Galiléia.	A mãe, a irmã dela, Maria, mulher de Clopas, Maria Madalena, o Discípulo Amado (se é que se trata de uma pessoa diferente) foram as testemunhas que viram a lança trespassar o flanco de Jesus.

INCIDENTE	M	L	J
O enterro de Jesus.	Pilatos fica surpreso por Jesus ter morrido tão cedo. Dá permissão a José de Arimatéia, um homem rico, para enterrar Jesus numa sepultura nova, cortada na rocha. Ele rola uma grande pedra para tapar a entrada. Maria Madalena e a outra Maria ficam de guarda junto à pedra. Os judeus, temerosos de os cristãos alegarem que Jesus ressuscitou, pedem a Pilatos soldados para guardar o sepulcro. A guarda é fornecida.	José de Arimatéia, membro do Sinédrio, pede permissão para enterrar o corpo. Pilatos concede o pedido. O corpo é posto num sepulcro que nunca fora usado. A pedra à porta do sepulcro é mencionada nas histórias da Ressurreição, mas aqui não se diz que a sepultura de Jesus foi tapada com uma pedra na ocasião do sepultamento. Nem há menção de uma guarda.	José de Arimatéia enterra Jesus em um sepulcro novo, num jardim próximo ao local da crucificação. Os homens ungem o corpo de Jesus e o envolvem em tiras de linho, de acordo com os costumes funerários judaicos. Nas histórias da Ressurreição de Jesus, menciona-se uma pedra à porta do sepulcro. Nas descrições do sepultamento, porém, não se diz que o sepulcro foi fechado nem que foi guardado.

Capítulo 11

Jesus Cristo

Enquanto o leitor passa os olhos por estas páginas, alguém no mundo chega à conclusão de que Jesus Cristo continua vivo. Embora pareça que a afiliação às Igrejas Cristãs cai de forma irreversível, não faltam pessoas em todo o mundo dispostas a atestar a presença viva de Jesus em suas vidas.

Esses depoimentos podem variar de visões altamente específicas de Jesus, como as de Marguerite-Marie Alacoque, a quem ele revelou seu Sagrado Coração em dezembro de 1673, a uma percepção menos visual, mas nem por isso menos nítida, da presença de Jesus.[1] Entre essas experiências, um bom exemplo seria o de Simone Weil, a brilhante jovem filósofa-matemática, que foi gradualmente atraída para o teísmo por uma combinação de leitura, sofrimento pessoal e visita a dois santuários cristãos – Assis e o mosteiro de Solesmes. Tornou-se seu costume recitar o poema de George Herbert, *Love*, sobre o encontro da alma com Cristo. E, como confidenciou a um sacerdote dominicano, o padre Perrin, foi durante um desses momentos que "o próprio Cristo desceu e apossou-se de mim. Em meus argumentos sobre a inexplicabilidade de Deus, eu nunca previra a possibilidade disso, de um contato real, de pessoa a pessoa, entre um ser humano e Deus".[2]

A crentes religiosos não-cristãos terá de continuar incompreensível por que tal certeza de uma presença pode evoluir para a certeza de que a presença é de Cristo. Em outras palavras, não é fácil, quando lemos ou ouvimos esses testemunhos, compreender a ligação entre o Cristo ressuscitado, tornando sentida sua presença mística, e o Jesus histórico. Desde o início, a teologia interessou-se

[1] *Vie et ouevres de la bienheureuse Marguerite-Marie Alacoque*, org. L. Gauthey, 3 vols. (Paris, 1915).
[2] Simone Weil: *Attente de Dieu* (ET), 1969, 35.

quase que exclusivamente pelo Cristo ressuscitado. Por isso mesmo, não surpreende que os teólogos se mostrem, e tenham sempre se mostrado, desinteressados pelo Jesus histórico. Simone Weil, por exemplo, equiparou a inspiração da *Ilíada* de Homero ao espírito de Cristo e encontrou vestígios dele em Eurípides e Pitágoras.[3] Paulo disse em Epístolas que a rocha de onde jorrou água para refrescar os israelitas no deserto, 1.500 anos antes do nascimento de Jesus, "era Cristo".[4] Quando Paulo teve sua visão de Cristo, ressuscitado dos mortos, configurou-se nesse momento o exemplo mais vívido possível do que Simone Weil chamou de "contato real". Em páginas anteriores, apresentei explicações muito especulativas sobre a preocupação de Paulo com Jesus e com os discípulos do Mestre. Essas explicações, claro, não explicavam absolutamente nada. Nunca haverá uma explicação do motivo por que Paulo resolveu, independentemente dos demais seguidores de Jesus, ou em desafio a eles, propagar no mundo gentio a idéia de que Deus falara a um homem de forma mais direta do que em profecias.

> Seguindo ele estrada afora, ao aproximar-se de Damasco, subitamente, uma luz do céu brilhou ao seu redor, e, caindo por terra, ouviu uma voz que lhe dizia: Saulo, Saulo, por que me persegues? Ele perguntou: quem és, tu, Senhor? E a resposta foi: Eu sou Jesus, a quem tu persegues.[5]

Em parte alguma de seus escritos, Paulo distingue entre essa experiência visionária e as visões do ressuscitado Jesus que foram, como se sabe, relatadas por amigos íntimos como Maria Madalena, Pedro, João, e o restante dos Doze Apóstolos, incluindo Tomé, o incrédulo. Paulo sequer sugere que sua fé depende da existência de um sepulcro vazio. Ele não oferece qualquer "prova" da Ressurreição. Certa vez, quando visitei o Jardim da Sepultura, em Jerusalém, encontrei um grupo de turistas norte-americanos. O guia da excursão lhes informava que

[3] Simone Weil: *Intimations of Christianity Among the Ancient Greeks* (ET 1957).
[4] I Cor., 10:4.
[5] Atos, 9:3-5.

"a Ressurreição de Jesus é o fato mais comprovado da História humana". Esta não teria sido a alegação de Paulo, para quem era uma questão de fé. Nem do autor do Quarto Evangelho, que acreditava existir bem-aventurança em não ver, mas, ainda assim, acreditar.

Os evangelistas, quem quer que fossem e onde quer que estivessem escrevendo, ingressaram sem exceção nesse mundo de fé habitado por Paulo e outros crentes que, por este ou aquele motivo, se convenceram de que Jesus vive. Chegamos ao ponto de nossa narrativa em que devemos de abandonar o esforço de tentar descobrir "o que realmente aconteceu". A subjetividade é o único critério da verdade do Evangelho.

Os que não viram, mas creram, compuseram histórias da Ressurreição para as congregações a que serviam. Não precisamos supor que os primeiros a escrevêlas inventassem falsidades. Como podemos deduzir da leitura da Epístola aos Coríntios, escrita um quarto de século após a morte de Jesus, a Ressurreição era fato inteiramente realizado, concreto, na vida imaginativa dessas comunidades.

Por trás das histórias, e de encontros com o Jesus ressuscitado, como poderia acontecer hoje aos que nele crêem, escondiam-se algumas experiências mais antigas. Julgo impossível, dada a natureza das histórias que ainda sobrevivem, acreditar que as amigas de Jesus, que foram mantidas a grande distância em suas últimas horas, não se tivessem aproximado do sepulcro bem cedo na manhã do Terceiro Dia. Creio igualmente ser difícil acreditar que não encontrassem a sepultura vazia do corpo que buscavam. Digo isso não porque ache qualquer das "narrativas da Ressurreição" irrefutavelmente plausíveis ou psicologicamente realistas, mas porque as primeiras testemunhas foram mulheres, e porque nenhum judeu do século I, desejando inventar um argumento que dependesse até certo ponto de prova, teria resolvido inventar falsas testemunhas femininas. Mulheres não tinham o direito de apresentar prova em tribunais judaicos; seu testemunho praticamente não tinha valor. Se tivessem resolvido inventar a história do sepulcro vazio, os discípulos teriam dito que as primeiras testemunhas haviam sido Pedro, Tiago, o irmão do Senhor, ou os ricos Nicodemos e José de Arimatéia. A piedade cristã gostou de ver mudada a própria história daquela primeira véspera de Páscoa: "O mundo morrera durante a noite. O que estávamos vendo era o primeiro dia de uma nova criação, com um novo céu e uma nova terra e, sob a aparência de um jardineiro, Deus andava pelos jardins no frio, não do anoitecer, mas do amanhecer."[6] Nessa fantasia há mais do que uma verdade metafórica.

A narrativa de Marcos, que muitos estudiosos acham ter sido a mais antiga, relata que Maria Madalena, Maria, a mãe de Jesus, e Salomé foram ao sepulcro na esperança de ungir o corpo com essências perfumadas. Descobriram que a pedra usada para tapar a porta do sepulcro fora afastada. No interior do sepulcro, encontraram o *neaniskos* usando mortalha, ou uma veste branca, presumivelmente o mesmo jovem misterioso que fugira três dias antes, na noite da prisão de Jesus. O jovem lhes disse que Jesus não estava mais ali. "Mas ide, dizei a seus discípulos, e a Pedro, que ele vai adiante de vós para a Galiléia."[7] A reação das mulheres foi de fugir dali, tomadas de pavor. "E, saindo elas, fugiram do sepulcro, porque estavam possuídas de temor e de assombro; e de medo nada disseram a ninguém."[8]

Aí termina o Evangelho de Marcos.[9] Poderíamos interpretar esse fato como significando grande número de coisas. A menos que leiamos a história com os olhos da fé, não devemos supor que essa narrativa, misteriosa como é, sugira que Jesus, miraculosamente, ressuscitara da sepultura. Faria muito mais sentido pensar que o jovem e seus amigos haviam decidido levar o corpo e sepultá-lo na Galiléia. Talvez tenham tido êxito nesse plano e o corpo de Jesus descanse hoje em Nazaré, perto da casa da mãe, ou em Cafarnaum, às margens do lago, onde ele pescava com os amigos. Talvez tenham falhado. Talvez, perturbados pelas mulheres e receosos pela própria vida, dada a possibilidade de um encontro com soldados romanos, o jovem e seus amigos abandonassem o corpo em algum lugar próximo. Nunca saberemos.

6 G. K. Chesterton: *The Everlasting Man* (1936).

7 Marcos, 16:7.

8 Marcos, 16:8.

9 Todos os eruditos concordam em que os versículos 9-20 do capítulo 16, de Marcos, pertencem a uma tradição posterior. Não são encontrados em numerosos manuscritos.

No relato de Mateus, o jovem torna-se um anjo, "cujo aspecto era como um relâmpago, e a sua veste alva como a neve".[10] Quando as mulheres fugiam do jardim, segundo a versão de Mateus, elas encontraram o próprio Jesus, que lhes diz que ressuscitou dos mortos e que está indo para a Galiléia. Mateus poderia estar escrevendo essa história até sessenta anos após a morte de Jesus, mas evidentemente retinha memórias de uma tradição menos crédula. No relato, descrentes perversos alegam que os discípulos haviam, na verdade, removido o cadáver do sepulcro. O Jesus de Mateus aparece pela última vez em uma colina da Galiléia, no mesmo lugar onde nomeara os Doze Apóstolos. Diz-lhes: "Ide, portanto, fazei discípulos de todas as nações, batizando-os em nome do Pai e do Filho, e do Espírito Santo."[11] Jesus, nessa versão, torna-se fundador da Igreja católica. Não surpreende, por conseguinte, que crentes na cristandade católica procurem maneiras de se convencer de que o Evangelho de Mateus é o primeiro, de onde derivam os outros três.[12] A descrição de Lucas, de dois homens indo a pé para a aldeia de Emaús, reveste-se de certa plausibilidade narrativa. Enquanto andam, os homens conversam sobre os assuntos dos três últimos dias e o intenso desapontamento com Jesus, em quem confiavam que "devia redimir Israel".[13] Conversavam ainda quando a eles se reuniu um estranho, que lhes disse que, muito longe de ficarem desapontados com a morte de Jesus, deviam compreender que ela fora a realização natural das Escrituras judaicas. "Ó néscios, e tardos de coração para crer tudo o que os profetas disseram!"[14] Em palavras que, para leitores de fala inglesa, tornaram-se sobrecarregadas de memórias de um dos hinos mais belos da língua, os dois homens, ao chegarem a seu destino, voltaram-se para o estranho e disseram: "Fica conosco, porque é tarde e o dia já declina."[15] O estranho permaneceu com eles até que partiram o pão, quando então "ele desapareceu da presença deles". Trata-se de uma história magnífica

[10] Mateus, 28:3.
[11] Mateus, 28:19.
[12] Ver, por exemplo, B. C. Butler: *The Originality of Matthew* (1951).
[13] Lucas, 24:21.
[14] Lucas, 24:25.
[15] Lucas, 24:29.

porque revela tanto sobre a natureza da fé. O descrente, lendo essa versão, dificilmente se convencerá de que a Ressurreição é um fato da História. Explicações naturalistas poderiam ser dadas para ele. Poderíamos chamar a atenção para a enorme estranheza do fato de os discípulos não o reconhecerem, senão depois de ele desaparecer. Mas isso poderia ser explicado dizendo que o estranho não fora absolutamente Jesus, mas alguém que se parecia com ele, como um dos irmãos. Não seria Tiago, que na continuação da história de Lucas, os Atos dos Apóstolos, surge, sem apresentação nem esclarecimento, como chefe da "Igreja" de Jerusalém, que teria provavelmente dito aos tristes discípulos exatamente o que o "estranho" falou? Para o crente, no entanto, essa pergunta seria inepta. "Porventura não nos ardia o coração, quando ele pelo caminho nos falava?"[16]

O Quarto Evangelho é o que contém as histórias mais dramáticas da Ressurreição. O que, aliás, deveríamos esperar. As principais são em número de três. Na primeira, Maria Madalena entra sozinha no jardim. Encontra o sepulcro vazio e vai correndo buscar Pedro "e o outro discípulo que Jesus amava". Comprovam eles que o sepulcro está vazio e voltam para casa. Em seguida, Maria encontra um par de anjos sentados no sepulcro, no local onde fora depositado o corpo de Jesus. Depois disso, sai para o jardim e vê um estranho, que supõe ser o jardineiro. Diz-lhe: "Senhor, se tu o tiraste, dize-me onde o puseste, e eu o levarei."[17] Como aconteceu na história de Lucas sobre a estrada para Emaús, é difícil compreender como alguém que conhecera tão bem Jesus demoraria tanto para reconhecê-lo. Se, contudo, o estranho não fosse o amigo querido, mas o irmão dele, com quem se parecia muito, esse é justamente o tipo de "dupla exposição" que esperaríamos. "Disse-lhe Jesus: Maria! Ela, voltando-se, lhe disse, em hebraico: Rabôni! que quer dizer, Mestre."[18]

Secamente eloqüente como só o Quarto Evangelho consegue ser, essa é talvez a mais comovente de todas as histórias da Ressurreição. E como acontece com tanta freqüência – como nas histórias de Nicodemos e da samaritana no poço de

[16] Lucas, 24:32.
[17] João, 20:15.
[18] João, 20:16.

Jacó –, obtém grande parte do seu poder pela redução do elenco participante. As outras mulheres e os discípulos, todos os quais estiveram presentes no jardim da Ressurreição, são cortados por esse mestre supremo da arte de contar histórias, e ele monta um encontro puramente individual entre Jesus e sua seguidora feminina mais próxima.

Se o Quarto Evangelho teve origem, como acreditam algumas pessoas, em Samaria, onde os judeus helenizados da Diáspora haviam levado as Boas-Novas sobre Jesus, não é de surpreender que insistisse muito mais do que os demais livros do Novo Testamento na realidade física de Jesus levantando-se dos mortos. Trata-se de um Evangelho que tenciona levar o crente a uma autêntica adoração do Pai, em espírito e verdade. Mas não quer que percamos de vista o concreto e o real em nossa busca do espiritual. O Verbo se fez carne. Carne ele continua a ser, mesmo depois da morte. Na segunda geração após a morte de Jesus, em especial entre os que nunca haviam seguido, ou haviam abandonado, a prática ritualística do judaísmo, a comunidade de crença que produziu o Quarto Evangelho deve ter sentido uma tentação muito forte de dizer que não importava se Jesus havia ressuscitado como carne. Talvez houvesse entre eles crentes que nunca haviam entendido claramente o que queriam dizer com a Ressurreição de Cristo e que nunca haviam sido informados, ou nem talvez tivessem ouvido, coisa alguma sobre o sepulcro vazio. O Quarto Evangelho, que julgava mais importante crer sem ter visto e adorar em espírito, insere numerosos corretivos contra tal abordagem do assunto. Há, por exemplo, a história de Lázaro, que Morton Smith argumentou plausivelmente ter começado como a recordação de um ritual e terminado como um episódio de História. E também as histórias de Maria Madalena no jardim. O famoso *noli me tangere*,[19] tal como tanta coisa mais no Quarto Evangelho, transborda de ambigüidade e contradições. Quem fala com ela é um corpo ou um espírito? Poderia ela tê-lo tocado, se quisesse? Mais tarde naquela semana, Jesus, em sua forma ressurrecta, cruzou uma parede ou porta fechada e entrou na sala onde os discípulos se reuniam "temerosos dos

[19] João, 20:17.

judeus". Tomé, um dos 12, não esteve presente nessa ocasião, o que deu ao evangelista a oportunidade de construir sua mais ousada ficção teológica. O rito do batismo, por meio do qual o crente, amortalhado de branco, era chamado a uma nova vida, foi dramatizado pelo autor como história da ressurreição de Lázaro. Se Lázaro tivesse voltado dos mortos como matéria de fato histórico, é impensável que os demais Evangelhos não o tivessem mencionado. Mais ou menos da mesma maneira, para que não houvesse dúvida de que Jesus ressuscitara, a imaginação do evangelista criou a comovente história do incrédulo Tomé. "E logo disse a Tomé: põe aqui o teu dedo e vê as minhas mãos; chega também a tua mão e põe-na no meu lado; não sejas incrédulo, mas crente."[20]

Como aconteceu com a história de Lázaro, é quase inconcebível, se um evento tão memorável tivesse ocorrido na História, que os outros evangelistas não o incluíssem em seus relatos sobre a ressurreição de Jesus. Na terceira história da Ressurreição que nos conta, o evangelista leva-nos à Galiléia. Jesus é visto na praia do lago da Galiléia após uma noite em que os discípulos nada haviam pescado. Ele lhes diz que joguem a rede pelo lado direito do barco, e quando fazem isso, a rede se enche de uma pesca milagrosa – 153 peixes no total, o que deve ter-se revestido de algum significado místico. Da mesma maneira que na história do encontro de Maria Madalena com Jesus perto do Jardim do Sepulcro, e na história de Lucas sobre a estrada para Emaús, os discípulos não o reconhecem. Ainda mais do que nas outras narrativas mencionadas acima, contudo, uma explicação naturalista desse fato teria sido imprópria. Por ocasião da terceira aparição no Quarto Evangelho, vindo do reino dos mortos, Jesus está muito interessado em passar a chefia de sua Igreja a Pedro, e o capítulo termina com a ordem que lhe dá de "apascentar meus cordeiros".[21] A pescaria que os discípulos acabam de fazer é um símbolo dos conversos que nem adorarão em Jerusalém nem no monte Gerizim, mas em espírito e verdade. Esse é o equivalente joanino da história que Marcos coloca no próprio início do seu Evangelho, de Jesus

[20] João, 20:27.
[21] João, 21:15.

andando pelas margens do mar da Galiléia e dizendo a Simão e a André: "Vinde após mim, e eu vos farei pescadores de homens."[22]

O que Jesus deles fez é na maior parte assunto de lenda religiosa. O que eles fizeram de Jesus tem sido o tema mais espantoso em toda a História humana. Trezentos anos depois, o próprio imperador romano convocava o Conselho de Nicéia, no qual bispos que alegavam remontar sua autoridade apostólica aos pescadores da Galiléia, proclamaram solenemente que Jesus não era inteiramente divino, mas "Deus de Deus, Luz da Luz, Verdadeiro Deus do Verdadeiro Deus, Concebido, não Gerado, da Mesma Substância que o Pai, pelo Qual todas as coisas foram criadas".

Escapa ao objetivo deste livro contar a história da cristandade ou investigar o desenvolvimento da teologia cristã. Trata-se de uma história que nos foi contada, quase que exclusivamente, por cristãos, e não apenas por cristãos, mas por aqueles que se consideravam "ortodoxos". É por isso mesmo muito comum que os cristãos modernos suponham que depois que morreu e subiu para o céu, Jesus enviou o Espírito Santo para guiar a Igreja no caminho da verdade. Era um evento que devia acontecer no Dia de Pentecostes, cinqüenta dias após a Ressurreição. Daí em diante, era de supor, tudo devia ser paz e júbilo na comunidade apostólica que sustentava, ainda que em forma primitiva, o núcleo da fé católica.

Na verdade, como até o Novo Testamento confessa, isso nem de longe aconteceu. Desde o início houve, com toda probabilidade, vários grupos "cristãos" e nem todos compartilhavam absolutamente de uma fé comum.

No capítulo 7 dos Atos dos Apóstolos, por exemplo, lemos que Estêvão, um judeu helenizado, não acreditava na necessidade de adoração no Templo. Ele fez um sermão em Jerusalém no qual denunciou violentamente a hierarquia religiosa da cidade e disse que, durante toda a história judaica, a liderança interpretara mal e matara os profetas, da mesma maneira como havia matado Jesus. Isso acontecia por ela resistir ao Espírito Santo e não compreender que o Altíssimo não habitava em casas feitas por mãos humanas.[23] O sermão de Estêvão é julgado por estudiosos

[22] Marcos, 1:17.

[23] Atos, 7:48, 51.

como representante de uma forma muito primitiva de crença em Jesus. Essa crença via Jesus como um grande profeta, destinado a baixar de uma nuvem para salvar seu povo, como o Filho do Homem, de Daniel, mas, claro, isso não sugere que Jesus era divino ou mesmo que ele ressuscitara após a morte. E é Estêvão com sua fé judaica helenizada que atrai a perseguição dos ortodoxos, cujo corifeu era Saulo, mais tarde chamado Paulo. A instâncias de Saulo, de acordo com um relato meio duvidoso contido nos Atos, Estêvão foi apedrejado até a morte por blasfêmia.

É difícil saber que atitude os Doze tomaram em relação aos helenizadores. Os Doze, que se haviam reagrupado sob a liderança do irmão de Jesus, Tiago, permaneceram em Jerusalém e evidentemente não participavam da má vontade de Estêvão pela adoração no Templo. Aliás, nos Atos, há numerosas referências sobre os hábitos desses apóstolos de adoração no Templo. Os helenizadores, entre os quais estava Felipe, partiram para Samaria, a região que se situa entre a Galiléia e Jerusalém. Todos os Evangelhos registram a atitude tolerante de Jesus em relação aos samaritanos e é talvez óbvio que os helenizadores, sendo perseguidos em Jerusalém por Saulo, tivessem seguido para o norte em busca de conversos. Os samaritanos nunca haviam acreditado em adoração no Templo, como fica claro pela conversa de Jesus com a mulher no poço de Jacó. Esperando pela vinda de um Messias terreno – Ta'eb[24] –, foram facilmente convencidos de que Jesus era essa figura. Os samaritanos tinham uma visão menos rígida do monoteísmo do que os judeus de Jerusalém e da Judéia. Após a destruição do Reino Setentrional de Israel no ano 605 AEC, cinco tribos da Babilônia se estabeleceram em Samaria, trazendo consigo seus deuses tribais. Tais indivíduos, com o passar do tempo, embora não abandonando inteiramente os próprios deuses babilônicos, passaram a adorar também Jeová. Foi provavelmente nesse solo fértil que o Quarto Evangelho, pelo menos em sua primeira manifestação, veio a florescer. A história de Jesus conversando com a samaritana deixa claro que seu judaísmo era considerado, pela comunidade joanina de fé, como longe

[24] A. Merx: *Der Messias oder Ta'eb der Samaritaner* (1910).

de ser ortodoxo. "Que a hora vem, quando nem neste monte, nem em Jerusalém adorareis o Pai."[25] É bem verdade que ele logo em seguida afirma que a salvação virá dos judeus, mas ela não é mais, nesse livro, privilégio exclusivo deles. Como todas as histórias contadas pelos quatro evangelistas, não sabemos quanto de metáfora existe aí. Devemos considerar a mulher um símbolo de Samaria, os cinco inúteis maridos como os cinco deuses trazidos da Babilônia por seus ancestrais, sendo o verdadeiro marido de sua alma o homem a seu lado, que lhe oferece a água da vida eterna? A mistura forte de heterodoxia samaritana com idéias helenizadas sobre o *logos* levou à idéia de Jesus como Verbo Eterno, Preexistente, andando entre os seus, que não o acolhem. Ele é especialmente mal interpretado pelos homens da Judéia, os de Jerusalém, mencionados sempre como "judeus", mas significando, com toda certeza nesse contexto, o povo da Judéia, que sempre interpretou mal o povo de Israel, Samaria e Galiléia. Podemos ter razoável certeza de que houve cristãos samaritanos durante vários séculos após a morte de Jesus, embora nunca tenham sido muito numerosos.[26]

O "cristianismo" de Tiago, o irmão de Jesus, e da "Igreja" de Jerusalém, tampouco sobreviveu. Evidentemente, para começar, ela foi considerada a corrente principal. Tiago e seus seguidores combatiam inflexivelmente o descaso de Paulo pela Torá judaica. Contudo, à época de Ireneu, no século II, esses seguidores de Tiago, conhecidos como ebionitas, foram julgados "heréticos". Ireneu acusou-os de serem pouco diferentes dos judeus. Desde uma data muito antiga, esses cristãos judeus, se podemos chamá-los assim, acreditavam na necessidade de permanecerem judeus, e qualquer novo converso ao "Caminho", como chamavam a religião de Jesus, teria de concordar em submeter-se aos rituais judaicos, incluindo a circuncisão, as leis alimentares e as crenças. A religião, para os ebionitas, era o judaísmo, porque eles eram judeus e Jesus fora também judeu. Não acreditavam na divindade de Cristo – duvidavam dela até o século II, quando Ireneu os denunciou como heréticos. Não acreditavam que ele

[25] João, 4:21.
[26] Oscar Cullmann: "Samaria and the Origins of the Christian Mission", em *The Early Church* (1956).

tivesse nascido da Virgem – aliás, como poderia uma seita que tinha como líder um dos irmãos de Jesus acreditar em coisa tão fantástica?[27]

Parece que, após a morte de Jesus, à família foi concedida uma posição especial na nova seita. Eusébio, um cristão ortodoxo do século IV, descreve Tiago como "aquele a quem foi confiado o trono do episcopado de Jerusalém", embora dificilmente se possa considerá-lo na época um trono ou um episcopado. Os Atos dos Apóstolos não deixam claro qual foi o fim de Tiago, embora a tradição eclesiástica, mais uma vez preservada por Eusébio, sugira que seu destino lembra uma das tentações a que foi submetido o irmão no deserto. Foi jogado de uma elevação na montanha e espancado até a morte com um porrete.[28] Segundo seu admirador Egesipo, Tiago foi um asceta: abstinha-se de bebidas fortes e nem mesmo se barbeava. A epístola que lhe foi atribuída pode ter sido escrita por outra pessoa, mas reflete a religiosidade ebionita.[29] É antimística, ética e acessível. "A religião pura e sem mácula, para com o nosso Deus e Pai, é esta: visitar os órfãos e as viúvas nas suas tribulações, e a si mesmo guardar-se incontaminado do mundo."[30]

Tão violentamente foi essa epístola odiada pelos cristãos ortodoxos que duvidaram mesmo fosse ela absolutamente cristã. Lutero costumava arrancá-la da Bíblia sempre que a encontrava, chamando-a de epístola de palha, pois defendia a bondade e o autocontrole, mas nada dizia sobre a Justificação Somente pela Fé. Jesus a teria certamente julgado puritana, porém mais próxima de suas idéias do que das de Paulo, Ireneu ou Lutero, que em suas tiradas vilmente antijudaicas antecipou-se aos piores excessos do Terceiro Reich.

Quarenta anos, mais ou menos, após a morte de Jesus, os romanos destruíram Jerusalém. Juntamente com o Templo, os esplêndidos edifícios, e a maioria dos habitantes, acabou-se também a "Igreja" dos cristãos judeus. Sobreviveram eles em focos – grandes o bastante para serem denunciados no século seguinte pelos

[27] Adolph Harnack: *History of Dogma* (1984), I. 299.

[28] Eusébio, 11:23.

[29] Um argumento no sentido de que a epístola constitui, na verdade, trabalho de Tiago, irmão de Jesus, é apresentado por J. A T. Robinson, no *Redating the New Testament*.

[30] Tiago, 1:27.

cristãos gentios, mas suas tentativas insistindo em que Jesus estivera simplesmente tentando ensinar aos judeus como serem melhores judeus despertou pouco entusiasmo entre os gentios, que não tinham razão ancestral para aceitar o judaísmo e nenhum desejo de se submeterem à circuncisão. "A religião judaica é uma religião nacional e o cristianismo rompeu os grilhões da nacionalidade."[31] E o fez principalmente por causa de Paulo. Tão logo lhes foi transmitida a idéia de Jesus, os gentios adotaram-no como salvador, por cuja biografia humana pouco ou nenhum interesse demonstraram. Para o autor platônico da Epístola aos Hebreus, todo o Velho Testamento e todos os rituais judaicos eram meras sombras e preordenações do céu. Jesus era o grande Sumo Sacerdote que derramara não o sangue de touros e novilhos em sacrifícios, mas o dele mesmo. Da mesma forma que o sacrifício do sumo sacerdote na velha religião estabelecia a paz entre os homens e Deus, assim o sangue de Jesus consolidava a aliança eterna. No Dia da Expiação, o sumo sacerdote cruzara o véu e entrara no Sancta Sanctorum. Jesus subira aos céus a fim de preparar um lugar para seus devotos.

Para outro autor, provavelmente natural da Ásia Menor e muito influenciado pelos textos apocalípticos judaicos, Jesus fora o Cordeiro de Deus, sentado num trono e adorado por um coro de redimidos. Esse autor, aparentemente, sentia tanto prazer em condenar os maus ao inferno quanto em contemplar a alegria dos bem-aventurados na adoração do Cordeiro. O autor detestava os judeus, que denunciou como sendo a "sinagoga de Satanás".[32] Mais perversos ainda eram os romanos e, em particular, Nero. O livro, variavelmente conhecido como o Apocalipse de João e a Revelação de "São João, o Divino", data provavelmente do ano 90. O grego em que foi escrito é grosseiro. As imagens são alucinadas. O sistema ético, na proporção em que o possui, é irracional. E parece tão distante do espírito de Jesus quanto possível, embora, ainda assim, seja o encerramento da Bíblia cristã.

A maior parte da história da cristandade pode ser considerada uma série de acidentes extraordinários, mas não foi puramente acidental que Jesus pudesse

[31] Harnack: op. cit., I, 289.

[32] Apocalipse, 3:9.

ser, com tanta facilidade, adotado e transformado do Deus gentio que se tornou. E precisamente porque recusou definir-se é que se tornou tão vulnerável aos ataques de teólogos e fantasistas. "Quem dizem os homens que sou?" Fez a pergunta, mas não lhes disse que tipo de resposta deveriam dar.

Um aspecto que a mente ocidental achou quase impossível aceitar foi a natureza assistemática do pensamento de Jesus. Desde que ele existiu em um contexto religioso tradicional, e não pretendeu fundar uma nova religião, e ainda menos fundar uma escola filosófica, não há necessidade de procurar entre seus pronunciamentos registrados uma metafísica coerente. Ele falou em parábolas, parcialmente com o objetivo deliberado de confundir e perturbar seus ouvintes, que talvez não pudessem entendê-las. Não queria entregar-lhes um modelo acabado que pudessem seguir. O modelo era algo que, se existisse, eles deviam criar para si mesmos. A maioria dos esquemas cristãos de pensamento surgiu da paixão para tomar algum grupo de palavras registradas nos Evangelhos e forçá-las a uma conclusão lógica. Todo o calvinismo, por exemplo, pode ser deduzido da parábola da mulher à procura da moeda perdida. Se o leitor imagina, como imaginou Calvino, que essa história constitui uma peça de teologia, então algumas deduções terríveis podem ser dela extraídas. O Altíssimo é a mulher e a alma humana é a moeda. Segue-se que todos os impulsos humanos para chegar ao divino são inúteis, uma vez que a iniciativa, no processo, sempre deve ser não do homem, mas do poder no alto. Não podemos trabalhar pela nossa própria salvação. Temos de esperar por ela. Segue-se, portanto, que só os que foram chamados ou eleitos para a glória podem ser salvos – com o cruel concomitante de que os não convocados teriam sido escolhidos para a danação eterna.

Tolstói, cuja interpretação da vida e ensinamentos de Jesus é tão profundamente atrativa, cometeu um erro comparável, embora muito menos estranho, quando tentou reescrever o Evangelho como se não fosse mais do que um sistema ético, um manual para anarquistas pacíficos. Acreditava, ao reescrevê-lo, que era o santo idiota nele – o camponês simplório que ele nunca foi, mas que ansiava ser – que podia reduzir o Evangelho à mera imposição de recusar-se à prestação de juramentos, ao governo civil, à guerra e à violência de qualquer tipo. Puro engano. Era o lado voltairiano da sua natureza, instando com ele para levar a uma conclusão lógica os ensinamentos de Jesus. Racionalista como era, não conseguia imaginar que para certas coisas não existe conclusão lógica.

Conquanto se possa acreditar que poucas figuras nos tempos modernos se aproximaram mais dos ensinamentos de Jesus do que Tolstói em seus escritos, há ainda uma disparidade extraordinária entre o seu sistema ético devastadoramente coeso e a confusão total que encontramos nos Evangelhos. Quem deixaria de acreditar em Tolstói quando nos diz que atos de violência, sobretudo atos de guerra, são incompatíveis com os ensinamentos de Jesus? Não disse Jesus que não devemos reagir ao mal, mas oferecer a outra face aos agressores? Sim, com toda probabilidade ele disse isso e Tolstói tinha razão em achar alguma coisa blasfema na idéia dos padres ortodoxos de abençoar os santos exércitos russos antes de eles entrarem em batalha, ou forçar heréticos, como os *doukhobors*, a aceitar o batismo à ponta de baionetas. Ainda assim, Jesus e seus companheiros no Jardim de Getsêmani portavam espadas. Quem deixaria de acreditar em Tolstói quando diz que a conclusão lógica de nem levar bolsa nem documento em nossa jornada, e não juntar tesouro na terra, é uma vida na qual a posse de propriedades pessoais constitui uma impossibilidade? Os antigos seguidores de Jesus praticavam essa forma simples de comunismo. Ainda assim, Jesus viveu em uma casa – e uma casa grande, se podemos acreditar no que os arqueólogos desenterraram em Cafarnaum – e seus discípulos foram, com toda probabilidade, pescadores prósperos; e visto ter ele dito que deviam pagar impostos a César, deve ter suposto que, obviamente, ganhavam dinheiro para pagá-los. Quem deixaria de acreditar em Tolstói quando disse que jurar lealdade é proibido nos Evangelhos, que o reino de Deus está em nós, e não neste mundo, que os verdadeiros seguidores de Jesus, portanto, jamais poderão participar de sistemas civis e nem procurar soluções políticas para os problemas que afligem a humanidade? Ainda assim, Jesus, que aconselhou seus seguidores a dar a César o que era de César, nunca, ao que se sabe, recomendou uma política tolstoiana de desobediência civil contra Roma, do tipo que inspirou Mahatma Gandhi a desafiar e, finalmente, derrubar o Raj britânico na Índia.

A verdade é que Jesus continua a ser uma figura perturbadora demais para ser deixado em paz. O cristianismo, em todas as suas inumeráveis manifestações, ortodoxas e heterodoxas, tem sido uma tentativa repetida de dele extrair sentido, de reduzi-lo às suas devidas proporções. Na medida em que nenhuma palavra ou história sobre Jesus pode, na verdade, ser levada a uma conclusão lógica sem ser contestada por alguma outra palavra ou fato, talvez seja menos um sintoma da imperfeição com que os Evangelhos contam sua vida do que da figura evasiva e assustadora que ele foi realmente na História. Assustadora porque ele, na realidade, subverteu tudo. Atraiu imaginações demolidoras como as de Tolstói ou Blake, mas mesmo estes, ao procurarem transformar-lhe o espírito de demolição em coisa sua, sistematizaram-no e o limitaram. Isso não pode ser feito. "Nem te direi por que autoridade faço estas coisas." Ele não nos diz. Podemos aceitar alguma versão de Jesus dada pela Igreja ou, se isso nos agrada mais, aceitar uma versão "herética", ou nós mesmos podemos formular a nossa. A leitura paciente e conscienciosa dos Evangelhos destruirá sempre qualquer explicação que formularemos. Se faz sentido, está errada. Esta é a única regra empírica que podemos usar quando submetemos a teste as inumeráveis interpretações da pessoa de Jesus e seu lugar na História humana.

Na História, a morte de Jesus foi um caso sem importância. O que era uma crucificação entre tantas? Alexandre Janeu crucificou oitocentos fariseus em um só dia. O que importa é o uso imaginativo que os autores do Novo Testamento lhe deram à morte, de tal modo que, na Epístola aos Hebreus, ela pode ter sido o sacrifício divino e permanente final; para Paulo, pode ser o preço pago pelo pecado; para o Quarto Evangelho, a salvação do mundo, o levantamento do Filho do Homem, da mesma maneira que a serpente foi levantada por Moisés no deserto.

É um testamento espantoso a Jesus. Nenhuma outra morte na História atraiu uma faixa tão grande de Midrash, meditação e exposição teológica. E, ao ler no Novo Testamento as reflexões sobre a morte de Jesus, compreendemos que para os antigos cristãos ela foi muito mais importante que sua vida. Por esse motivo, tantos estudiosos e crentes consideram irrelevante a busca do Jesus histórico. Só da forma a mais indireta é que os tratados teológicos aludem à virtude de Jesus.

A Epístola aos Hebreus insinua que ele foi um valente, que "suportou a cruz, não fazendo caso da ignomínia",[33] mas nada nos diz que nos leve a admirá-lo como ser humano. Muito poucos dos autores do Novo Testamento esforçam-se para que o admiremos, se é que algum deles o faz. Quase todos querem que o aceitemos como nosso Salvador, ou Messias, mas ao lhe descreverem os atributos teológicos quase nada nos dizem sobre ele como ser histórico.

Ainda assim, quase a despeito dos teólogos cristãos, Jesus sobreviveu: um homem riscando na terra com o dedo, enquanto em volta hipócritas pedem aos brados a morte da pecadora; um homem que podia assemelhar o amor de Deus a uma piegas mãe judia devassando freneticamente a casa à procura de uma moeda perdida; um homem com inesperadas explosões de raiva e estranhos relâmpagos de misticismo; um exorcista e curandeiro espiritual, mas também um homem que come carne com pecadores e é acusado de glutão e amante do vinho. Trata-se, realmente, de uma figura bem estranha, embora haja muitas coisas sobre ele que gostaríamos de saber e não sabemos. Suas idéias foram incoerentemente costuradas pelos evangelistas. Na medida em que podem ser identificadas nos Evangelhos, podemos ver que foram quase as idéias menos influentes jamais propostas por alguém. O curso da História em nada se notabilizou por governantes mansos, nem por oprimidos abençoando seus opressores, e ainda menos por uma relutância geral em acumular tesouros. Poderíamos nomear imediatamente uma dezena de figuras que exerceram uma influência muito mais profunda sobre a raça humana do que Jesus.[34] Umas poucas Igrejas cristãs chegam a considerar os seus ensinamentos até com certo desprezo. E embora as Igrejas cristãs possam pensar que estão retornando aos seus ensinamentos, poderemos chegar a concluir que invariavelmente adotam uma versão distorcida de uma ou duas de suas idéias, ao passo que contradizem outras. Hoje, por exemplo, observa-se uma recuperação geral da idéia do pacifismo cristão em Igrejas que, anteriormente, teriam ensinado a doutrina da guerra justa. Só muito tarde

[33] Hebreus, 12:2.

[34] Por exemplo: Platão, Aristóteles, Euclides, São Paulo, Santo Agostinho, Maomé, Copérnico, Calvino, Marx, Darwin, Lênin e Freud.

os cristãos vieram a acreditar que há alguma coisa inerentemente errada na guerra e, embora esse fato possa ser explicado pelo pânico coletivo ante a ameaça de uma catástrofe nuclear, o testemunho cristão contra a corrida armamentista tem origem, pelo menos em parte, em palavras como "não resistais ao perverso" no Sermão da Montanha. Os cristãos, porém, que defendem o pacifismo, sob o fundamento que assim foi ensinado por Jesus (pelo menos no capítulo de Mateus), ignoram muitas vezes, com toda tranqüilidade, os ensinamentos dele em outras áreas. Ensinou Jesus que virtude consistia em deixar esposa e filhos e mesmo pais moribundos por causa do Evangelho. A sabedoria cristã moderna atribui à família importância suprema, mesmo que Jesus, e a maioria dos cristãos dos três primeiros séculos da existência da fé, lhe fossem muito hostis. Nas gerações mais antigas, teria sido difícil encontrar qualquer grupo cristão, com exceção da Sociedade dos Amigos, que levassem a sério os ensinamentos de Cristo sobre a agressão, embora, até a Idade Média, os cristãos possam ter sido mais literais no modo como lhe interpretavam a injunção de vender tudo e dar o apurado aos pobres. Anos depois, moralistas vitorianos podiam alegremente aceitar os ensinamentos maniqueístas sobre sexo expostos por Santo Agostinho e frouxamente baseados nas poucas referências conhecidas de Jesus sobre os pecados da carne. Esses puritanos teriam dado pouquíssima importância ao lado "franciscano" de Jesus, sua zombaria daqueles que acumulavam riqueza e se enfeitavam com roupas faustosas. Poder-se-ia dizer que esse Jesus, o santo anarquista, constitui uma projeção tão imaginativa como qualquer outra, não tendo mais semelhança com o Jesus da História do que com a Hóstia Sagrada na liturgia. Uma das razões da disseminação e sobrevivência do cristianismo tem sido sua notável adaptabilidade. A Epístola aos Hebreus fala que "Jesus Cristo ontem e hoje é o mesmo, e o será para sempre".[35] Jesus, na verdade, é diferente em todas as terras e em todos os tempos. No Japão, é visto como um oriental de cabelos pretos e lisos: em filmes norte-americanos, como o *Rei dos reis*, parece o mais belo tipo de esportista louro com olhos azuis de alguma universidade grã-fina. Na arte bizantina, tor-

[35] Hebreus, 13:8.

nou-se a figura severa, barbada, do pantocrata, erguendo a mão para abençoar e julgar o mundo. Na arte européia pós-renascentista, a humanidade de Jesus foi tão vívida e continuamente retratada que em muitas mentes cristãs existe, desconfio, uma diferença imaginada entre o Jesus histórico e o "Cristo da fé".

Para o cristão, os dois se fundem, misteriosamente, quando contemplam a figura de Cristo crucificado, um símbolo no qual o sofrimento da humanidade e o amor de Deus são, para o crente, reunidos em uma maneira que a liturgia, a música e o silêncio podem explicar melhor do que palavras. À mente de cada pessoa, contudo, deve voltar uma pergunta: o que pensaria Jesus de Nazaré se pudesse examinar toda a História humana e contemplar as coisas que foram feitas em seu nome? O cristianismo deu à raça humana um senso do valor do indivíduo, escravo ou livre, homem ou mulher, gentio ou judeu. Sem ele, não teria havido São Francisco beijando o mendigo, nem Madre Teresa, que viveu entre os mais pobres dos pobres de Calcutá. Em nome de Cristo, Wilberforce libertou os escravos e Elizabeth Fry fez campanha pelos prisioneiros de guerra, enquanto a Ajuda Cristã tenta alimentar os famintos. Em nome de Cristo, "atos de bondade e amor, quase ignorados", foram praticados através dos séculos. Se Jesus visse as atividades do Exército de Salvação nos cortiços urbanos ou o trabalho do Padre Damião entre os leprosos, ficaria grato ao místico herético Paulo que levou, em nome do Cristo, o judaísmo aos gentios.

Se tivesse comparecido aos grandes concílios da cristandade – Nicéia, Calcedônia, Trento e os Conselhos Vaticano Um e Dois –, sua gratidão poderia ter-se transformado em desolação. "Por que me chamais Senhor, Senhor, e não fazeis o que vos mando?"[36] "Por que me perguntas acerca do que é bom? Bom, só existe um. Se queres, porém, entrar na vida, guarda os mandamentos."[37] Se fosse mesmo vagamente possível que um personagem histórico real houvesse dito as palavras que lhe foram atribuídas nos Evangelhos, não poderia haver maior insulto à sua memória do que mencionar os credos inventados em um mundo helenizado que estava, figurativamente falando, a anos-luz de Jesus e de nós.

[36] Lucas, 6:46.
[37] Mateus, 19:17.

Nem poderíamos insultar sua memória alegando que ele fundara uma Igreja que, durante tantos anos de sua história, dedicou-se a perseguir com toda fúria os que ousavam questionar-lhe as crenças. Guerras, cruzadas e inquisições foram perpetradas em nome de Jesus. Quando os Evangelhos foram escritos, os cristãos praticamente não se distinguiam, aos olhos dos romanos, dos judeus, ao passo que os adoradores de Jesus tudo fizeram para se distinguirem de seus irmãos de crença. No Evangelho de Mateus, os judeus assumem a culpa de sangue pela morte de Jesus, ao passo que, no Quarto Evangelho, eles são repetidamente mostrados como os inimigos obtusos de Cristo. É fácil compreender por que os evangelistas sentiram necessidade de distorcer dessa maneira a História, pois na época eles constituíam uma minoria aguerrida, lutando contra a perseguição para salvar a pele. Quando a Igreja triunfou sobre a sinagoga, porém, o legado mortal do anti-semitismo permaneceu incorporado à visão cristã do mundo. Só vinte anos depois da Segunda Guerra Mundial é que a Igreja Católica Romana absolveu oficialmente o povo judeu da culpa pela morte de Jesus. Nessa altura, milhões de companheiros de Jesus no judaísmo haviam sucumbido direta ou indiretamente vitimados pela idéia de que eles haviam matado o Filho de Deus. Se Jesus visse o destino do seu próprio povo às mãos dos cristãos durante toda a História da Europa católica, culminando na Solução Final de Hitler, é improvável que tivesse encarado com tranqüilidade as atividades missionárias de São Paulo. Sabemos pelos Evangelhos que, antes de morrer, Jesus chorou pela cidade de Jerusalém e que pareceu prever-lhe o trágico destino. Conta-nos Mateus que, com suas esperanças messiânicas em ruínas, Jesus morreu tendo nos lábios as palavras do salmista: Meu Deus, Deus meu, por que me desamparaste?[38] Talvez, se tivesse previsto toda a História cristã, seu desespero fosse ainda maior e teria exclamado, como Jó: "Por que não morri eu na madre? Por que não expirei ao sair dela? Por que houve regaço que me acolhesse? E por que os peitos, para que eu mamasse? Porque já agora repousaria tranqüilo; dormiria, e então haveria para mim descanso."[39]

[38] Mateus, 27:46.

[39] Jó, 3:11-13.

Bibliografia

O local de publicação, a menos que expressamente declarado, é Londres.

ET = English Translation (Tradução inglesa)

I. Fontes primárias

He Kaine Diatheke (Novo Testamento em grego) (The British and Foreign Bible Society, Second Edition, 1964).

The Apocryphal New Testament (org. M. R. James, Oxford, 1924).

The Apocryphal and Pseudepigrapha of the Old Testament (em inglês, 2 vols.) (org. R. H. Charles, Oxford, 1913).

The Dead Sea Scrolls (em inglês) (Geza Vermes, Harmondesworth, 1962).

The Zadokite Documents (org. Chaim Rabin, Oxford, 1958).

The Mishnah (ET Jacob Neusner, Yale, 1988).

____. (ETH. Danby, Oxford, 1933).

Josephus (Loeb Classical Library, 1926-1965).

Josephus: *The Jewish War* (trad. de G. A. Williamson, Harmondsworth, 1959).

Philo: (Loeb Classical Library, 1929-1943).

Eusebius: *The Ecclesiastical History and Martyrs of Palestine* (trad. de Hugh Jackson Lawlor e John Leonard Oulton, 1927).

The Holy Bible (Revised Version) (Oxford, 1926).

The New Jerusalem Bible, 1985.

II. Comentários e sinopses bíblicas

Aland, Kurt. Synopsis Quattuor Evangeliorum (1964).

Allen, Willoughby C. *A Critical and Exegetical Commentary on the Gospel According to St Matthew* (Third Edition, Edinburgh, 1974).

Barrett, C. K. *The Gospel According to St John* (1955).

Beasley-Murrau, G. G. *A Commentary on Mark Thirteen* (1957).

Black, Matthew and Rowley, H. H. *Peake's Commentary on the Bible* (texto inteiramente revisto e recomposto, 1966).

Brown, R. E. *The Gospel According to St John* (Nova York 1966).

Bultmann, R. *The Gospel of John: A Commentary* (ET Oxford, 1971).

Cranfield, C. E. B. *The Gospel According to St Mark* (Cambridge, 1959).

Derrett, J. D. M. *The Making of Mark* (Shipston on Stour, 1985).

Farmer, W. G. *Synoptikon* (1969).

Fenton, J. C. *St Matthew* (Harmondsworth, 1963).

Gore, Charles *et al. A New Commentary on Holy Scripture* (1928).

Holtzman, H. J. *Die Synoptiker* (Tübingen, 1901).

Hoskyns, E. C., ed. F. N. Davey. *The Fourth Gospel* (1940).

Johnson, S. E. *A Commentary on the Gospel According to St Mark* (Nova York 1960).

Lightfoot, R. H. *St John's Gospel: A Commentary* (Oxford, 1956).

Marsh, John. *Saint John* (Harmondsworth, 1968).

Montefiore, C. G. *The Synoptic Gospels* (publicado com uma introdução e comentário, 1927).

Smith, B. T. D. *The Gospel According to Saint Matthew* (Cambridge, 1927).

Sparks, H. F. D. *The Synoptic Gospels and the Johannine Parallels* (1964).

Taylor, V. *The Gospel According to St Mark* (1952).

Westcott, B. F. *The Gospel According to John* (1908).

III. Geral

Abrahams, I. *Studies in Pharisaism and the Gospel* (Cambridge, 1917).

Allegro, John. *The Dead Sea Scrolls: A Reappraisal* (Harmondsworth, 1966).

____. *The Sacred Mushroom and the Cross* (1970).

Alon, Gedalyahu. *Jews, Judaism and the Classical World* (Jerusalém, 1977).

Auerbach, E. *Mimesis: The Representation of Reality in Western Literature* (ET 1953).

Baltensweiler, H. *Die Verklärung Jesu: historisches Ereignis und synoptische Berichte* (Zurique, 1959).

Barrett, C. K. *Luke the Historian in Recent Study* (1965).

Bauer, Walter. *Orthodoxy and Heresy in Earliest Christianity* (ET 1972).

Beare, Francis Wright. *The Earliest Records of Jesus* (Oxford, 1962).

Beilner, W. *Christus und die Pharisäer: exegetische Untersuchung über Grund and Verlauf der Auseinandersetzungen* (Viena, 1959).

Black, M. *An Aramaic Approach to the Gospels and Acts* (Oxford, 1967).

Blake, William (ed. Geoffrey Keynes). *Poetry and Prose* (1939).

Blinzler, Josef. *The Trial of Jesus* (ET 1959).

Bornkamm, G. *Jesus of Nazareth* (ET 1960).

____. *Paul* (ET 1969).

Bowker, J. *Jesus and the Pharisees* (Cambridge, 1973).

Brandon, S. G. F. *The Fall of Jerusalem and the Christian Church* (1951).

____. *Jesus and the Zealots* (Manchester, 1967).

____. *The Trial of Jesus of Nazareth* (1968).

Brownlee, W. H. *The Meaning of the Qumran Scrolls for the Bible* (Nova York 1964).

Bultmann, R. *Die Geschichte der synoptischen Tradition* (Göttingen, 1967).

____. *The History of the Synoptic Tradition* (ET Oxford 1963).

____. *Jesus and the World* (ET 1958).

____. *Theology of the New Testament* (ET 1954).

____. *Essays, Philosophical and Theological* (ET 1955).

Burkitt, F. C. *The Gospel History and its Transmission* (1911).

____. *The Earliest Sources for the Life of Jesus* (1910).

____. *The Syriac Forms of New Testament Proper Names* (1906).

Burney, C. F. *The Aramaic Origin of the Fourth Gospel* (Oxford, 1922).

Butler, B. C. *The Originality of St Matthew* (Cambridge, 1951).

Casey, Maurice. *From Jewish Prophet to Gentile God* (Cambridge, Inglaterra, e Louisville, Kentucky, 1991).

Cathchpole, David R. *The Trial of Jesus* (Leiden, 1971).

Chesterton, G. K. *The Everlasting Man* (1936).

Conze, Edward (trans.). *Buddhist Scriptures* (Harmondsworth, 1959).

Conzelmann, H. *Jesus* (ET 1973).

____. *An Outline of the Theology of the New Testament.* (ET 1969).

Creed, J. M. *The Gospel According to Saint Luke* (1960).

Cross, F. L. (with E. A. Livingstone). *The Oxford Dictionary of the Christian*

Church (Seconde, Edition, 1974).

Culmann, Oscar. *The Early Church* (1956).

Davies, W. D. *Paul and Rabbinic Judaism* (1948).

Derrett, J. D. M. *Jesus's Audience* (1981).

Dibelius, M. *From Tradition to Gospel* (ET 1934).

Dodd, C. H. *The Interpretation of the Fourth Gospel* (Cambridge, 1953).

____. *Historical Tradition in the Fourth Gospel* (Cambridge, 1963).

____. *The Founder of Christianity* (1971).

____. *The Parables of the Kingdom* (1935).

Doresse, Jean. *The Secret Books of the Egyptian Gnostics* (ET 1960).

Drury, John. *The Parables in the Gospels* (1985).

Dupont-Sommer, A. *The Essene Writings from Qumran* (ET Oxford, 1961).

Emerton, J. A.'The Hundred and Fifty-Three Fishes in John XXI:II' *in Journal of Theological Studies, New Series ix* (abril 1958), 86-89.

Farmer, William R. *The Synoptic Problem* (1964).

Farrer, Austin. *St Matthew and St Mark* (1966).

Filson, Floyd V. *A New Testament History* (1965).

Finkel, A. *The Pharisees and the Teacher of Nazareth* (Leiden, 1964).

Flender, Helmut. *St Luke Theologia of Redemptive History* (1967).

Freyne, Sean. *Galilee from Alexander the Great to Hadrian: 323 B.C.E. to 135 C.E.* (Notre Dame, 1980).

Fredricksen, Paula. *From Jesus to Christ* (Yale, 1988).

Frye, Northrop. *The Great Code: The Bible and Litterature* (1982).

Gerhardsson, Birger. *The Origins of the Gospel Tradition* (Filadélfia, 1979).

Goguel, Maurice. *The Life of Jesus* (ET 1959).

Goldstein, M. *Jesus in the Jewish Tradition* (Nova York, 1950).

Goppelt, Leonhard. *Jesus, Paul and Jedaism. An Introduction to New Testament Theology* (Nova York, 1964).

Goulder, Michael. *Midrash and Lection in Matthew* (1974).

Grant, F. C. *The Gospels: Their Origin and Growth* (1957).

Grant, Robert M. *A Historical Introduction to the New Testament.* (1963).

Guilding, Aileen. *The Fourth Gospel and Jewish Worship* (Oxford, 1960).

Harnack, Adolph. *History of Dogma* (ET 1894).

Harvey, A E. *Jesus and the Constraints of History* (1982).

Hawkins, Sir John C. *Horae Synopticae* (1909).

Helfgott, B. W. *The Doctrine of Election in Tannaitic Literature* (Nova York, 1954).

Hengel, Martin. *Was Jesus a Revolutionist?* (ET Filadélfia, 1971).

Hick, John (ed.). *The Myth of God Incarnate* (1977).

Hill, David. *New Testament Prophecy* (1979).

Hogg, James. *The Domestic Manners of Sir Walter Scott* (Edimburgo, 1909).

Hooker, M. D. *The Son of Man in Mark* (1967).

Hurst, L. D. *The Epistle to the Hebrews* (Cambridge, 1990).

Inge, William Ralph 'Saint Paul'. *Outspoken Essays, 205-229* (1927).

Isaac, J. *Jésus et Israël* (Paris, 1948).

Jaubert, Annie. *La Date de la Cène* (Paris, 1957).

Jeremias, J. *Jerusalem in the Time of Jesus* (ET 1969).

____. *The Parables of Jesus* (1963).

____. *The Eucharistic Words of Jesus* (ET Oxford, 1955).

Johnson, Paul. *A History of the Jews* (1987).

Jones, Geraint Vaughan. *The Art and Truth of the Parables* (1964).

Käsemann, E. 'Blind Alleys in the "Jesus of History" Controversy' *in New Testament Questions of Today* (ET 1969).

Kenyon, K. *Jerusalem: Excavating 3,000 Years of History* (1967).

Kidd, B. J. *A History of the Church to A.D. 461* (Oxford, 1922).

Kingsmill, Hugh. *The Poisoned Crown* (1944).

Kittel, G. *Jesus und die Rabbinen* (Berlin, 1914).

____. *Theologisches Wöeterbuch* (Berlin, 1924).

Klausner, J. *From Jesus to Paul* (ET 1944).

____. *Jesus of Nazareth* (ET 1925).

Knox, Wilfrid. *Sources of the Synoptic Gospels* (Cambridge, 1959).

____. *St Paul and the Church of the Gentiles* (1939).

____. *Some Hellenistic Elements in Primitive Christianity* (1944).

Kümmel, W. G. *Promise and Fulfilment* (ET 1957).

____. *Theology of the New Testament* (ET 1974).

Lewis, Lionel Snithett. *St Joseph of Arimathea at Glastombury* (Cambridge, 1976).

Lawrence, T.E. *The Seven Pillars of Wisdom* (1935).

Loffreda, Stanislao. *Recovering Capharnaum* (Jerusalém, 1985).

Machen, J. Gresham. *The Origin of Paul's Religion* (Michigan, 1947).

Mackey, J. P. *Jesus, the Man and the Myth* (1979).

Manson, T. W. *The Teaching of Jesus: Studies in Form and Content* (Cambridge, 1935).

Mckelvey, R. J. *The New Temple: The Church in the New Testament* (Oxford, 1969).

Merx, A. *Der Messias oder Ta'eb der Samaritaner* (Berlin, 1910).

Meyer, B. F. *The Aims of Jesus* (1979).

Montefiore, Hugh. 'Does L. hold water?' *in Journal of Theological Studies, New Series iv* (1953), 27-31.

Moule, C. F. D. *The Origin of Christology* (Cambridge, 1977).

Morton, H. V. *In the Steps of Master* (1934).

Neusner Jacob. *From Politics to Pietty* (Englewood Cliffs, Nova Jersey 1973).

Nineham, Dennis. *The Use and Abuse of the Bible* (1976).

____. *Historicity and Chronology in the New Testament* (1965).

Nolan, Albert. *Jesus before Christianity* (Cidade do Cabo, 1976).

Nygren, Anders. *Agape and Eros* (ET 1954).

Pasternak, Boris. *Doctor Zhivago* (ET 1958).

Pelikan, Jaroslav. *Jesus Through the Centuries* (Yale, 1985).

Perrin, Norman. *Jesus and the Language of the Kingdom* (1976).

____. *The Kingdom of God in the Teaching of Jesus* (1963).

____. *Rediscovering the Teaching of Jesus* (1967).

Pines, Shlomo. 'An Arabic Version of the Testimonium Flavianum and its Implications' (Israel Academy of Science and Humanities, Jerusalém, 1971).

Rajak, Tessa. *Josephus: The Historian and His Society* (1983).

Renan, Ernest. *La Vie de Jésus* (Paris, 1863).

____. *Oeuvres Complètes* (Paris, 1949).

Reumann, John. *Jesus in the Church's Gospels: Modern Scholarship and the Earliest Sources* (Filadélfia, 1968).

Riches, John. *Jesus and the Transformation of Judaism* (1980).

Robinson, James. *A New Quest for the Historical Jesus* (Nashville, 1959).

Robinson, John A. T. *Redating the New Testament* (1976).

____. *The Priority of John* (1985).

____. *The Human Face of God* (1972).

Rowland, Christopher. *Christian Origins* (1985).

Ruckstuhl, E. *The Chronology of the Last Days of Jesus* (ET Nova York, 1965).

Sanders, E. P. *Jesus and Judaism* (1985).

____. *Paul and Palestinian Judaism* (1977).

Schlosser, Jacques. *Le régne de Dieu dans les dits de Jésus* (2 vols.) (Paris, 1980).

Schoeps, H. J. *Paul: The Theology of the Apostle in the Light of Jewish Religious History* (1961).

Schonfield, Hugh J. *The Passover Plot* (1966).

Schürer, Emil, Vermes, Geza, Millar, F. *The History of the Jewish People in the Age of Jesus Christ* (ET Vol. I 1973; Vol. II 1979).

Schweitzer, A. *The Mysticism of Paul the Apostle* (ET 1931).

____. *The Quest for the Historical Jesus* (ET 1910).

Seeley, Sir J. R. *Ecce Homo* (1907).

Sidebottom, E. M. *The Christ of the Fourth Gospel* (1961).

Sloyan, G. *Jesus on Trial* (Filadélfia, 1973).

Smith, Morton. *Jesus the Magician* (1978).

____. *The Secret Gospel* (1974).

Stauffer, E. *Jesus and His Story* (ET 1960).

Strauss, D. F. *The Life of Jesus Critically Examined* (ET 1846).

Streeter, B. H. *The Four Gospels: A Study in Origins* (1927).

Sweet, J. P. M. 'The Zealots and Jesus' *in Jesus and the Politics of His Day* (ed. Ernst Bammel and C. F. D. Moule) (Cambridge, 1984).

Swetnam, James. *Jesus and Isaac* (1981).

Taylor, Vincent. *The Gospel According to St Mark* (1959).

____ . *The Origins of the Gospels* (1965).

Trackeray, H. St. John. *St Paul and Contemporary Jewish Theology* (1900).

Tödt, H. E. *The Son of Man in the Synoptic Tradition* (ET 1965).

Tolstoy, L. N. *The Kingdom of God and Peace Essays* (ET Oxford, 1936).

Trocmé, E. 'L'expulsion des marchands du temple' *in New Testament Studies 15* (1968), I-22.

____ . *Jesus and His Contemporaries* (ET 1973).

____ . *The Formation of the Gospel According to St Mark* (ET 1975)

Vermes, Geza. *Jesus the Jew* (1973).

____ . *Jesus and the World of Judaism* (1983).

____ . *The Dead Sea Scrolls: Qumran in Perspective* (1977).

Wachsmann, Shelley (ed.). 'The Excavations of an Ancient Boat in the Sea of Galilee' *in Atoqot* Vol. XIX (Jerusalém, 1990).

Weil, Simone. *Intimations of Christianity Among the Ancient Greeks* (ET 1957).

____ . *Waiting on God* (ET 1951).

Weiss, Johannes. *Die Predigt Jesu vom Reiche Gottes* (Göttingen, 1892).

Wells, G. A. *The Jesus of the Early Christians* (1971).

Westerholm, Stephen. *Jesus and Scribal Authority* (Lund, 1978).

Whiteley, D. E. H. *The Theology of St Paul* (Oxford, 1964).

Wilder, A. *Eschatology in the Teaching of Jesus* (Nova York, 1950).

Wilson, lan. *Jesus the Evidence* (1984).

Wilson, R. McL. *Gnosis and the New Testament* (1968).

Winter, P. *On the Trial of Jesus* (Berlin, 1961).

Witherington, Ben. *Women and the Genesis of Christianity* (Cambridge, 1990).

Yadin, Yigael. *Masada: Herod's Last Fortress and the Zealots' Last Stand* (1966).

Yoder, J. H. *The Politics of Jesus* (1972).

Zahrnt, H. *The Historical Jesus* (ET 1963).

Este livro foi composto em Minion 10,5/16,7
e impresso pela Ediouro Gráfica sobre papel offset 75g
para a Ediouro Publicações S.A. em maio de 2006.